Das Problem der Zweckverfehlung beim Betrug

Europäische Hochschulschriften

Publications Universitaires Européennes
European University Studies

Reihe II

Rechtswissenschaft

Série II Series II

Droit
Law

Bd./Vol. 694

PETER LANG
Frankfurt am Main · Bern · New York · Paris

Wolfgang Hartmann

Das Problem der Zweckverfehlung beim Betrug

PETER LANG
Frankfurt am Main · Bern · New York · Paris

CIP-Kurztitelaufnahme der Deutschen Bibliothek

Hartmann, Wolfgang:

Das Problem der Zweckverfehlung beim Betrug / Wolfgang Hartmann. – Frankfurt am Main ; Bern ; New York ; Paris : Lang, 1988.
(Europäische Hochschulschriften : Reihe 2, Rechtswissenschaft ; Bd. 694)
ISBN 3-8204-9950-4
NE: Europäische Hochschulschriften / 02

D 16

ISSN 0531-7312
ISBN 3-8204-9950-4

INHALTSVERZEICHNIS

Seite

Seite

Seite

ABKÜRZUNGSVERZEICHNIS

a.A.	anderer Ansicht
a.F.	alte Fassung
AG	Amtsgericht
Anm.	Anmerkung
AT	Allgemeiner Teil
BayObLG	Bayerisches Oberstes Landesgericht
BB	Der Betriebs-Berater
Bd.	Band
BerlinFG	Berlinförderungsgesetz i.d.F. v. 23.2.1982 (BGBl. I, 225; III 610-6-5), Änderungsgesetz v. 20.12. 1982 (BGBl I,1828).
BGB	Bürgerliches Gesetzbuch
BGBl.	Bundesgesetzblatt
BGH	Bundesgerichtshof
BGHSt	Entscheidungen des Bundesgerichtshofs in Strafsachen
BT	Besonderer Teil
DJZ	Deutsche Juristenzeitung
DR	Deutsches Recht
DRiZ	Deutsche Richterzeitung
Fn	Fußnote
GA	Goltdammer's Archiv für Strafrecht
GRUR	Gewerblicher Rechtsschutz und Urheberrecht
GS	Der Gerichtssaal
HESt.	Höchstrichterliche Entscheidungen in Strafsachen
h.M.	herrschende Meinung
HRR	Höchstrichterliche Rechtsprechung
i.d.F.	in der Fassung

InvZulG	Investitionszulagegesetz i.d.F. v. 4.6.1982 (BGBl. I, 646; III 707-6)
i.V.m.	in Verbindung mit
JA	Juristische Arbeitsblätter
JMBlNRW	Justizministerialblatt für das Land Nordrhein-Westfalen
JR	Juristische Rundschau
JuS	Juristische Schulung
JW	Juristische Wochenschrift
JZ	Juristenzeitung
KG	Kammergericht
LK	Leipziger Kommentar zum Strafgesetzbuch
MDR	Monatsschrift für deutsches Recht
MschrKrim	Monatsschrift für Kriminologie und Strafrechtsreform
NdsRpfl.	Niedersächsische Rechtspflege
n.F.	neue Fassung
NJW	Neue Juristische Wochenschrift
NStZ	Neue Zeitschrift für Strafrecht
OLG	Oberlandesgericht
OGHSt	Entscheidungen des Obersten Gerichtshofs für die britische Zone in Strafsachen
OppenhoffsR	Die Rechtsprechung des Preußischen Obertribunals in Strafsachen
PrOT	Preußisches Obertribunal
RG	Reichsgericht
RGSt	Entscheidungen des Reichsgerichts in Strafsachen
Rn	Randnummer
SK	Systematischer Kommentar zum Strafgesetzbuch
Sp.	Spalte
StGB	Strafgesetzbuch
str.	streitig
st.Rspr.	ständige Rechtsprechung

SubvG	Subventionsgesetz vom 29.7.1976 (BGBl.I, 2037; III, 453-18-1)
vgl.	vergleiche
I.WiKG	Erstes Gesetz zur Bekämpfung der Wirtschaftskriminalität vom 29.7.1976 (BGBl.I, 2034)
wistra	Zeitschrift für Wirtschaft, Steuer und Strafrecht
ZAKDR	Zeitschrift der Akademie für Deutsches Recht
ZStW	Zeitschrift für die gesamte Strafrechtswissenschaft

I.

EINFÜHRUNG

Den Begriff der Zweckverfehlung verbindet man im Zusammenhang mit dem Straftatbestand des Betruges nach § 263 StGB in der Regel zunächst mit der sogenannten Zweckverfehlungslehre, die insbesondere in Fällen der Erschleichung von Almosen, Spenden und Subventionen den Vermögensschaden des Opfers damit begründet, daß dessen Leistung den ihr beigelegten sozialen oder wirtschaftspolitischen Zweck verfehlt habe(1). Die Zweckverfehlungslehre ist indessen lediglich eine Ausprägung eines allgemeinen Problems des Betrugstatbestandes. Dieser setzt nach heute gesicherter Auffassung in objektiver Hinsicht vier Elemente voraus, und zwar eine Täuschung, einen dadurch hervorgerufenen oder aufrecht erhaltenen Irrtum, eine Vermögensverfügung des Irrenden und den Eintritt eines durch die irrtumsbedingte Verfügung unmittelbar bewirkten Vermögensschadens(2). Bei der Vornahme der danach erforderlichen Vermögensverfügungen wird das Opfer regelmäßig ein Ziel vor Augen haben, das es mit dem Vermögenseinsatz zu erreichen beabsichtigt(3).

Der Gegenstand einer solchen Zwecksetzung kann vielfältiger Art sein: er kann etwa im Erwerb einer Sache bestehen, in der Erfüllung einer Verbindlichkeit, in der Herbeiführung eines sozialen oder wirtschaftspolitischen Erfolges, in der Veranlassung einer Person zu einem bestimmten Verhalten, kurzum in allem,

----

1 Vgl. etwa BLEI JA 1972, 236; GALLAS, Eb.Schmidt-Festschrift (1961), S.401 (435); SCHRÖDER NJW 1962, 721 (722); LACKNER in LK, § 263 Rn 167.

2 Vgl. etwa CRAMER in SCHÖNKE/SCHRÖDER, § 263 Rn 5.

3 Anders wird es nur dann sein, wenn sich das Opfer überhaupt nicht bewußt ist, einen Eingriff in eigenes oder fremdes Vermögen vorzunehmen oder auch nur in einer Entscheidungssituation in Bezug auf das betroffene Vermögen zu stehen. Die Annahme einer Vermögensverfügung hindert dies nicht; vgl. etwa BGHSt 14, 170 (172); OLG Köln JMBl NRW 1966, 201; GALLAS, Eb.Schmidt-Festschrift (1961), S.401 (421); BLEI, Strafrecht II S.200; DREHER/TRÖNDLE, § 263 Rn 60; LACKNER in LK, § 263 Rn 98.

was durch den Einsatz von Vermögenswerten "erkauft" werden kann. Wenn nun dieses Ziel, das sich das Opfer bei der Vornahme seiner Vermögensverfügung setzt, nicht erreicht, der Zweck seines Vermögenseinsatzes also verfehlt wird, wird sich das Opfer geschädigt fühlen. Die Aufwendung, die etwa einem Bettler zufließt, der entgegen seinen Beteuerungen wohlhabend ist, mit der ein Wirtschaftsunternehmen subventioniert wird, das nicht der Branche angehört, die gefördert werden soll, oder mit der ein Gegenstand erworben wird, der zur vorgesehenen Verwendung untauglich ist, erscheint dem Getäuschten subjektiv als sinnloser und unwirtschaftlicher Vermögenseinsatz. Jedoch wertet das Recht einen Vermögenseinsatz nicht schon dann als Schaden, wenn dieser sich für den Betroffenen als sinnlos oder unwirtschaftlich herausstellt. Gerade auf der Grundlage der herrschenden wirtschaftlichen Vermögenslehre(1) kann ein Schaden am Vermögen grundsätzlich nur dann angenommen werden, wenn infolge der Vermögensverfügung dessen wirtschaftlicher Gesamtwert gemindert ist. Nur allzuoft fehlt es aber an einer solchen Wertminderung, weil die durch die Vermögensverfügung bewirkte Einbuße entweder durch einen unmittelbaren Wertzuwachs voll ausgeglichen oder im Hinblick auf das gesetzte Ziel bewußt in Kauf genommen und aus diesem Grunde nicht als Schaden angesehen wird(2). Hier stellt sich nun die Frage, ob nicht die Zweckverfehlung der für den Schaden am Vermögen ausschlaggebende Gesichtspunkt ist.

Die vorliegende Untersuchung befaßt sich hauptsächlich mit den Grundlagen des Problems der Zweckverfehlung. Nach einem Überblick über die einschlägige Rechtsprechung und Literatur wendet sie sich zunächst der immer wieder mit dem Problem der Zweckverfehlung in Zusammenhang gebrachten Fragestellung zu, ob Betrug auch dann gegeben ist, wenn dem Opfer die vermögensmindernde Wirkung seiner Verfügung bewußt ist. Sodann soll der Versuch unternommen werden, eine dogmatische Begründung für die Bedeutung der Zweckverfehlung bei der Schadensfeststellung zu geben. Da nach heute wohl gesicherter Erkenntnis der Betrug ausschließlich das Vermögen und nicht etwa die Dispositionsfreiheit schützt(3), und gerade die Berücksichtigung subjektiver

---

1 Vgl. dazu zusammenfassend LACKNER in LK, § 263 Rn 122.

2 So die Vertreter der Zweckverfehlungslehre, vgl. die Nachweise oben S.1, Fn 1.

3 BGHSt3, 99 (102); 7, 197 (198); 16, 220 (221) und 321 (325); DREHER/TRÖNDLE, § 263 Rn 1; LACKNER in LK, § 263 Rn 4 m.w.N. in Fn 15; a.A. nur noch GUTMANN MDR 1963, 3.

Momente wie der Verfehlung des mit einem Vermögenseinsatz verfolgten individuellen Zwecks die Gefahr in sich birgt, daß der Bereich des Vermögensschutzes in Richtung des Schutzes der personellen Dispositionsfreiheit verlassen wird, liegt ein weiterer Schwerpunkt der vorliegenden Untersuchung in der Bestimmung von Grenzen für die Berücksichtigung individueller Zwecksetzungen bei der Feststellung des Vermögensschadens.

II.

DAS PROBLEM DER ZWECKVERFEHLUNG IN RECHTSPRECHUNG UND LITERATUR

1. Der Gegensatz zwischen der juristischen und der wirtschaftlichen Vermögenslehre

a) Die juristische Vermögenslehre

Das Problem der Zweckverfehlung ist im Grunde bereits Gegenstand der historischen Auseinandersetzung zwischen dem juristischen und dem wirtschaftlichen Vermögensbegriff. Dies hängt damit zusammen, daß - wie sogleich zu zeigen ist - die juristische Vermögenslehre eine Schadensauffassung zur Folge hat, bei der subjektive Momente wie die Verfehlung eines mit einem Vermögenseinsatz verfolgten Zwecks in weitem Umfange Berücksichtigung finden können, während die wirtschaftliche Vermögenslehre in ihrer reinen Ausprägung die Schadensfeststellung ausschließlich an der Minderung objektiv-wirtschaftlicher Werte orientiert.

Nach der juristischen Vermögenslehre wird das Vermögen eines Rechtssubjekts gebildet aus der Summe aller seiner Vermögensrechte und -pflichten(1), wobei nicht entscheidend ist, ob diesen ein wirtschaftlicher Wert zukommt oder nicht(2). Entsprechend ist jeder an seinem Vermögen geschädigt, der "ohne die Billigung des Gesetzes um sein Vermögensrecht oder um die Sache, an der es besteht, oder um die Möglichkeit seiner vollen Ausübung gebracht wird"(3). Bei einseitigen Geschäften hat dies zur Folge, daß ein Schaden ohne Rücksicht auf eine Minderung des wirtschaftlichen Werts des betroffenen Vermögens in jedem Rechtsverlust und in jeder Begründung einer Verbindlichkeit liegt. Entsprechend kommt es bei zweiseitigen Geschäften nicht auf das Wertverhältnis von Leistung und Gegenleistung an. Vielmehr ist der im unmittelbaren Zusammenhang mit der Vermögensverfügung an anderer Stelle eintretende Rechtszuwachs grund-

---

1 BINDING, Lehrbuch BT I, S.238; in diesem Sinne auch MERKEL, KrimAbh.II, S.101 und GERLAND, Reichsstrafrecht, S.560.

2 BINDING, Lehrbuch BT I, S.356 und DJZ 1911, Sp.553 (559).

3 BINDING, Lehrbuch BZ I, S.240.

sätzlich unerheblich, so daß eine Kompensation der durch den Rechtsverlust eintretenden Vermögensminderung durch einen dem Vermögen unmittelbar zufließenden Vorteil prinzipiell augeschlossen ist(1). Demnach soll ein dem Vermögen zufließendes Äquivalent den Schaden aufheben können, wenn der Getäuschte damit das erhält, "was er von Rechts wegen beanspruchen kann", mag dies ein materieller oder immaterieller Gegenwert sein(2). BOCKELMANN(3) formuliert dies so: "Was er (sc. der Getäuschte) als Ausgleich gelten läßt, das macht den Nachteil wett. Wo seine persönlichen Erwartungen enttäuscht werden, da ist ein Schaden vorhanden, sofern nur das, was er erreichen wollte, Gegenstand des Vertrages war".

Hier wird deutlich, daß die juristische Vermögenslehre im Ergebnis ein Schadensverständnis zur Folge hat, bei dem in bestimmten Grenzen das freie Belieben des Getäuschten entscheidet, ob er geschädigt ist. Die der subjektiven Schadensauffassung folgenden Entscheidungen des Preußischen Obertribunals sprechen dies auch ausdrücklich aus, wenn sie entweder auf den "wahren Willen" des Getäuschten abstellen(4) oder den Schaden darin sehen, daß der Verfügende nicht dasjenige Äquivalent erhält, das er mit seiner Leistung zu erwerben beabsichtigt(5). Das freie Belieben des Getäuschten ist aber auch nach der Auffassung von GALLAS ausschlaggebend, wonach schon derjenige in seinem Vermögen geschädigt ist, der durch Täuschung veranlaßt, also unfreiwillig, etwas aus seinem Vermögen hingegeben hat(6), oder auch derjenige in einem schutzwürdigen Interesse verletzt wird, der durch Täuschung dazu veranlaßt wird, ein Stück seines Vermögens unter Umständen preiszugeben, die seinen wirklichen Intentionen zuwiderlaufen(7). Damit aber kann der Vermögensschaden beim Betrug in weitem Umfang mit der schlichten Verfehlung des mit dem jeweiligen Vermögenseinsatz verfolgten Zwecks begründet werden. Denn im Zweck eines Vermögenseinsatzes kommt

---

1 LACKNER in LK, § 263 Rn 121; BINDING, Lehrbuch BT I, S. 238.

2 BINDING, Lehrbuch BT I, S.357.

3 Kohlrausch-Festschrift (1944), S.226 (236).

4 PrOT OppenhoffsR 17, 279 (281f.) und 606 (607).

5 PrOT OppenhoffsR 10, 758 (760); 194 (195).

6 Gleispach-Festschrift (1936), S.50 (56).

7 Eb.Schmidt-Festschrift (1961), S.401 (405).

regelmäßig die Voraussetzung zum Ausdruck, unter der der Verfügende bereit ist, den Verlust eines Vermögensrechts in Kauf zu nehmen. Wird dieser Zweck verfehlt, so wird der mit dem Vermögenseinsatz verbundene Verlust des Vermögensrechts zu einem ungewollten und begründet daher einen Schaden.

Des weiteren hat eine solche subjektive Schadensauffassung zur Folge, daß auch die Verfolgung reiner Affektionsinteressen den Schutz des Betrugstatbestandes genießt. Auch wenn man die Auffassung von HIRSCHBERG(1) nicht teilt, nach der außer subjektiven Rechten auch immaterielle Interessen als Vermögensbestandteile anzuerkennen sind(2), reicht die Enttäuschung eines mit einem Vermögenseinsatz verfolgten Affektionsinteresses zur Schadensbegründung aus. Denn schon dadurch wird ein zur Befriedigung dieses Interesses erbrachter Vermögensaufwand zu einem ungewollten.

b) Kritik

Bekanntlich hat die von den Vertretern der juristischen Vermögenslehre verfolgte weitgehende Subjektivierung des Schadensbegriffs mit ihrer praktisch unbegrenzten Anerkennung der Verfehlung subjektiver Zwecksetzungen als schadensbegründend vielfach berechtigte Kritik erfahren. Kernpunkt ist der Vorwurf, eine solche unbegrenzbare Subjektivierung des Schadensbegriffs entkleide den Betrug weitgehend seines Charakters als Vermögensdelikt und gestalte ihn zu einem Angriff auf die Dispositionsfreiheit um(3). Daß so weit der Schutz eines Vermögensdelikts nicht gehen kann, ohne daß es seinen Charakter verliert, versucht CRAMER(4) mit einem Vergleich zwischen § 263 StGB und

---

1 Vermögensbegriff, S.279f.

2 Vgl. die Kritik von CRAMER, Vermögensbegriff, S.85, der meint, der Schutz immaterieller Interessen brauche nicht durch die allgemeinen Vermögensdelikte übernommen zu werden, weil solche Interessen nur an Sachen bestünden und hier die Eigentumsdelikte eine ausreichende Strafmöglichkeit eröffneten.

3 LACKNER in LK, § 263 Rn 121; CRAMER, Vermögensbegriff, S. 85, der außerdem meint, die subjektive Ansicht werde jedenfalls auch als Notventil zur Erleichterung des Beweises betrachtet (S.45).

4 Vermögensbegriff, S.85.

§ 123 BGB, der die Dispositionsfreiheit gegen unlautere Beeinflussungen schützt, nachzuweisen: "Während die Anfechtung nur voraussetzt, daß die Willenserklärung durch Arglist beeinflußt ist, mag sie wirtschaftlich gesehen zu einer Verbesserung oder Verschlechterung des Vermögens beitragen, setzt § 263 StGB neben einer durch Täuschung beeinflußten Willenserklärung einen Vermögensschaden, also mehr voraus als § 123 BGB. Dieses Mehr, das vom Gesetz als Schaden bezeichnet wird, kann nicht nur darin bestehen, daß der Verfügende ein Vermögensrecht preisgegeben hat; vielmehr muß die Preisgabe zu einer effektiven Benachteiligung seines Vermögens führen. Wollte man anders entscheiden, würde der Vermögensschaden als Tatbestandsmerkmal praktisch durch die Vermögensverfügung ersetzt. Konsequenz einer dermaßen weitgehenden Subjektivierung ist außerdem, daß das Interesse an der Erhaltung des konkreten Vermögensbestandes auch dann beeinträchtigt ist, wenn der Betroffene durch den ihm aufgezwungenen oder arglistigen Austausch der Leistungen reicher geworden ist(1). Eine solche Auffassung hat jedoch wiederum zur Folge, daß der Betrugstatbestand schon dann verwirklicht ist, wenn jemand infolge eines durch Täuschung hervorgerufenen Irrtums eine Vermögensverfügung getroffen hat, die er in Kenntnis der wahren Sachlage nicht getroffen haben würde. Der Betrug wird auf diese Weise zu einem Delikt gegen die Dispositionsfreiheit.

Allerdings herrscht heute Einigkeit darüber, daß § 263 StGB ausschließlich das Vermögen schützt und die Dispositionsfreiheit des Irrenden weder allein noch neben dem Vermögen ein Schutzgut des § 263 StGB bildet(2). Dies soll für die vorliegende Un-

---

1 CRAMER, Vermögensbegriff, S.85f. unter Hinweis auf das Urteil des Badischen Oberhofgerichts vom 13.9.1873 (zitiert nach GS 43, 355), in dem festgestellt wird, daß ein Betrug nicht ausgeschlossen zu sein braucht, wenn der Getäuschte zum Abschluß eines für ihn günstigen Vertrages veranlaßt wird. Vgl. hierzu auch BINDING, Lehrbuch BT I, S.238ff.

2 Vgl. etwa BGHSt 3, 99 (102); 7, 197 (198); 16, 321 (325); OLG Köln NJW 1979, 1419 (1420); aus dem Schrifttum: BOCKELMANN, Kohlrausch-Festschrift (1944), S.226 (240); GALLAS, Eb.Schmidt-Festschrift (1961), S.401); BINDING, Lehrbuch BT I, S.339; DREHER/TRÖNDLE, § 263 Rn 1; CRAMER in SCHÖNKE/SCHRÖDER, § 263 Rn 1; and. GUTMANN, MDR 1963, 3 und FRANK, StGB, § 263 Anm.I, die als Schutzgut des Betrugstatbestandes ausschließlich die Dispositionsfreiheit ansehen.

tersuchung auch nicht mehr in Frage gestellt werden. Jedoch ist die Bestimmung des Vermögens als Schutzgut des Betrugstatbestandes mit der juristischen Vermögenslehre nicht vereinbar, da diese - wie dargelegt - den Betrug zu einem Delikt gegen die Dispositionsfreiheit macht. Sie ist daher abzulehnen.

c) Die wirtschaftliche Vermögenslehre

Für den wirtschaftlichen Vermögensbegriff ist zum einen charakteristisch, daß jede wirtschaftliche Position als Vermögensbestandteil anerkannt wird, der im Geschäftsverkehr wirtschaftlicher Wert beigemessen wird, und zwar ohne Rücksicht darauf, ob sie in einem Recht konkretisiert oder überhaupt rechtlicher Konkretisierung fähig ist(1). Zum anderen wird das Vermögen als Werteinheit verstanden, als "Summe der geldwerten Güter nach Abzug der Verbindlichkeiten"(2). Bei der Begründung des Schadens am Vermögen stellt bereits das Preußische Obertribunal vielfach nicht auf einen dem "wahren Willen" widersprechenden Vermögensverlust(3) ab, sondern hält für ausschlaggebend, daß die Vermögensveränderung zu einer effektiven Wertminderung geführt hat(4). Auch das Reichsgericht sieht insbesondere seit der Plenarentscheidung vom 20. April 1887(5) den Schaden in der Verminderung des Gesamtwerts des Vermögens(6) und lehnt die rein subjektive Schadensberechnung ab: "Es kann der Ansicht nicht beigestimmt werden, welche das Merkmal der Vermögensbeschädigung beim Betruge schon dann für vorhanden erachtet, wenn der Getäuschte durch den in ihm erregten Irrtum zu irgendeiner vermögensrechtlichen Verfügung bestimmt worden ist"(7). Dem ist auch der Bundesgerichtshof gefolgt(8). Im

---

1 Vgl. nur LACKNER in LK, § 263 Rn 122 und 126.

2 BGHSt 16, 220 (221).

3 Vgl. dazu die Nachweise oben S.5 Fn 4 und S.6 Fn 1.

4 So in OppenhoffsR 4, 512 (513); 9, 751; s.a. die zahlreichen weiteren Nachweise bei CRAMER, Vermögensbegriff, S.46 Fn 135.

5 RGSt 16, 1ff.

6 In diesem Sinne auch schon RGSt 4, 117 (119); 9, 168 (169). Vgl. weiter RGSt 44, 230 (235); 71, 303 (304); 74, 129; 75, 62.

7 RGSt 16, 1 (4).

8 Vgl. z.B. BGHSt 3, 99 (102); 16, 220 (221); 16, 321 (325).

Schrifttum hat vor allem MERKEL das Vordringen der an der Minderung des wirtschaftlichen Gesamtwerts orientierten Schadensberechnung beeinflußt: "Der Vermögensschaden ist dahin zu bestimmen, daß das Vermögen des Verletzten nach Vollendung der That einen geringeren Wert repräsentieren müsse, als es repräsentiert haben würde, wenn der andere sich einer betreffenden Einwirkung auf dasselbe enthalten hätte"(1).

Objektiven Charakter erhält diese Art und Weise der Schadensberechnung aber vor allem dadurch, daß sich der wirtschaftliche Wert der Vermögensgüter und damit auch des Gesamtvermögens nicht nach einem subjektiven Maßstab bestimmt, sondern nach dem Geldwert, d.h. dem abstrakten Markt- oder Verkehrswert(2). Bleibt man dabei stehen, so kann sich ein Vermögensschaden nur daraus ergeben, daß als Ergebnis der Saldierung der im Zusammenhang mit der Vermögensverfügung zu- und abfließenden objektiven Werte eine negative Differenz zu Lasten des Vermögens verbleibt. Dies bedeutet aber, daß die Verfehlung des mit einem Vermögenseinsatz verfolgten individuellen Zwecks mangels eines eigenständigen objektiven Werts für sich allein zur Begründung eines Vermögensschadens nicht ausreicht.

2. Die heute herrschende Auffassung

Sowohl die juristische als auch die wirtschaftliche Vermögenslehre stellen Extrempositionen dar, die in ihrer jeweiligen Reinform heute nicht mehr vertreten werden(3). Es haben sich vielmehr in mehrerlei Hinsicht Mischformen gebildet, die bestrebt sind, die Vorteile beider Lehren zu nutzen und deren Nachteile zu vermeiden. Hier ist zunächst die "juristisch-ökonomische Vermittlungslehre" zu nennen, die sich gegen die Anerkennung von solchen Gütern als Vermögensbestandteile wendet, zu denen der Vermögensinhaber nur eine faktische, aber vom Recht nicht anerkannte Beziehung hat(4). Speziell für das Problem der Zweck-

---

1 KrimAbh.II, S.107.

2 RGSt 16, 1 (3); 44, 230 (233); BGHSt 3, 99 (102); 16, 220 (221); GALLAS, Eb.Schmidt-Festschrift (1961), S.401 (408); OTTO, Vermögensschutz, S.45; DREHER/TRÖNDLE, § 263 Rn 27; FRANK, StGB, § 263 Anm.V; WELZEL, Strafrecht, S.374.

3 LACKNER in LK, § 263 Rn 120.

4 Vgl. zusammenfassend LACKNER in LK, § 263 Rn 123.

verfehlung von Bedeutung sind die Bestrebungen, von der Bewertung der Vermögensgüter ausschließlich nach ihrem abstrakten Markt- oder Verkehrswert, wie sie auf der Grundlage der rein wirtschaftlichen Vermögenslehre erfolgt, wegzukommen und den Schwerpunkt mehr auf das Vermögenssubjekt zu verlagern, um so in weiterem Umfang der Interessenlage des durch die Täuschung betroffenen Opfers Rechnung zu tragen. Es hat sich nämlich die Erkenntnis durchgesetzt, daß das Vermögen als wirtschaftliche und soziale Lebensgrundlage des Einzelnen dazu dient, der Person seines Trägers einen "Wirkungsbereich und Daseinsraum"(1) zu sichern. Im Bestreben, von dieser Funktion her das Schadensereignis in seinen konkreten Auswirkungen im Lebensbereich einer Person und nicht als abstrakte Wertminderung ihres wirtschaftlichen Potentials zu erfassen(2), vertreten Rechtsprechung und Literatur auf der Grundlage der wirtschaftlichen Vermögenslehre(3) eine Schadensauffassung, die objektive und subjektive Elemente kombiniert(4). Der abstrakte Markt- oder Verkehrswert der Vermögensgegenstände bildet den Ausgangspunkt ihrer Bewertung und damit auch der Berechnung des Vermögensschadens. Soweit in bestimmten Fällen eine "Korrektur" des auf diese Weise erzielten Ergebnisses durch die Heranziehung subjektiver, an der Person des Vermögensträgers orientierter Gesichtspunkte für erforderlich erachtet wird, so ist meist die Verfehlung des mit der Vermögensaufwendung bezweckten Erfolges die dafür ausschlaggebende Erwägung.

a) Die Verfehlung sozialer und wirtschaftspolitischer Zwecke

Schwierigkeiten bei der Feststellung des Vermögensschadens ergeben sich unter Zugrundelegung einer rein objektiven Berechnungsmethode in Fällen, in denen das Opfer bewußt zur Erreichung eines bestimmten Zwecks Vermögenswerte weggibt, sei es einseitig, also ganz oder teilweise ohne Gegenleistung, sei es im Rahmen eines in objektiv-wirtschaftlicher Hinsicht ausgeglichenen Austauschgeschäfts(5).

---

1 BOCKELMANN, Kohlrausch-Festschrift (1944), S.248.

2 CRAMER, Vermögensbegriff, S.103.

3 Vgl. die Nachweise oben S.10 Fn 2.

4 Sog. objektiv-individuelle Schadensauffassung, seit RGSt 16, 1ff. st.Rspr.; vgl. LACKNER in LK, § 263 Rn 149.

5 Hier ist zu beachten, daß objektiv-wirtschaftlich ausgeglichen auch die einseitige Weggabe eines Vermögenswerts ist, mit

Gibt der Getäuschte Vermögenswerte ganz oder teilweise unentgeltlich weg, so tritt infolge der Verfügung zwar eine Minderung des objektiven Vermögenswerts ein. Diese nimmt er jedoch bewußt in Kauf. Als Schaden wird er sie erst empfinden, wenn seine Verfügung außerdem den ihr beigelegten Zweck nicht erreicht. Hier stellt sich nun zum einen die Frage, ob das Bewußtsein der Minderung des objektiven Vermögenswerts deren Qualifizierung als Schaden hindert, und zum andern, welche Bedeutung der Zweckverfehlung bei der Begründung des Schadens zukommt.

Die hier einschlägigen Fälle sind außerordentlich vielgestaltig. Unentgeltliche Leistungen werden vor allem in den Fällen des Bettel-, Spenden- und Schenkungsbetruges erbracht, in denen der Getäuschte einem vermeintlichen Bettler ein Almosen gibt oder sonst einem anderen aus Mitleid einen Vermögenswert zuwendet(1), für einen - wie er meint - wohltätigen Zweck spendet(2) oder einem anderen zu sonstigen Zwecken eine unentgeltliche Zuwendung macht(3). Hierhier gehören aber auch die Fälle der Erschleichung von Subventionen, also von Leistungen, die zur Förderung wirtschafts- oder sozialpolitischer Zwecke von staatlicher oder privater Seite ohne jegliches oder im Rahmen eines wirtschaftlichen Austauschgeschäfts ohne wirtschaftlich vollwertiges Äquivalent erbracht werden(4).

---

der eine Verbindlichkeit erfüllt wird. Denn bei der Gesamtsaldierung kann jedenfalls nach wirtschaftlicher Vermögensauffassung auch der Wegfall einer Verpflichtung zur Leistung als Äquivalent zu Buche schlagen; vgl. etwa BGHSt 20, 136 (138); BGH NJW 1953, 1479; LACKNER in LK, § 263 Rn 155 m.w.N. und Rn 165 Fn 293.

1 RGSt 4, 352; 6, 360; 53, 225.

2 BayObLG NJW 1952, 798.

3 RGSt 70, 255; LG Aachen NJW 1950, 759; weitere Beispiele bei LACKNER in LK, § 263 Rn 164.

4 RG JW 1936, 262 und 513; RGSt 58, 171; BGHSt 2, 325; 18, 317; 19, 37 und 206; OLG Hamm JMBl NRW 1957, 82 und GA 1962, 219; KG JR 1962, 26; OLG Celle GA 1955, 155; vgl. aus neuerer Zeit einen Fall der Erschleichung von Investitionszulage nach dem InvZulG 1975: BGH NJW 1982, 2453 = JR 1983, 211 f.m.Anm. TIEDEMANN. Seit Inkrafttreten des durch das 1.WiKG vom 29.7.1976 eingeführten § 264 StGB am 1.9.1976 wird die Erschleichung wirtschaftsfördernder Subventionen allerdings zumeist von diesem Tatbestand erfaßt (etwa die

In den letztgenannten Fällen ist aber zu beachten, daß vom Fehlen eines vollwertigen Äquivalents und damit von einer einseitigen Leistung nur die Rede sein kann, wenn keine Rechtsvorschriften für die Vergabe der Subvention bestehen, aus denen sich ein Rechtsanspruch des Täters auf sie ergibt(1). Täuscht nämlich der Täter Umstände vor, bei deren Vorliegen er einen Anspruch auf die Subvention hätte(2) und leistet die Vergabestelle daraufhin zur Erfüllung des vermeintlichen Anspruchs, so tritt mangels Kompensation durch das Fehlen der Leistungsverpflichtung eine Minderung des objektiven Werts des Vermögens des Subventionsgebers ein(3). Diese nimmt er im Unterschied zu den sonstigen hier in Rede stehenden Fällen wegen der vermeintlich zu erfüllenden Verpflichtung nicht bewußt in Kauf. Sie bleibt ihm vielmehr gerade verborgen. Daher wird der Schaden ohne Rücksicht auf die Verfehlung des mit der Subvention verfolgten Zwecks in dieser Minderung des objektiven Vermögenswerts gesehen(4).

Erschleichung der Investitionszulage nach § 19 BerlinFG, vgl. dazu GARZ-HOLZMANN, S.130ff.), während der allgemeine Betrugstatbestand des § 263 StGB in diesem Bereich nur noch in Ausnahmefällen zur Anwendung kommt (zum Verhältnis der beiden Vorschriften zueinander: DREHER/TRÖNDLE, § 264 Rn 39 n.w.N.).

1 Zwar verliert eine einseitige Leistung diese Eigenschaft noch nicht allein dadurch, daß sie zur Erfüllung einer Verbindlichkeit erbracht wird. Vorliegend geht es aber darum, Leistungen des Opfers, denen ein objektiv gleichwertiges Äquivalent gegenübersteht, von denen zu trennen, bei denen dies nicht der Fall ist. Die vom allgemeinen Sprachgebrauch abweichende Verwendung des Begriffs der einseitigen Leistung im vorliegenden Zusammenhang resultiert also daraus, daß die h.M. den Wegfall der Verpflichtung zur Leistung als kompensierendes Äquivalent anerkennt (vgl. die Nachweise oben S.23 Fn 5).

2 Ein solcher Anspruch kann sich auch aus einer sogenannten Ermessensschrumpfung ergeben, vgl. HENKE, Wirtschaftssubventionen, S.129f.; BLECKMANN, Subventionsrecht, S.143; HACK, Subventionsbetrug, S.44.

3 In diesem Sinne HACK, Subventionsbetrug, S.43; LACKNER in LK, § 263, Rn 165 Fn 293.

4 RG JW 1936, 513, Nr.15; RGSt 70, 33 (35f.); TIEDEMANN, Subventionskriminalität, S.310ff.; ders., Wirtschaftsstrafrecht

Schließlich handelt es sich auch um einseitige Leistungen im hier verstandenen Sinne, wenn das Opfer dazu bewogen wird, auf einen Vertrag trotz Kenntnis von dessen Nichtigkeit wegen Gesetzes- oder Sittenverstoßes zu leisten, weil es darüber getäuscht wird, daß auch der andere leisten werde(1).

Die sich in allen diesen Fällen unentgeltlicher Zuwendung zunächst stellende Frage, ob nicht trotz objektiver Vermögensminderung bereits das Bewußtsein des Opfers von der wertmindernden Wirkung der Disposition die Annahme eines Schadens hindert, hat die Rechtsprechung stets ausdrücklich(2) oder auch stillschweigend(3) verneint(4). Der Umstand, daß die Leistung des Opfers den ihr beigelegten Zweck verfehlt, ist von daher bedeutungslos: da der Schaden allein schon in der Minderung des objektiven Vermögenswerts zu sehen ist, kommt es nach objektiv-individueller Schadensauffassung auf die weitere Frage, ob eine eventuell zusätzlich gegebene Zweckverfehlung schadensrelevant sein kann, nicht mehr an(5).

Für irrelevant wird die Verfehlung des mit der Leistung verfolgten Zwecks offenbar auch von den Auffassungen in der älteren Literatur gehalten, die die Straflosigkeit des Täters in den Fällen ganz oder teilweise unentgeltlicher Zuwendung damit begrün-

---

II S.96 und ZStW 86 (1974), 897 (908f.); HACK, Subventionsbetrug, S.44; eine andere Frage ist es, ob trotz einer auf diese Weise eingetretenen Minderung des objektiven Vermögenswerts ein Schaden zu verneinen ist, wenn der Subventionszweck gleichwohl erreicht ist, vgl. dazu unten S.142ff.

1 Vgl. etwa den Fall des OLG Köln NJW 1972, 1823f., wo dem Opfer versprochen wird, ihm gegen Zahlung einer Geldsumme eine Prostituierte zuzuführen; s.a. RGSt 52, 134ff., wo dem Opfer gegen Leistung einer Anzahlung die verbotswidrige Lieferung von Waren zugesagt wurde.

2 RGSt 52, 134 (136); 70, 255 (256); BGHSt 19, 37 (45); BayObLG NJW 1952, 798.

3 RGSt 4, 352; 6, 360; 53, 225; BGHSt 2, 325; 18, 317 (323f.).

4 Ablehnend auch MOHRBOTTER, Stoffgleichheit, S.150ff.

5 Zu Unrecht wird daher in einigen Entscheidungen eine "Zweckverfehlung" festgestellt, obwohl bereits eine objektive Vermögensminderung bejaht wurde, vgl. etwa RG JW 1936, 262 und 513; BGHSt 19, 37 (44); KG JR 1962, 26.

den, es fehle bereits der Kausalzusammenhang zwischen Täuschung und Schaden, weshalb die Vermögensschädigung des Verfügenden alleinverantwortlich erfolgt sei(1). Zum gleichen Ergebnis kommt auch ARZT(2) aufgrund der Erwägung, daß im Hinblick auf das Wissen des Betroffenen um seinen Vermögensverlust eine Täuschung unmöglich sei(3).

Dagegen geht die sogenannte Zweckverfehlungslehre von der Erwägung aus, daß ein bewußtes und damit freiwilliges Vermögensopfer nicht zu einem Schaden im Sinne des § 263 StGB führt(4). Ein solcher soll in diesen Fällen nur dann angenommen werden können, wenn der mit dem Vermögensopfer verfolgte Zweck verfehlt wird und dies dem Getäuschten verborgen bleibt(5). Begründet wird diese Auffassung damit, daß die Verkehrsanschauung denjenigen nicht als geschädigt ansehe, der den Zweck eines freiwilligen Vermögensopfers erreiche. Wohltätigkeit und die Verfolgung anderer ideeller Zwecke durch Vermögensaufwand erscheinen unter diesem Gesichtspunkt nicht schon als solche, sondern erst dann als "Selbstschädigung" des Betroffenen, wenn das Vermögensopfer seinen Zweck verfehlte und dadurch zu einer sinnlosen und daher auch unwirtschaftlichen Ausgabe wird(6). Hier wird deutlich, daß sich die Zweckverfehlungslehre nicht nur zur Aufgabe gemacht hat, überhaupt subjektiven Momenten Berücksichtigung bei der Schadensfeststellung zu verschaffen, sondern dafür auch eine Grenze zu ziehen. Nicht jeder Motiv-

---

1 FRANK, StGB, § 263 Anm.VI 1; BINDING, Lehrbuch BT I, S. 352; GRÜNHUT, S.122; v.LISZT/SCHMIDT, Lehrbuch S.671.

2 Strafrecht BT 3, S.165.

3 Zur Frage, ob diese Auffassungen haltbar sind, vgl. unten S.58ff.

4 BLEI, JA 1971, 510 und Strafrecht II S.200; CRAMER, Vermögensbegriff, S.202 und S.206, JuS 1966, 472 (477) und JZ 1971, 415; ESER, Strafrecht IV Nr.12 A 22; JECHT, GA 1963, 41 (44); KÜPER, NJW 1970, 2253 (2254); LACKNER in LK, § 263 Rn 170 und StGB, § 263 Anm.7b; LENCKNER, NJW 1971, 599 (600); SAMSON in SK, § 263 Rn 150-154, 163; EB.SCHMIDT, JZ 1952, 542; SCHRÖDER, NJW 1962, 721 (722); WEIDEMANN, GA 1967, 238 und Kompensationsproblem, S.195.

5 BLEI, JA 1972, 236; GALLAS, Eb.Schmidt-Festschrift (1961), S.401 (435); SCHRÖDER, NJW 1962, 721 (722).

6 GALLAS, Eb.Schmidt-Festschrift (1961), S.401 (435).

irrtum, sondern nur die Verfehlung des der Leistung immanenten, wirtschaftlich relevanten Zwecks soll zur Schadensbegründung ausreichen(1): so soll kein Schaden vorliegen, wenn jemand unter der Vorspiegelung, andere hätten namhafte Beträge gespendet, auch seinerseits mehr gibt, weil es ihm peinlich wäre, hinter den anderen Gebern zurückzustehen(2).

Handelt es sich nicht um eine einseitige Leistung des Opfers im hier gemeinten Sinne, sondern um eine solche, der ein Äquivalent gegenübertritt, das den infolge der Leistung des Opfers zunächst eingetretenen Verlust an objektivem Vermögenswert vollständig kompensiert, so fragt es sich, ob trotz Fehlens einer Minderung des objektiven Vermögenswerts ein Schaden allein aufgrund der Verfehlung des mit der Vermögensverfügung verfolgten Zwecks angenommen werden kann(3).

Ein Beispiel für eine solche Fallgestaltung bildet etwa der einer Entscheidung des Reichsgerichts(4) zugrunde liegende Fall, in dem einer staatlichen Stelle, der es bei der Beschaffung bestimmter Güter auf die Förderung der Wirtschaft in Notstandsgebieten ankommt, objektiv gleichwertige Waren anderer Herkunft geliefert werden. Aber auch in einem früheren, ebenfalls den Gegenstand einer reichsgerichtlichen Entscheidung bildenden Fall(5), in dem sich ein Heereslieferant gegenüber dem Fiskus zur Auszahlung eines bestimmten Lohnsatzes an seine Arbeiter verpflichtet hatte, diese Abrede aber bei im übrigen einwandfreier Lieferung nicht einhielt, kommt es darauf an, ob die Verfehlung des vom Fiskus verfolgten Zwecks, den Arbeitern einen bestimmten Lohn zu sichern, zur Begründung des Schadens ausreicht. Weitere Beispiele sind noch der von GALLAS(6) gebildete Fall, in dem der Täter einer Stiftung, die zur Förderung des Nachwuchses nur Werke junger unbekannter Künstler erwirbt, das Gemälde eines arrivierten Malers als Werk eines jungen Talents verkauft oder das Opfer zur Bestellung von Zeitschriften

---

1 GALLAS, Eb.Schmidt-Festschrift (1961), S.401 (435).

2 GALLAS, Eb.Schmidt-Festschrift (1961), S.401 (436); a.A. BayOLG NJW 1952, 798.

3 LACKNER in LK, § 263 Rn 164 a.E.

4 RGSt 73, 382ff.

5 RGSt 50, 316.

6 Eb.Schmidt-Festschrift (1961), S.401 (435).

veranlaßt, die ihren Preis wert sind, und dabei jeweils vorspiegelt, der Reinerlös werde für soziale Zwecke verwandt(1).

Schließlich ist noch auf eine Fallgruppe hinzuweisen, deren Zugehörigkeit zu dem hier in Rede stehenden Problemkreis nicht ohne weiteres erkennbar ist. Es handelt sich dabei um die Fälle der Subventionserschleichung, in denen die Zuwendung nicht einseitig im hier gemeinten Sinne(2) erfolgt, sondern Rechtsvorschriften für die Vergabe bestehen, die einen Anspruch des Täters auf die Subvention begründen. Sie sind jedoch dadurch gekennzeichnet, daß der Subventionszweck gleichwohl nicht erreicht wird(3). Hier wird die durch die Auszahlung der Subvention eingetretene Minderung des objektiven Werts des Vermögens des Fiskus durch den Wegfall des Anspruches auf die Subvention kompensiert. Es kommt daher darauf an, ob der Vermögensschaden allein aus der Verfehlung des Subventionszwecks hergeleitet werden kann(4).

Zutreffend weist LACKNER(5) darauf hin, daß in vielen Fällen objektiv-wirtschaftlicher Ausgeglichenheit von Leistung und Gegenleistung ein Schaden schon aufgrund des sogenannten individuellen Schadenseinschlags bejaht werden kann. Häufig liegt es nämlich so, daß der Getäuschte für die Gegenleistung keine oder nur ungenügende Verwendung hat(6). Ist dies jedoch nicht der

---

1 AG Mannheim MDR 1960, 945; OLG Köln NJW 1979, 1419; JUST-DAHLMANN, MDR 1960, 270; SONNEN JA 1982, 593.

2 S. oben S.25 Fn 1.

3 Vgl. hierzu TIEDEMANN ZStW 86 (1974), 897 (915ff.), Wirtschaftsrecht II, S.102f. und Subventionskriminalität, S.339ff.; regelmäßig handelt es sich um Umgehungshandlungen, bei denen der Täter nur formal die Subventionsvoraussetzungen erfüllt, aber ihrem Zweck zuwiderhandelt. Beispielsweise exportiert er Schweine in die Schweiz oder Butter nach Marokko zu dem ausschließlichen Zweck, Erstattungszahlungen zu erlangen, verhindert aber eine echte Teilnahme der Ware am Weltmarkthandel, TIEDEMANN ZStW 86 (1974) 897 (916) und Wirtschaftsrecht II, S.103, jeweils mit weiteren Beispielen.

4 Im Ergebnis bejahend TIEDEMANN ZStW 86 (1974), 897 (919).

5 In LK § 263 Rn 177.

6 So im Fall des AG Mannheim MDR 1960, 945 und in der dem Aufsatz von JUST-DAHLMANN MDR 1960, 270 zugrunde liegenden

Fall, wird ein Vermögensschaden, der mangels eines Minussaldos in objektiver Hinsicht allein aus der Zweckverfehlung herzuleiten wäre, überwiegend abgelehnt(1). Begründet wird dies vornehmlich damit, daß der Betroffene nur bei unausgeglichenen Geschäften wirklich ärmer werde; in den anderen Fällen werde dagegen der Vermögensstand des Betroffenen nicht beeinträchtigt, so daß hier die Anerkennung der Zweckverfehlung auf den Schutz der Dispositionsfreiheit hinauslaufen würde(2). Das OLG Köln(3) hält für ausschlaggebend, daß es sich bei dem Irrtum über die Erreichung des sozialen Zwecks lediglich um einen im Sinne des § 263 StGB nicht beachtlichen Motivirrtum handele. Zudem sei diese Zweckerreichung des Getäuschten zusätzlich zu der schon gleichwertigen Gegenleistung lediglich unverbindlich in Aussicht gestellt worden.

Interessant ist das Argument von SAMSON(4). Beim Subventionsbetrug nach § 264 StGB, der eine Vorstufe des Betruges darstelle, sei der Motivirrtum nur dann beachtlich, wenn es sich um Leistungen handele, die wenigstens teilweise ohne marktmäßige Gegenleistung vergeben würden. Daraus folge, daß das Gesetz die Zweckverfehlung beim wirtschaftlich ausgeglichenen Geschäft selbst dann nicht zur Schadensbegründung ausreichen lasse, wenn der verfehlte Zweck ein Zweck im Sinne des § 264 StGB sei.

Die Vertreter der Gegenansicht weisen vor allem auf die Inkonsequenz hin, die darin liege, daß die Verfehlung desselben Zwecks beim wirtschaftlich unausgeglichenen Geschäft zum Schaden führen soll, nicht hingegen beim ausgeglichenen(5).

Konstellation; auf die Fälle mangelnder Verwendbarkeit der Gegenleistung ist noch gesondert einzugehen, s. S.31; sie sollen hier vorerst außer Betracht bleiben.

1 RGSt 50, 316 (318); RGSt 73, 382 (383f.); OLG Köln NJW 1979, 1419 (1420); SONNEN JA 1982, 593 (594); GUTMANN MDR 1963, 3; LACKNER in LK, § 263 Rn 177; SAMSON in SK, § 263 Rn 162.

2 LACKNER in LK, § 263 Rn 177.

3 NJW 1979, 1419 (1420).

4 In SK, § 263 Rn 162.

5 Vgl. MOHRBOTTER, GA 1969, 225 (226) m.w.N.; dies muß auch SAMSON in SK, § 263 Rn 158f. einräumen.

MOHRBOTTER(1) versucht, mit Hilfe einer "sozialen Sinndeutung und Zweckbestimmung des Vermögens" jedenfalls dann die soziale Zweckverfehlung zur Schadensbegründung ausreichen zu lassen, wenn der soziale Zweck das Maß der Leistung und Gegenleistung entscheidend beeinflußt, d.h. nach dem übereinstimmenden Willen der Parteien grundlegende Bedeutung für den Vertragsabschluß hat. Ein Vermögensschaden soll immer dann anzunehmen sein, wenn - auch ohne Verminderung eines geldwerten Vermögensbestandes - durch die Täuschung eine dem objektiven Sinn und Zweck und damit dem Wesen des konkreten Geschäfts widersprechende Vermögenslage herbeigeführt wird(2).

b) Der individuelle Schadenseinschlag

Eine Korrektur der rein objektiven Berechnung des Vermögensschadens stellt auch der sogenannte individuelle Schadenseinschlag dar. Daß es sich hierbei in Wahrheit um ein Problem der Zweckverfehlung handelt, tritt allerdings nicht so deutlich wie in der vorgenannten Fallgruppe zutage.

Der individuelle Schadenseinschlag soll dem Umstand Berücksichtigung verschaffen, daß eine nach abstrakter Betrachtung ausgeglichene Veränderung der Vermögenssubstanz gleichwohl zu einer Verminderung des Gesamtpotentials des Vermögensträgers führen kann, weil jedes Wirtschaftsgut Bestandteil des Vermögens einer bestimmten Person ist und für diese in dem jeweiligen Vermögenszusammenhang eine bestimmte Funktion zu erfüllen hat(3). Herkömmlicherweise kennzeichnet dieser Begriff eine Fallgruppe, in der bei objektiv-wirtschaftlicher Ausgeglichenheit eines zweiseitigen Geschäfts die Gegenleistung für den Betroffenen nicht oder nicht in vollem Umfang zu dem vertraglich vorausgesetzten Zweck brauchbar ist und er sie auch nicht in anderer zumutbarer Weise verwenden kann(4). Sie gleicht den bereits erwähn-

---

1 GA 1969, 225 (231) und Stoffgleichheit, S.101.

2 Einschränkend auch GALLAS, Eb.Schmidt-Festschrift (1961), S.401 (435), der der sozialen Zweckverfehlung diese Bedeutung grundsätzlich nur dann zukommen lassen will, wenn aus einem an den betreffenden sozialen Zweck gebundenen Vermögen geleistet wird; in diesem Sinne bereits RGSt 70, 33 (36).

3 LACKNER in LK, § 263 Rn 156.

4 Diese Formel ist seit der "Melkmaschinen-Entscheidung" des Bundesgerichtshofs in BGHSt 16, 321ff. ständige Rechtspre-

ten Fällen der Weggabe von Vermögenswerten zur Erreichung eines sozialen oder wirtschaftspolitischen Zwecks im Rahmen eines objektiv-wirtschaftlich ausgeglichenen Austauschgeschäfts(1) insofern, als bei Anwendung der objektiven Komponente des objektiven-individuellen Wertmaßstabs ein Schaden zu verneinen wäre. Anders als bei jenen wird die Notwendigkeit einer Korrektur dieses Ergebnisses durch die Berücksichtigung subjektiver Momente hier jedoch von der Rechtsprechung und der herrschenden Lehre weitestgehend anerkannt(2).

Unter den außerordentlich vielgestaltigen Fällen, in denen die Rechtsprechung bei der Begründung des Vermögensschadens auf die mangelnde Brauchbarkeit der Gegenleistung für die Zwecke des Opfers abstellt, haben sich Schwerpunkte in den Bereichen des Zeitungs-, Zeitschriften- und Büchervertriebs, des Gebrauchtwagenhandels und des Anstellungsbetruges gebildet. In neuerer Zeit scheinen die Fälle des betrügerischen Handels mit Warenterminoptionen immer größere Bedeutung zu erlangen.

Die Betrugsfälle beim Zeitungs-, Zeitschriften- und Büchervertrieb sind dadurch gekennzeichnet, daß das Opfer zum Eingehen einer Bezugsverpflichtung über Zeitungen oder Bücher veranlaßt wird, deren Art oder Inhalt ihm verschleiert wird. Die Zeitschriften oder Bücher sind zwar regelmäßig ihren Preis wert. Das Geschäft ist also objektiv ausgeglichen. Sie können jedoch von dem Getäuschten nicht zu dem vertraglich vorausgesetzten Zweck verwendet werden. Solche vertraglich vorausgesetzten Zwecke sind etwa die Vermittlung von Wissen an Hilfsschulkinder

----

chung; vgl. auch die weiteren Nachweise bei LACKNER in LK, § 263 Rn 157 Fn 283.

1 Vgl. zu diesen oben S.28ff.

2 Die Rechtsprechung läßt zuweilen die Frage, ob eine Minderung des objektiven Werts des Vermögens eingetreten ist, offen, wenn die mangelnde Brauchbarkeit der Gegenleistung für die Zwecke des Opfers feststeht, vgl. OLG Stuttgart NJW 1980, 1177 (1178); OLG Karlsruhe NJW 1980, 1762. Dies ist deswegen durchaus gerechtfertigt, weil prozessual zu den Tatsachen, die die Entscheidung nicht unmittelbar tragen, keine Feststellungen getroffen werden müssen. Es ändert aber nichts daran, daß auch bei der Feststellung des Schadens in den Fällen, in denen der individuelle Schadenseinschlag zum Tragen kommen soll, vorrangig die Frage einer Minderung des objektiven Vermögenswerts zu klären ist.

anhand eines Lexikonwerks(1), die angebliche Verwendbarkeit eines Buches in der Schule durch die Kinder des Getäuschten(2), das Erlernen des Schreibmaschinenschreibens aufgrund eines Fernkurses ohne persönlichen Unterricht(3) oder die Verwendung eines Buches als Lehrmittel(4). Zuweilen begnügt sich die Rechtsprechung auch mit der Feststellung, daß die bestellte Zeitschrift für den Getäuschten "aufgrund seiner persönlichen Verhältnisse und seines Bildungsstandes praktisch wertlos" ist(5).

Damit eng verwandt sind die Fälle der Unterschriftserschleichung(6), in denen der Getäuschte überhaupt nichts bestellen und deshalb die Ware - wenn sie ihm nicht ausnahmsweise trotz der Täuschung genehm ist - auch nicht gebrauchen will; so etwa, wenn die Unterschrift unter ein Vertragsformular mit dem Hinweis erschlichen wird, es handele sich um die bloße Bestätigung eines Vertreterbesuches, um eine andere rechtlich unerhebliche Erklärung oder um eine Erklärung ganz anderen Inhalts. Sicherlich kann ein Schaden hier noch nicht darin gesehen werden, daß der Getäuschte eine Vermögensverfügung getroffen hat, die er bei Kenntnis der wahren Sachlage nicht getroffen hätte(7). Jedoch kann auch - anders als in den Fällen des Zeitungs-, Zeitschriften- und Büchervertriebs, in denen dem Getäuschten durchaus bekannt ist, daß er etwas bestellt - nicht darauf abgestellt werden, ob der Getäuschte die bestellte Leistung für einen von ihm verfolgten Zweck verwenden kann. Denn er weiß ja nicht, daß er einen Vertrag schließt und kann damit auch keinen bestimmten Zweck verfolgen(8). Entscheidend kann

---

1 OLG Köln NJW 1976, 1222.

2 OLG Köln NJW 1957, 351.

3 BGH GA 1963, 208.

4 OLG Stuttgart NJW 1980, 1177.

5 Vgl. BGHSt 23, 300.

6 Vgl. aus der umfangreichen Rechtsprechung: BGHSt 22, 88; OLG Hamm NJW 1965, 702 und NJW 1969, 1778; KG JR 1972, 28; OLG Köln MDR 1974, 157 und GA 1977, 188; OLG Celle MDR 1969, 158; aus der Literatur vgl. STEINKE, Kriminalistik 1978, 458ff.; KNAPPMANN, NJW 1965, 1931; LAMPE, NJW 1978, 679.

7 BGHSt 22, 88 (89) unter Ablehnung der abweichenden Rechtsprechung des OLG Hamm in NJW 1965, 702.

8 OLG Köln MDR 1974, 157; anders soll es nach OLG Celle MDR 1969, 158 nur dann liegen, wenn - wie etwa beim erschliche-

daher allenfalls ins Gewicht fallen, ob der Getäuschte den unerwünschten Gegenstand "in anderer zumutbarer Weise" verwenden kann.

Die Fälle des Gebrauchtwagenhandels sind dadurch gekennzeichnet, daß der Käufer über das Baujahr, die wirkliche Kilometerleistung, die Verkehrssicherheit oder die Unfallfreiheit des Fahrzeugs getäuscht wird. Da diese Umstände zweifellos eine erhebliche Rolle für das Unfallrisiko, die Reparaturanfälligkeit und den auf längere Sicht erzielbaren Kaufpreis spielen, wurde zunächst angenommen, daß derjenige, der das Fahrzeug nicht nur zum Wiederverkauf, sondern zur eigenen Nutzung erwerbe, auch dann geschädigt sei, wenn der geforderte Kaufpreis den Marktwert eines gleichartigen Gebrauchtwagens nicht übersteige(1). Dabei wird zwar nicht ausdrücklich auf den Gesichtspunkt der fehlenden oder verminderten Brauchbarkeit des Fahrzeugs abgestellt, doch läßt der Hinweis auf die "Verhältnisse des Käufers", die für die Wertbestimmung maßgeblich sein sollen, erkennen, daß die Rechtsprechung das Fahrzeug in diesen Fällen als zur beabsichtigten Nutzung bei geringem Unfallrisiko, geringer Reparaturanfälligkeit und geringem Wertverlust nicht voll brauchbar ansah. Allerdings hat die neuere Rechtsprechung den Maßstab der Brauchbarkeit in diesen Fällen inzwischen neu bestimmt. Danach soll es an der nach dem Vertrag vorausgesetzten Verwendbarkeit des Fahrzeugs zur eigenen Nutzung nur fehlen, wenn das Fahrzeug wegen Mängeln, die der Verkäufer verschwiegen oder wegen Eigenschaften, die er fälschlicherweise zugesichert hat, aus dem Verkehr gezogen werden müßte und allenfalls erst nach größeren Reparaturen wieder zugelassen werden könnte, oder wenn das Fahrzeug überhaupt nicht fahrbereit ist(2).

In den Fällen des Anstellungsbetruges spielt nach der Rechtsprechung der Gesichtspunkt der fehlenden oder verminderten Ver-

----

Beitritt zu einem Bücherbund - zunächst kein bestimmter Gegenstand bestellt wird: angesichts der großen Auswahl an verschiedenen Büchern könne der Getäuschte nicht einwenden, er habe für die Leistung des Bücherbundes keine Verwendung.

1 BGH bei DALLINGER MDR 1972, 571; BayObLG MDR 1962, 70; OLG Düsseldorf NJW 1971, 158.

2 BGH, Beschl. v. 16.8.1973 - 4StR 305/73 und Urt. v. 6.12. 1977, 1StR 495/77, beide zitiert nach DREHER/TRÖNDLE, § 263 Rn 35; OLG Hamm, VRS 43 (1972), 188; OLG Celle NdsRpfl. 1970, 64; OLG Karlsruhe NJW 1980, 1762.

wendbarkeit der Gegenleistung für die Zwecke des Getäuschten dann eine Rolle, wenn die vom Täter angebotenen Leistungen ihren Preis wert sind, jedoch vom Getäuschten nicht in Anspruch genommen werden dürfen. Dies ist zum einen bei allen Arten von Anstellungsverträgen der Fall, wenn die Leistungen wegen einer mit ihnen verbundenen Gefährdung anderer vom Dienstberechtigten nicht verwendet werden dürfen(1), und zum andern bei der Erschleichung einer Beamtenstelle, wenn der Bewerber etwa über seine fachliche Eignung, seine Vorbildung oder auch nur über seine "persönliche Würdigkeit" falsche Angaben macht(2). Die Rechtsprechung begründet die Unbrauchbarkeit des Bewerbers im letzteren Falle damit, daß es nicht nur auf die fachliche Eignung für den übertragenen Pflichtenkreis ankomme. Vielmehr schulde der Beamte seine ganze Persönlichkeit(3). Außerdem stellten die Vorschriften des Beamtenrechts Mindestbedingungen auf, die von den Trägern öffentlicher Ämter erfüllt werden müßten(4).

Bei den Fällen des betrügerischen Handels mit Warenterminoptionen, bei denen der individuelle Schadenseinschlag Bedeutung erlangt (und die bislang Gegenstand der Rechtsprechung waren), handelt es sich um Manipulationen mit sogenannten Londoner Optionen, d.h. mit Warenterminoptionen, die an der Londoner Börse offiziell gehandelt werden. Diese Fälle sind dadurch gekennzeichnet, daß die inländische Vermittlungsfirma durch versteckte Aufschläge auf die Londoner Originalprämie die Gewinnchancen des privaten Anlegers verschlechtert(5). Hier ergibt sich regelmäßig bereits ein Schaden am Vermögen aus der Differenz zwischen dem vereinbarten Optionspreis und dem wirklichen Wert der Option. Letzterer setzt sich nach nunmehr wohl herrschender Rechtsprechung aus den Beschaffungskosten der Option und der Provision eines seriösen inländischen Maklers zusammen(6).

---

1 RGSt 42, 49 (50); vgl. auch RGSt 65, 273 (275f.); RGSt 73, 268 (269); and. RGSt 75, 8 (9).

2 BGHSt 5, 358 (359); BGH GA 1956, 121; RGSt 65, 281 (282).

3 RGSt 65, 281 (282).

4 RGSt 65, 281 (282); so auch LACKNER in LK, § 263 Rn 239.

5 Sog. Aufschlagsproblematik, vgl. LACKNER/IMO, MDR 1983, 969ff.

6 BGHSt 30, 388 = NJW 1982, 1165; 31, 116 = NJW 1983, 126; BGH NJW 1983, 292 und 1917; BGHSt 32, 22 = NJW 1984, 622.

Ein weitergehender Schaden, nämlich in voller Höhe des vom Kunden bezahlten Optionspreises, wird zuweilen unter dem Gesichtspunkt des individuellen Schadenseinschlags angenommen. So soll nach der Auffassung der Rechtsprechung(1) die erworbene Option insgesamt als wertlos anzusehen sein, wenn der Kunde infolge der Täuschung über Eigenart und Risiken des Optionsgeschäftes den Kauf von Optionen auf Warentermingeschäfte auf die gleiche Stufe stellt wie ein wertbeständiges, ertragreiches Anlagegeschäft und der Meinung ist, das von ihm bezahlte Geld sei "in einem Rohstoff so wertbeständig wie dieser selbst" angelegt. Die erworbene Option sei in diesem Fall, nämlich für den vom Kunden vertraglich vorausgesetzten Zweck, eine sichere Geldanlage, unbrauchbar. Sehr umstritten ist hingegen die Berücksichtigung des persönlichen Schadenseinschlages, wenn die erworbenen Optionen wegen der vom inländischen Makler verlangten hohen Aufschläge auf die Optionsprämie nur bei ganz außergewöhnlich günstigem Kursverlauf eine geringe Gewinnchance haben(2). Während der 1. Strafsenat des Bundesgerichtshofs(3) wie auch der 5. Strafsenat(4) den Schaden mit einer Minderung des objektiven Vermögenswerts begründen, der in der Differenz zwischen dem vereinbarten Preis und dem wirklichen Wert der Option (Marktpreis) liege, sieht der 3. Strafsenat(5) die Option in diesem Fall als zur Spekulation ungeeignet und damit als zu dem vertraglich vorausgesetzten Zweck untauglich an(6), geht also von einem Schaden in voller Höhe der Optionsprämie aus(7).

---

1 BGH NJW 1983, 1917; BGHSt 32, 22 = NJW 1984, 622.

2 Zum Zusammenhang zwischen der Höhe des Aufschlags und der Gewinnchance vgl. LACKNER/IMO MDR 1983, 969 (970); WORMS wistra 1984, 123 (124).

3 BGH NJW 1983, 1917; BGHSt 32, 22 = NJW 1984, 622.

4 BGHSt 30, 388 = NJW 1982, 1165; BGH NJW 1983, 292.

5 BGHSt 31, 115 (117) = NJW 1983, 126.

6 Abl. LACKNER/IMO, MDR 1983, 969 (979) für den Fall, daß wenigstens die Chance bleibt, nur einen Teilverlust der Optionsprämie zu erleiden und diese Chance daher zur Verlustbegrenzung tauglich ist.

7 Vgl. zu den Bemühungen um eine Verstärkung des Strafschutzes gegen betrügerisches Verhalten im Zusammenhang mit den Warentermin- und Optionsgeschäften die im Regierungsentwurf eines zweiten Gesetzes zur Bekämpfung der Wirtschaftskriminalität vorgesehene Neufassung des § 89 BörsG; dazu MÖHRENSCHLAGER, wistra 1983, 19ff.

Die genauere Untersuchung der vorstehend dargestellten Fälle, in denen der Vermögensschaden mit dem individuellen Schadenseinschlag begründet wird, macht deutlich, daß der ausschlaggebende Gesichtspunkt, der Rechtsprechung und herrschende Lehre veranlaßt, nicht bei dem aus einem Vergleich der objektiven Werte der sich gegenübertretenden Leistungen gewonnenen Ergebnis stehenzubleiben, die Verfehlung des vom Getäuschten mit seiner Leistung verfolgten Zwecks ist. Dem Begriff der Verwendbarkeit eines Gegenstandes oder einer Leistung ist die Zweckbezogenheit bereits immanent. Die Verwendbarkeit kann stets nur im Hinblick auf einen bestimmten Zweck beurteilt werden. Demgemäß setzt auch die Rechtsprechung in ihrer Formel zum individuellen Schadenseinschlag(1) die Unbrauchbarkeit in Bezug zu dem "vertraglich vorausgesetzten Zweck" bzw. stellt auf die Verwendbarkeit "in anderer zumutbarer Weise" ab. Wird nun der jeweils maßgebende Zweck nicht verwirklicht, so tritt damit zwar unmittelbar nur ein Merkmal der Gegenleistung zutage, nämlich das Fehlen einer bestimmten Eigenschaft, das nach der herrschenden Auffassung zum individuellen Schadenseinschlag als - individueller - Minderwert ins Gewicht fällt. Das Fehlen einer solchen Eigenschaft als Merkmal der Gegenleistung ist aber bei der Feststellung des Vermögensschadens beim Betrug nicht der letztlich ausschlaggebende Gesichtspunkt. Dieser liegt vielmehr darin, daß der Getäuschte mit seiner Leistung ein Vermögensopfer erbringt, um einen bestimmten Zweck zu erreichen. Daß dieser sich erst auf dem "Umweg" über eine Gegenleistung verwirklichen soll, die dazu unmittelbar tauglich ist, ändert nichts daran, daß den Getäuschten nur die Erreichung des Zwecks und der dazu zu erbringende Aufwand aus seinem Vermögen interessiert, nicht aber, ob der Zweck unmittelbar durch seine Leistung oder erst mittelbar über eine Gegenleistung erreicht wird. Auf diese Weise wird aber eine Übereinstimmung der vorliegenden Fallgruppe mit der der Verfolgung sozialer und wirtschaftspolitischer Zwecke im Rahmen von Austauschgeschäften offenbar: bei beiden liegt das schadenskonstituierende Element darin, daß die Leistung des Opfers ihren Zweck verfehlt.

Damit sind die Probleme, die der individuelle Schadenseinschlag unter dem Gesichtspunkt der Zweckverfehlung aufwirft, noch nicht erschöpft. Auf welchen Zweck es bei der Begründung des Vermögensschadens über den persönlichen Schadenseinschlag ankommt, scheint sich zwar aus den Wendungen in der Formel der Rechtsprechung: "zu dem vertraglich vorausgesetzten Zweck" und

---

1 Vgl. oben S.31ff.

"für den Getäuschten" zu ergeben. Danach ist offenbar ausschlaggebend, welchen Zweck der Getäuschte konkret verfolgt. Jedoch zeigt der nachfolgende Teil der Formel, nach der die Gegenleistung auch nicht "in anderer zumutbarer Weise" verwendbar sein darf, daß die Verfehlung dieses individuellen Zwecks gerade nicht ausreicht. Auf diese Weise wird nämlich der bei der Beurteilung der Brauchbarkeit maßgebliche Bezugspunkt von dem vom Getäuschten konkret verfolgten Zweck auf diese anderen "zumutbaren" Zwecke verschoben. Letztlich werden damit aber die konkret verfolgten Zwecke gänzlich irrelevant und dem Getäuschten Zwecke aufgedrängt, die er gerade nicht verfolgt(1).

Der persönliche Schadenseinschlag spielt allerdings nicht nur in den Fällen des Rechtserwerbs eine Rolle, sondern auch in den Fällen täuschungsbedingten Rechtsverzichts(2). Soweit ersichtlich, hat aber bislang lediglich die Fallgestaltung des täuschungsbedingten Verzichts einer Gemeinde auf die Ausübung eines ihr an einem Grundstück zustehenden gesetzlichen Vorkaufsrechts die Rechtsprechung und Literatur beschäftigt(3).

Auf die ausschlaggebende Rolle des persönlichen Schadenseinschlages bei der Begründung des Vermögensschadens in diesem Falle weisen allerdings nur LACKNER/WERLE(4) hin. Insoweit übereinstimmend mit dem Bundesgerichtshof(5) gehen sie davon aus, daß der wirtschaftliche Wert des Vorkaufsrechts als Anwartschaftsrecht nicht bereits durch die öffentlich-rechtliche Zwecksetzung als solche begründet werde, sondern nur daran gemessen werden könne, ob der Berechtigte einen Vermögenszuwachs erfahre, wenn aus der Anwartschaft ein Vollrecht werde. Dies soll der Fall sein, wenn der wirkliche Kaufpreis des Grundstücks unter seinem Marktwert liege. Dann erleide hier die Gemeinde bei Nichtausübung ihres Vorkaufsrechts einen Schaden. Entspreche hingegen der wirkliche Kaufpreis dem Marktwert oder liege er darüber, so sei zu fragen, ob für die Gemeinde auf Grund besonderer Umstände der konkrete Grundstückwert über dem

---

1 In diesem Sinne auch LACKNER in LK, § 263 Rn 157, 159 m.w.N.

2 Vgl. LACKNER in LK, § 263 Rn 161.

3 Vgl. BGH NJW 1977, 155 m.Anm. SCHUDT; LACKNER/WERLE JR 1978, 299ff.

4 JR 1978, 299ff.

5 NJW 1977, 155.

Marktwert liege(1). So führt nach der Auffassung von LACKNER/WERLE der an sich für die Fälle des Rechtserwerbs entwickelte individuelle Schadenseinschlag in den "reziproken" Fällen des Rechtsverzichts spiegelbildlich immer dann zur Annahme eines Schadens, wenn zwar der Kaufpreis dem Marktwert des Grundstücks entspricht oder gar darüber liegt, das Grundstück jedoch aufgrund individueller Faktoren einen erhöhten konkreten Wert hat. Für den einseitigen Verzicht einer Gemeinde auf ihr gesetzliches Vorkaufsrecht sei daher in diesem Zusammenhang dessen öffentlich-rechtliche Zwecksetzung nach dem Bundesbaugesetz bedeutsam, die darin liege, die Durchführung der Bebauungspläne zu sichern, Enteignungsverfahren zu vermeiden und Spekulationen unterbinden zu helfen. Der für den Schaden am Vermögen ausschlaggebende Gesichtspunkt scheint also in dieser Fallkonstellation in der durch den Verzicht der Gemeinde auf ihr Vorkaufsrecht bewirkten Verfehlung der vorgenannten öffentlichen Zwecke zu liegen.

Bei näherer Betrachtung ist aber fraglich, ob die vorbeschriebenen Fälle des "Rechtsverzichts" tatsächlich Anwendungsfälle des individuellen Schadenseinschlages sein können. Bereits der Ansatzpunkt des Bundesgerichtshofs(2), der wirtschaftliche Wert eines Anwartschaftsrechts könne nur daran gemessen werden, ob der Berechtigte einen Vermögenszuwachs erfahre, wenn aus der Anwartschaft ein Vollrecht werde(3), erweckt Bedenken. Denn ein Anwartschaftsrecht ist nicht etwa solange eine "leere Hülse" ohne wirtschaftlichen Wert, als nicht festgestellt ist, daß dessen Ausübung unter Berücksichtigung einer etwa zu erbringenden Gegenleistung zu einem vermögensmäßigen Gewinn auf seiten des Berechtigten führt(4). So hat - soweit ersichtlich - bislang auch noch niemand ernstlich die Auffassung vertreten, einer Forderung aus einem Kaufvertrag auf Übereignung einer Sache komme nur dann ein wirtschaftlicher Wert zu, wenn der Wert dieser Sache höher als der Kaufpreis liege, oder gar, das Anwartschaftsrecht des Eigentumsvorbehaltskäufers habe nur dann wirtschaftlichen Wert, wenn dieser beim Kauf einen Gewinn erziele. Viel-

---

1 LACKNER/WERLE JR 1978, 299 (300).

2 NJW 1977, 155.

3 Dies gilt auch für die Auffassung von LACKNER/WERLE JR 1978, 299ff., soweit sie dem folgen wollen; insoweit zutreffend die Kritik von SCHUDT, NJW 1977, 156.

4 So aber offensichtlich BGH NJW 1977, 155.

mehr ist an der wohl einhelligen Ansicht festzuhalten, daß bereits ein zu erwartender Vermögenszuwachs einen wirtschaftlichen Wert darstellt, wenn auf ihn ein Rechtsanspruch besteht - etwa in Form einer Forderung, eines Anwartschaftsrechts oder auch eines Vorkaufsrechts(1), und zwar unabhängig von einer etwa zu erbringenden Gegenleistung(2). Für die hier zu behandelnde Fallgruppe hat dies aber zur Konsequenz, daß sich der wirtschaftliche Wert des Vorkaufsrechts allein nach dem Wert des Grundstücks richtet, das seinen Gegenstand bildet. Der täuschungsbedingte Verzicht auf das Vorkaufsrecht führt danach zu einem Schaden in Höhe des objektiven Wertunterschieds, wenn der Marktwert des Grundstücks über dem wahren Kaufpreis liegt. Denn die Gemeinde hat ihre gesicherte Aussicht auf diesen Marktwert verloren. Dieser Wertverlust wird aber durch die Befreiung von der Kaufpreisverbindlichkeit nicht vollständig kompensiert(3). Die Minderung ihres Vermögens um diesen Wert bleibt der Gemeinde bei Erklärung ihres Verzichts verborgen, so daß auch der Auffassung Genüge getan ist, nach der dem Getäuschten die schädigende Wirkung seiner Vermögensverfügung nicht bewußt sein darf(4). An letzterem Erfordernis fehlt es aber, wenn der Vermögensschaden über den individuellen Schadenseinschlag begründet werden soll, wie dies LACKNER/WERLE(5) für den Fall vorschlagen, daß eine Minderung des objektiven Vermögenswerts nicht festzustellen ist. Denn der Gemeinde ist die infolge ihres Verzichts auf die Ausübung ihres Vorkaufsrechts eintretende Verfehlung des öffentlichen Zwecks durchaus bewußt. Der Lösung von LACKNER/WERLE kann somit nur beigepflichtet werden, wenn auch solche Umstände zur Begründung des Schadens herangezogen werden könnten, die dem Getäuschten bei Vornahme seiner Vermögensverfügung bewußt waren.

---

1 S. dazu LACKNER in LK, § 263 Rn 127ff. (129); CRAMER in SCHÖNKE/SCHRÖDER, § 263 Rn 86.

2 Andernfalls wäre sogar die Frage, ob der zu erwartende Vermögenszuwachs im konkreten Fall einen Vermögensbestandteil darstellt, von der Höhe der Gegenleistung abhängig!

3 M.a.W. wird der Verlust an Vermögenswerten nicht vollständig durch den in der Befreiung von der Verbindlichkeit liegenden Vermögenszuwachs kompensiert.

4 Vgl. hierzu unten III.

5 JR 1978, 299 (300).

In den bislang erwähnten Fällen zeigen sich die Auswirkungen des individuellen Schadenseinschlages nur in einer Richtung. Er wird dort lediglich dazu herangezogen, durch Individualisierung des Werts eines Gegenstandes bei der Gesamtsaldierung eine Verminderung des Vermögenswerts darzutun und so einen Schaden zu begründen. Zuweilen wird jedoch auch erwogen, über den individuellen Schadenseinschlag den Schaden gerade auszuschließen(1), indem bei objektiv unausgeglichener Vermögensbilanz durch Individualisierung der sich bei einem zweiseitigen Geschäft gegenübertretenden Werte der Ausgleich herbeigeführt wird. LACKNER(2) bildet Beispielsfälle hierfür im Anschluß an die Rechtsprechung, nach der bei einem Austauschgeschäft der objektive Marktwert des vom Getäuschten zu erwerbenden Gegenstands nicht nur von seiner Qualität, sondern auch von seiner Herkunft beeinflußt werden kann(3). Liegt hier ein Schaden am Vermögen normalerweise bereits vor, wenn eines dieser Merkmale fehlt und daher aufgrund des niedrigeren objektiven Marktwerts der Gegenleistung keine Kompensation eintritt, so soll sich die Beurteilung ändern, wenn es dem Getäuschten beispielsweise nur auf die Qualität des Gegenstandes ankommt. Dann soll die aus dem Gedanken des individuellen Schadenseinschlages abgeleitete Individualisierung des Werts dazu führen, daß die Vermögensbilanz ausgeglichen und ein Schaden am Vermögen zu verneinen ist.

Bei dieser Konstellation handelt es sich offensichtlich um einen neuen Aspekt des Problems der Zweckverfehlung. Hier führt nämlich nicht - wie in den anderen bisher dargestellten Fällen - die Zweckverfehlung trotz Fehlens einer Minderung des objektiven Vermögenswerts beim Getäuschten zu einem Schaden, sondern die Zweckerreichung schließt einen solchen trotz Minderung des objektiven Vermögenswerts aus.

---

1 Vgl. LACKNER in LK, § 263 Rn 190; CRAMER, Vermögensbegriff, S.105 Fn 210.

2 In LK, § 263 Rn 190.

3 BGHSt 8, 46 (49); 12, 347 (352); BGH NJW 1980, 1760; OLG Köln BB 1960, 340.

c) Beeinträchtigung der wirtschaftlichen Bewegungsfreiheit

Unter dem Gesichtspunkt der Verfehlung des mit einem Vermögenseinsatz verfolgten Zwecks könnten auch die Fälle von Interesse sein, in denen dem Betroffenen vorgespiegelt wird, er nehme mit einem Kauf eine einmalige, sich wahrscheinlich nicht wiederholende Gelegenheit wahr, während in Wahrheit zum Marktpreis verkauft wird. Denn auch hier liegt es nahe, angesichts der regelmäßig objektiv-wirtschaftlichen Ausgeglichenheit des jeweiligen Geschäfts den Schaden in der Verfehlung des Zwecks, mit dem Geschäft einen Gewinn zu erzielen, zu sehen.

Die Rechtsprechung(1) lehnt es allerdings ab, den Schaden darin zu sehen, daß der Gewinn, den der Getäuschte wegen des in ihm erregten Irrtums durch den Erwerb des Gegenstandes zu machen glaubte, in Wirklichkeit nicht erzielt wird. Denn - so der Bundesgerichtshof - die Verfügung des Getäuschten müsse auf sein Vermögen oder das Vermögen eines anderen nachteilig eingewirkt haben. Die Meinung des Getäuschten darüber, ob und inwieweit sein Vermögen als beschädigt anzusehen ist, sei nicht maßgebend.

Daher macht die Rechtsprechung die Annahme eines Vermögensschadens in diesen Fällen vom Vorliegen weiterer Umstände abhängig. Früher wurde verlangt, daß die Leistung für den Getäuschten eine wirtschaftlich nicht zu verantwortende, unerträgliche Last oder eine Belastung bedeutete, die seine wirtschaftlichen Verhältnisse überstieg(2). In anderen Entscheidungen wird darauf abgestellt, ob die Leistung für den Getäuschten wirtschaftlich unvernünftig war(3), oder darauf, ob seine wirtschaftliche Lage ein solches Geschäft gestattete oder nicht(4). Zuweilen wurde auch für maßgebend erachtet, ob die Leistung für den Getäuschten eine "fühlbare" Beeinträchtigung seiner wirtschaftlichen Bewegungsfreiheit bedeutete(5), oder auch, ob eine Bindung des Einkommens vorlag, die eine Beschränkung anderweitiger Wirtschaftsgestaltung zur Folge hatte(6). Der Bun-

---

1 Vgl. BGHSt 16, 321 (325).

2 BGH MDR 1952, 408; RG HRR 1938, 352.

3 RG HRR 1935, 1351.

4 RGSt 76, 49 (51); RG HRR 1941, 169; DR 1939, 1509.

5 BGHSt 3, 99 (103).

6 RG DR 1942, 1145 (1146); OLG Celle NdsRpfl. 1956, 211.

desgerichtshof hat diese Rechtsprechung erstmals im "Melkmaschinenfall"(1) auf eine einheitliche Formel gebracht, die seither in der Rechtsprechung allgemein zur Anwendung kommt(2). Danach liegt in diesen Fällen zunächst dann ein Schaden vor, wenn bei abstrakter Gleichwertigkeit der sich gegenübertretenden Leistungen der Empfänger der Gegenleistung durch die eingegangene Verpflichtung zu vermögensschädigenden Maßnahmen genötigt wird(3). Dies wiederum ist der Fall, wenn der Getäuschte, um die erforderlichen Mittel zur Erfüllung des Vertrages zu beschaffen, ein anderes wirtschaftlich ungünstiges Geschäft abschließen muß, etwa durch Aufnahme eines hoch zu verzinsenden Darlehens oder durch unvorteilhafte Veräußerung eines Wertpapiers oder durch den wirtschaftlich ungünstigen Verkauf eines Sachwerts, oder wenn er den Abschluß eines vorteilhaften anderen Geschäfts unterlassen muß(4). Außerdem soll ein Vermögensschaden vorliegen, wenn die durch den Vertrag verursachte Bindung von Vermögenswerten einen so starken Mangel an Mitteln herbeiführt, daß eine bestimmte nahe Gefahr für die wirtschaftliche Lage eintritt, beispielsweise dadurch, daß bestehende oder neu aufzunehmende Zahlungsverbindlichkeiten nicht oder nicht zum vereinbarten Zeitpunkt erfüllt werden können(5). Auch wenn der Getäuschte in seiner Verfügungsfreiheit so beschränkt wird, daß ihm die Mittel entzogen werden, die für die Aufrechterhaltung einer seinen Verhältnissen angemessenen Wirtschafts- oder Lebensführung unerläßlich sind, soll eine Vermögensschädigung anzunehmen sein(6).

Die dargestellten Möglichkeiten eines Schadens infolge Einschränkung der "wirtschaftlichen Bewegungsfreiheit" sollen jedoch keineswegs abschließend sein(7). Beispielsweise hat das Bayerische

---

1 BGHSt 16, 321ff.

2 Vgl. etwa BGH NJW 1968, 261; KG JR 1966, 391 m.Anm. SCHRÖDER; JR 1972, 1419; BayObLG 1973, 633 m.Anm. BLEI JA 1973, 398 und BERZ NJW 1973, 1337; aus der Literatur vgl. die Nachweise bei LACKNER in LK, § 263 Rn 160 Fn 289.

3 BGHSt 16, 321 (327).

4 BGHSt 16, 321 (328).

5 BGHSt 16, 321 (328).

6 BGHSt 16, 321 (328) und NJW 1968, 261; KG JR 1966, 391 m. Anm. SCHRÖDER für einen Fall von "Liquiditätsbeschränkungen"; KG JR 1972, 28 (30).

7 BGHSt 16, 321 (327).

Oberste Landesgericht "im Interesse tunlichster Erfassung aller strafwürdigen Fälle"(1) trotz Gleichwertigkeit der Gegenleistung einen Vermögensschaden auch dann angenommen, wenn eine Jugendliche, die noch ohne Einkommen und ohne Vermögen ist, mit einer erheblichen Forderung belastet wird(2). Weitere Voraussetzung war, daß diese Belastung für eine noch unabsehbare Zeit zu einem übermäßigen Opfer an wirtschaftlicher Bewegungsfreiheit führt, weil sie die Minderjährige schon jetzt der Gefahr aussetzt, mit dem ersten, naturgemäß noch bescheidenen Verdienst, eine, gemessen an ihren Verhältnissen, übermäßige Forderung "wegfertigen" zu müssen. Das Gericht begründet dies damit, daß es der insbesondere vom Bundesgerichtshof im "Melkmaschinen-Fall"(3) vorgezeichneten Linie nicht entspräche, wenn unter den vorliegenden Verhältnissen eine Vermögenseinbuße verneint würde, obwohl die Minderjährige ohne jegliches Einkommen und ohne Vermögen sei, aber bejaht würde, wenn sie bereits ein eigenes, für ihre Bedürfnisse aber nicht ausreichendes Einkommen habe.

In die gleiche Richtung deutet auch eine Entscheidung des Kammergerichts(4), die einen Schaden schon dann bejaht, wenn jemand, der in engen wirtschaftlichen Verhältnissen lebt, eine Gegenleistung erhält, die er weder will, noch sich überhaupt leisten, noch mühelos und ohne Verlust wieder verkaufen kann.

Der Bundesgerichtshof(5) scheint im Falle der Veranlassung des Getäuschten zu vermögensschädigenden Maßnahmen den maßgeblichen Schaden im Sinne des § 263 StGB in die Einbuße an objektivem Vermögenswert zu sehen, der durch die Maßnahmen hervorgerufen wird. Ausdrücklich hervorgehoben wird dies jedoch nicht.

Anders werden hingegen die Fälle beurteilt, in denen die durch den Verkauf verursachte Bindung von Vermögenswerten einen so starken Mangel an Mitteln herbeiführt, daß etwa Zahlungsverbindlichkeiten nicht mehr erfüllt werden können, die für die Aufrechterhaltung einer den Verhältnissen des Getäuschten angemessenen Wirtschafts- oder Lebensführung unerläßlich sind.

---

1 So BGHSt 16, 321 (329).

2 BayObLG NJW 1973, 633.

3 BGHSt 16, 321ff.

4 JR 1972, 28.

5 BGHSt 16, 321 (328).

Hier sieht der Bundesgerichtshof(1) den Vermögensschaden darin, "daß die nach der erschlichenen Vermögensverfügung verfügbar gebliebenen Restmittel des Getäuschten auch nach Auffassung eines sachlichen Beurteilers infolge ihrer an den bisherigen Bedürfnissen des jeweiligen Erwerbers gemessenen Unzulänglichkeit für ihn derart an Verwertbarkeit und damit an Wert verlieren, daß das Gesamtvermögen dadurch eine Einbuße erfährt". Er begründet dies damit, daß der Wert eines Vermögens mitbestimmt werde durch die tatsächliche und rechtliche Möglichkeit, die vorhandenen Vermögensstücke entsprechend den sachlich anzuerkennenden Bedürfnissen des jeweiligen Vermögensträgers zu verwenden. Werde diese Möglichkeit durch die erschlichene Festlegung eines - nicht unerheblichen - Teiles des Vermögens in solchem Grade beeinträchtigt, daß der verbleibende Rest nur noch zwangsläufig zur Befriedigung der Mindestanforderungen benutzt werden könne, so bedeute dies einen Vermögensnachteil.

Hiergegen wird der Vorwurf erhoben(2), durch sie werde das Erfordernis der Unmittelbarkeit der vermögensmindernden Wirkung der Verfügung(3) preisgegeben, da die vermögensschädigenden Maßnahmen, zu denen der Betroffene zwecks Mittelbeschaffung gezwungen werde, wie auch die Beschränkung der wirtschaftlichen oder persönlichen Lebenshaltung nur mittelbare Folgen der irrtumsbedingten Vermögensverfügung seien. ESER versucht diesem Vorwurf dadurch zu begegnen, daß er auf der Grundlage des von ihm vertretenen sog. dynamischen Vermögensbegriffs, wonach das Vermögen nicht nur statisch den bereits vorhandenen Vermögensbestand, sondern auch den Vermögenszuwachs umfaßt, die wirtschaftliche Bewegungsfreiheit als Vermögensgut anerkennt(4). Diese wiederum soll durch jede Verfügung, die aus objektiver

---

1 BGHSt 16, 321 (328f.).

2 ESER, GA 1962, 289 (290) und Strafrecht IV Nr.13 A 13; SCHRÖDER, NJW 1962, 721; BERZ, NJW 1973, 1337; WEIDEMANN, MDR 1973, 992.

3 Vgl. dazu: BGHSt 6, 115 (116); 14, 170 (171); DREHER/TRÖNDLE, § 263 Rn 23; zusammenfassend LACKNER in LK, § 263 Rn 99 m.w.N.

4 Strafrecht IV Nr.13 A 15; ders., GA 1962, 289 (295); ähnl. MOHRBOTTER, Stoffgleichheit, S.106f., der in dem bislang rein statisch konzipierten Begriff des Vermögens dem Moment der Veränderung, Neubildung oder Vernichtung zweckgebundener Rechtsstellungen mehr Rechnung tragen will.

Sicht wirtschaftlich unvernünftig, weil zur Erreichung des angestrebten Zwecks untauglich ist, beeinträchtigt sein(1). Ein Vermögensschaden ergibt sich danach also bereits aus der wirtschaftlichen Zweckverfehlung als solcher. Damit aber reicht auch der Nichteintritt eines erwarteten Gewinns als Schadensbegründung aus, ohne daß es auf das Vorliegen weiterer Umstände ankäme(2).

Einer solchen Erweiterung des Vermögensbegriffs bedarf es indessen nicht. Zu Recht machen CRAMER(3) und LACKNER(4) darauf aufmerksam, daß die ausschlaggebende Werteinbuße auch in einer konkreten Vermögensgefährdung gesehen werden könne, die darin liege, daß durch die mit dem Kauf verbundene Vermögensverfügung Bestandteile des Vermögens der konkreten Gefahr des Verlusts oder der Minderung ausgesetzt würden(5). Diese realisiere sich mit der Vornahme der vermögensschädigenden Handlung.

Jedoch bleibt bei dieser Auffassung unberücksichtigt, daß der Getäuschte das Vermögensopfer bewußt auf sich nimmt, um die vermeintlich günstige Gelegenheit zu ergreifen. Gleiches gilt im übrigen auch für die Auffassung von SCHRÖDER(6), dem Betroffenen werde eine Rangordnung für die Befriedigung seiner wirtschaftlichen Bedürfnisse aufgedrängt, so daß eine Werteinbuße entstehe, wenn ihm anderweitig dringender benötigte Mittel fehlten. So läßt es sich nicht leugnen, daß sich der Betroffene bei Vornahme seiner Vermögensverfügung regelmäßig im klaren darüber sein wird, daß er wirtschaftlich ungünstige Dispositionen treffen muß, um die Mittel zur Erfüllung des Geschäfts zu beschaffen(7). Desgleichen wird er nicht verkennen, daß die vorzunehmende Vermögensaufwendung bei ihm zu einer angespannten finanziellen Lage führen wird, die die rechtzeitige Erfüllung

----

1 ESER, GA 1962, 289 (295).

2 Entgegen BGHSt 16, 321, 325.

3 In SCHÖNKE/SCHRÖDER, StGB, § 263 Rn 81.

4 In LK, § 263 Rn 160.

5 Vgl. zur Vermögensgefährdung als Schaden: CRAMER, Vermögensbegriff, S.118ff.

6 NJW 1962, 721.

7 So offenbar auch im "Melkmaschinenfall", vgl. BGHSt 16, 321 (322) unter Ziff.2 und 323 unter Ziff.4.

der Verbindlichkeiten hindert oder sonst bewirkt, daß er "den Gürtel enger schnallen muß".

Allerdings werden die Fälle, in denen der Betroffene gerade über diese Umstände getäuscht wird und daher dem Erfordernis der unbewußten Selbstschädigung Genüge getan ist, außerordentlich selten sein. Sie könnten nur so gelagert sein, daß das Opfer keinen Überblick über seine eigenen finanziellen Verhältnisse hat. Um dem Erfordernis des Schädigungsvorsatzes Rechnung zu tragen, muß hingegen der Täter die beschränkten Möglichkeiten des Opfers und die weiteren Folgen der Vermögensverfügung für dessen weitere Lebensführung kennen.

Unbeachtlich wäre der Gesichtspunkt der unbewußten Selbstschädigung lediglich nach der Rechtsprechung, die die Ausscheidung der Fälle bewußter Selbstschädigung aus dem Schutzbereich des Betruges stets abgelehnt hat(1). Sieht man aber bewußte Selbstschädigungen als vom Betrugstatbestand nicht erfaßt an(2), ergibt sich somit die Notwendigkeit, einen anderen Umstand zu finden, über den der Betroffene mit der Folge getäuscht wurde, daß ihm die Schädlichkeit seiner Vermögensverfügung verborgen blieb. Als solcher kommt die Nichterfüllung seiner Erwartung in Betracht, eine anders nicht wahrzunehmende Chance mit einem die wirtschaftliche Bewegungsfreiheit nachhaltig einschränkenden Opfer zu erkaufen(3). Tatsächlich ist es gerade der erwartete Gewinn, der dem Betroffenen die Inkaufnahme der Einschränkung der wirtschaftlichen Bewegungsfreiheit geboten oder zumindest vertretbar erscheinen läßt und ihm daher das Gefühl vermittelt, letztlich zum Vorteil seines Vermögens zu handeln. Umgekehrt bewirkt die Verschleierung des Nichteintritts des Gewinns, daß ihm die Nachteiligkeit seiner Vermögensverfügung für sein Vermögen verborgen bleibt. Somit ist es also die Zweckverfehlung, die die Schädlichkeit der Vermögensverfügung bewirkt und durch deren Verschleierung dem Betroffenen das Bewußtsein von der schädigenden Wirkung dieser Verfügung genommen wird.

---

1 Vgl. etwa RGSt 52, 134; 70, 255; BGHSt 19, 37 (46); s. bereits oben S.26.

2 So die Vertreter der Zweckverfehlungslehre, vgl. die Nachweise oben S.27 Fn 4.

3 LACKNER in LK, § 263 Rn 160, insoweit übereinstimmend mit ESER, GA 1962, 289 (295).

Der Zweck, mit der Vermögensaufwendung einen Gewinn zu erzielen, stellt auch das Motiv der Vermögensverfügung des Opfers in dem der bereits erwähnten(1) Entscheidung des Bayerischen Obersten Landesgerichts(2) zugrunde liegenden Fall dar. Denn dort geht es der Betroffenen um die Erlangung des Gewinns aus dem Preisausschreiben, für die sie trotz der Verpflichtung zum Bezug von Wäsche im Ergebnis keine Gegenleistung zu erbringen hatte. Die Verfehlung dieses Gewinnerzielungszwecks ist aber gerade der Umstand, der ihr im Wege der Täuschung verschleiert wurde.

Schließlich bedarf noch der Erwähnung, daß der Bundesgerichtshof in seiner Begründung des Schadens im "Melkmaschinenfall"(3) offenbar ebenfalls auf den Gesichtspunkt der Zweckverfehlung abstellt. Soweit er eine Vermögensbeeinträchtigung darin sieht, daß die nach der erschlichenen Vermögensverfügung verbleibenden Restmittel an "Verwertbarkeit" verlieren(4), erinnert dies an die Fälle der mangelnden Verwendbarkeit der Gegenleistung(5). Sieht man mit der hier vertretenen Auffassung(6) die Zweckbezogenheit als der Verwertbarkeit bzw. Verwendbarkeit immanent an, so liegt die Vermutung nahe, daß der Bundesgerichtshof in diesen Fällen möglicherweise als ausschlaggebend erachtet, daß die nach der Aufwendung zum Erwerb des jeweiligen Gegenstandes verbleibenden Restmittel den ihnen beigelegten Zweck, der angemessenen Lebensführung zu dienen, verfehlen. Ein maßgeblicher Unterschied zu den Fällen mangelnder Verwendbarkeit der Gegenleistung liegt aber darin, daß es sich dort um einen Zweck handelt, den der Getäuschte mit seiner Vermögensverfügung verfolgt, während vorliegend der mit den verbleibenden Mitteln verfolgte Zweck als maßgebend erachtet wird. Außerdem kann die Auffassung, die entgegen der Rechtsprechung(7) daran festhält, daß dem Getäuschten die vermögensschädigende Wirkung seiner Verfügung verborgen geblieben sein

---

1 S. oben S.43f.

2 NJW 1973, 633.

3 BGHSt 16, 321ff.

4 BGHSt 16, 321 (329).

5 S. oben S.31.

6 S. oben S.37.

7 S. oben S.26.

muß(1), dem nicht folgen: diese Zweckverfehlung ist dem Getäuschten nämlich bei Vornahme seiner Vermögensverfügung durchaus bewußt.

3. Das Problem der Zweckverfehlung nach abweichenden Ansichten

a) Die personale Vermögenslehre

Zu einer weitergehenden Berücksichtigung individueller Zwecksetzungen bei der Schadensermittlung als die herrschende, grundsätzlich auf der wirtschaftlichen Vermögenslehre basierenden objektiv-individuellen Schadensauffassung führt die sogenannte personale Vermögenslehre(2). Deren Vertreter wenden sich gegen den objektiven Ausgangspunkt der wirtschaftlichen Vermögenslehren. Dieser vernachlässige das Erfordernis, daß der Mensch Richtpunkt des Vermögensbegriffs zu sein habe. Das Ganze seines Vermögens sei mehr als eine gleichförmige Quantität von Gütern und anderes als als eine Summe einzelner Rechte. Es sei die Gesamtheit dessen, woran und worin die wirtschaftliche Kraft des Menschen erlaubtermaßen wirke. Ein Eingriff in dieses Ganze begründe den Schaden(3). Das Vermögen sei "gegenständlich gewährleistete Potenz der Person im wirtschaftlichen Raum", der die Vermögensgüter einen Entfaltungsspielraum im gegenständlichen Raum gewährleisteten(4). Der Schaden sei demzufolge nicht in dem negativen Wertsaldo, der sich aus der Minderung und Mehrung einzelner Vermögensbestandteile ergebe, zu sehen, sondern in der Minderung der wirtschaftlichen Potenz des Vermögensträgers, die mit der Veränderung von Bestandteilen seines Vermögens verbunden sei. Daß damit nicht einer subjektiv-willkürlichen Einschätzung von Vermögen und Schaden Raum gegeben wird, muß die personale Vermögenslehre freilich durch

---

1 S. oben S.27f.

2 BOCKELMANN, Kohlrausch-Festschrift (1944), S.226 (247ff.), Mezger-Festschrift (1954), S.363 (378), JZ 1952, 461, BT 1, S.88f.; OTTO, Vermögensschutz, S.69ff., Zahlungsverkehr, S. 26ff., NJW 1979, 681 (685 und 687), GRUR 1979, 90 (100); HARDWIG, GA 1956, 6 (17); HEINITZ, JR 1968, 387; krit. MAIWALD, Mschr Krim. 1972, 192.

3 BOCKELMANN, Kohlrausch-Festschrift (1944), S.226 (248).

4 OTTO, Vermögensschutz, S.80f.

Hinzufügung eines objektiven Elements sicherstellen. Dies soll durch das Erfordernis erreicht werden, daß "die Rechtsgesellschaft das Objekt generell als Vermögensgut ansieht, und daß die Herrschaftsbeziehung sowohl objektiv bestehen wie ihrerseits von der Rechtsordnung anerkannt sein muß"(1). Die somit schadenskonstituierende "Minderung der wirtschaftlichen Potenz" wird im Falle der Hingabe eines Wirtschaftsobjektes in der wirtschaftlichen Zweckverfehlung, d.h. im Nichteintritt des mit der Leistung erstrebten wirtschaftlichen Erfolges gesehen(2).

Die Zweckverfehlung wird damit zum zentralen Kriterium bei der Schadensfeststellung erhoben und ist nicht nur Korrektiv im Rahmen einer grundsätzlich objektiven Schadensauffassung. Die personale Vermögenslehre führt damit zwar häufig zum gleichen Ergebnis wie die wirtschaftlichen Vermögensauffassungen(3). Abweichungen ergeben sich aber vor allem dort, wo es nach objektiv-individueller Schadensberechnung auf die vom Getäuschten individuell gesetzten Zwecke gerade nicht ankommt. So ist nach der personalen Lehre die anderweitige Verwendung einer im Rahmen eines Austauschgeschäfts erhaltenen Gegenleistung stets unzumutbar und bei der Feststellung des Schadens ohne Bedeutung(4). Aber auch Aufwendungen, die zwecks Erweiterung des wertmäßigen Vermögensbestandes getroffen werden, können bei Nichterreichung dieses Zwecks einen Schaden begründen. Dies ist beispielsweise der Fall, wenn jemand ein Grundstück, Gemälde oder anderes Objekt für DM 1.000.00 erwerben will, weil sein Vertragspartner ihm vorspiegelt, das Gut habe einen gemeinen Wert von DM 2.000.00, obwohl der Wert nur DM 1.000.00 beträgt(5). Hier hat der Getäuschte den von ihm gewollten wirtschaftlichen Zweck, durch den Kauf den Wert seines Vermögens zu erhöhen, nicht erreicht. In diesem Fall soll sein Schaden im Minderwert der erhaltenen Leistung gegenüber der gewollten liegen(6). Aus den gleichen Erwägungen wird auch ein Schaden bejaht, wenn jemand eine Sache zum üblichen Ladenpreis kauft,

---

1 OTTO, Vermögensschutz, S.82.

2 Vgl. OTTO, NJW 1979, 681 (685).

3 Vgl. die Zusammenstellung der Einzelfälle bei OTTO, Vermögensschutz, S.70ff.

4 OTTO, Vermögensschutz, S.74.

5 Beispiel von OTTO, Vermögensschutz, S.76.

6 OTTO, Vermögensschutz, S.77.

den Kauf aber nur tätigt, weil ihm vorgespiegelt wird, der ihm genannte Preis liege darunter(1). Dies gilt konsequenterweise auch dann, wenn der Käufer durch die eingegangene Verpflichtung nicht zu vermögensschädigenden Maßnahmen genötigt oder sonst in seiner wirtschaftlichen Bewegungsfreiheit eingeschränkt wird(2).

b) Der funktionale Vermögensbegriff

Im Mittelpunkt der Schadensfeststellung steht die Zweckverfehlung auch nach dem von WEIDEMANN(3) entwickelten sog. funktionalen Vermögensbegriff. Das Vermögen ist danach als "Nutzwerteinheit" zu verstehen, als Bestand an Gegenständen von wirtschaftlichem Wert, der dazu bestimmt ist, den vom Vermögensträger verfolgten Zwecken zu dienen(4). Wie die personale Vermögenslehre knüpft auch die funktionale an der Vermögensperson an und versteht das Vermögen als deren "Potential": die Vermögensbetrachtung müsse sich an der Funktion ausrichten, die das Vermögen für seinen Inhaber erfülle; Vermögensschutz sei mittelbar Personenschutz(5). Für die Vermögensperson sei ausschlaggebend die Nutzung, die sie aus dem einzelnen Vermögensgegenstand zu ziehen vermöge.

Korrespondierend ist nach dieser Auffassung der Schaden als Funktionsstörung dieser "Nutzwerteinheit" zu verstehen, als Zweckentfremdung von Vermögensgegenständen(6). Die Schadensfeststellung erfolgt in zwei Stufen(7). Zunächst ist zu fragen, ob die das Vermögen mindernde Leistung ihren Zweck erreicht hat oder nicht. Diesen Zweck muß der Verfügende nach seiner Vorstellung durch den Einsatz von Vermögen unmittelbar oder

---

1 OTTO, Vermögensschutz, S.77.

2 Entgegen BGHSt 16, 321ff.; eine Ausnahme soll nur bestehen, wenn ein "besonders günstiges Geschäft" vorgetäuscht wird, da dies lediglich eine sozialadäquate Anpreisung sei (OTTO, Vermögensschutz, S.77 Fn 189).

3 Kompensationsproblem und MDR 1973, 992ff.

4 WEIDEMANN, Kompensationsproblem, S.232 und S.279.

5 WEIDEMANN, Kompensationsproblem, S.205f.

6 WEIDEMANN, Kompensationsproblem, S.279.

7 WEIDEMANN, Kompensationsproblem, S.247ff.

mittelbar erreichen wollen(1). Wird er erreicht, handelt es sich um die Nutzung des hingegebenen Vermögensteils; damit entfällt ein Schaden, ohne daß es auf das Wertverhältnis von Leistung und Gegenleistung ankommt(2). Zweckerreichung kann bereits durch die Leistung des Getäuschten - so bei einseitigen Verfügungen - oder durch eine Gegenleistung - so bei Austauschgeschäften - eintreten. Beachtlich im Sinne dieser Lehre sind mit Ausnahme der rechtlich mißbilligten alle Zwecke, nicht etwa nur "wirtschaftlich relevante" oder vernünftige, sofern nur der Getäuschte zu ihrer Erreichung Vermögensgüter investiert hat(3). Unter der Prämisse der funktionalen Vermögensauffassung, daß das Vermögen die freie Entfaltung der Persönlichkeit gewährleisten soll, soweit diese durch den Einsatz von Vermögensmitteln realisiert werden kann, muß nämlich jede Zwecksetzung schutzwürdig sein, die durch den Einsatz wirtschaftlicher Güter erkauft wird, es sei denn, das Recht hat insoweit selbst die Dispositionsfreiheit eingeschränkt. Eine weitere Einschränkung der im Rahmen der Schadensfeststellung beachtlichen Zwecke erreicht WEIDEMANN jedoch durch eine Unterscheidung zwischen dem im Hinblick auf den Vermögensschaden beachtlichen Zweck und dem insoweit unbeachtlichen Motiv: die Zwecksetzung werde im Gegensatz zur bloßen Motivvorstellung entweder durch die Leistung unmittelbar (einseitig) oder mittelbar (im Austausch gegen die Leistung durch die Handlung eines Dritten) verwirklicht(4). So verneint WEIDEMANN im "Spendenfall" des Bayerischen Obersten Landesgerichts(5) den Vermögensschaden übereinstimmend mit der Zweckverfehlungslehre: für die vom Spender bezweckte Hebung seines Sozialprestiges sei der Leistungszufluß beim Empfänger der Spende lediglich ein notwendiges Durchgangsstadium, an dessen Erreichung dem Spender jedoch für sich genommen nichts liege. Da der tatsächlich verfolgte Zweck weder durch den Leistungszufluß selbst noch durch eine "um einer Leistung willen" erbrachte Gegenleistung eines Dritten erreicht werde, handele es sich lediglich um ein unbeachtliches Motiv(6). Allerdings

---

1 WEIDEMANN, Kompensationsproblem, S.230 und MDR 1973, 992 (993).

2 WEIDEMANN, Kompensationsproblem, S.247.

3 WEIDEMANN, Kompensationsproblem, S.215, 219 und 222.

4 Kompensationsproblem, S.224ff.

5 NJW 1952, 798; vgl. dazu oben S.24.

6 WEIDEMANN, Kompensationsproblem, S.227f.; ebenso HACK, Subventionsbetrug, S.53; allerdings unter Zugrundelegung der objektiv-individuellen Schadensauffassung!

führt auch die Verfehlung eines beachtlichen Zwecks nur dann zu einem Vermögensschaden, wenn infolge der ihren Zweck verfehlenden Leistung das Vermögen in seinem "Nutzwert" gemindert ist (= 2. Stufe der Schadensfeststellung)(1). Dieser Nutzwert soll die durch die einzelnen Vermögensgegenstände verkörperte potentielle Zweckerreichung im Maßstab des Wertes ausdrücken. Entsprechend liegt der Schaden im Preis, den der Vermögensträger infolge des Verlustes des betreffenden Vermögensgegenstandes - etwa für den Erwerb eines Ersatzgegenstandes - aufwenden muß, um den von ihm gesetzten Zweck zu verwirklichen(2). Bei einseitigen Verfügungen ist dieser Nutzwert stets gemindert, weshalb bereits mit der Zweckverfehlung der Schaden feststeht(3). Dagegen fehlt es bei Austauschgeschäften am Schaden, wenn dem Vermögensbestand ein Gegenstand von gleichem Nutzwert zufließt(4). Gleichen Nutzwert hat die Gegenleistung aber nur, wenn sie zu der Verwendung taugt, zu der sie erworben worden ist (Zweckerreichung) oder - im Fall der Zweckverfehlung - ohne Schwierigkeiten in andere Güter umgesetzt werden kann(5). Obwohl gerade infolge der Berücksichtigung individueller Zwecke ohne Rücksicht auf ihre wirtschaftliche Relevanz eine ähnlich starke Subjektivierung der Schadensauffassung wie nach dem juristischen Vermögensbegriff bewirkt wird, hält WEIDEMANN den Vorwurf, es werde die Willkür des einzelnen geschützt, nicht für gerechtfertigt: dies werde durch das Kriterium der Nutzwertminderung sowie durch die objektive Beantwortung der Frage der Zweckerreichung verhindert(6).

c) Die Auffassung von JAKOBS

Eine unbeschränkte Anerkennung subjektiver Zwecksetzungen, deren Verfehlung zum Schaden führt, vertritt JAKOBS(7) für den Bereich "privater Lebensgestaltung". Er begründet dies mit der Unmöglichkeit, den Wert oder Nutzen einer zur persönlichen

---

1 WEIDEMANN, Kompensationsproblem, S.249.

2 WEIDEMANN, Kompensationsproblem, S.239.

3 WEIDEMANN, Kompensationsproblem, S.252.

4 WEIDEMANN, Kompensationsproblem, S.248 und S.279f.

5 WEIDEMANN, Kompensationsproblem, S.240.

6 Kompensationsproblem, S.282.

7 JuS 1977, 228 (230f.).

Lebensgestaltung bestimmten Leistung unabhängig von den persönlichen Interessen zu bestimmen. Die These vor allem der Rechtsprechung, bei der objektiv-individuellen Schadensermittlung seien "Affektionswerte" nicht zu berücksichtigen(1), es komme vielmehr auf das "vernünftige Urteil eines unbeteiligten Dritten" an(2), führe in dem Bereich, in dem es zumindest auch um die Realisierung von individuellen Präferenzen geht, zur Schutzlosigkeit des eingesetzten Vermögens. Es fehle dort an der Einigkeit über das Ziel und mehr noch an der Einigkeit über die Austauschbarkeit der Mittel. Was hier ein gelungener oder wenigstens nicht schädlicher Einsatz von Vermögen sei und was ein Fehlschlag, lasse sich objektiv oder gar mit wirtschaftlicher Vernunft nicht ermitteln(3).

---

1 RGSt 16, 1 (10).

2 BGHSt 16, 220 (222).

3 JAKOBS, JuS 1977, 228 (231f.).

III.

DAS ERFORDERNIS DER UNBEWUSSTEN SELBSTSCHÄDIGUNG

1. Die Bedeutung des Erfordernisses der unbewußten Selbstschädigung in den Fällen der Zweckverfehlung

Im vorangegangenen Abschnitt wurde untersucht, welche Bedeutung der Verfehlung eines mit der Vermögensverfügung verfolgten Zwecks unter Zugrundelegung der einzelnen Vermögensbegriffe zukommt. Dabei war bereits deutlich geworden, daß die Bejahung des Vermögensschadens häufig davon abhängig gemacht wird, ob dem Getäuschten die Schädlichkeit seiner Verfügung verborgen geblieben ist oder nicht. Im vorliegenden Abschnitt soll nun untersucht werden, welche Bedeutung dem Erfordernis der unbewußten Selbstschädigung gerade im Hinblick auf die Begründung des Vermögensschadens mit einer Zweckverfehlung zukommt. Dabei soll auch der Versuch unternommen werden, das Erfordernis der unbewußten Selbstschädigung dogmatisch zu begründen.

Auf der Grundlage der herrschenden wirtschaftlichen Vermögenslehre(1) ist ein Schaden am Vermögen anzunehmen, wenn dessen wirtschaftlicher Gesamtwert durch die Verfügung des Getäuschten vermindert ist, wenn also die Aktiven verringert werden oder neue Verbindlichkeiten entstehen, ohne daß diese Einbuße durch einen unmittelbaren Zuwachs voll ausgeglichen wird(2). Wenn nun der Getäuschte ohne rechtliche Verpflichtung einen Vermögenswert ganz oder teilweise unentgeltlich weggibt oder auch nur eine dahingehende Verbindlichkeit eingeht(3), tritt eine solche Minderung des Gesamtvermögenswerts in Höhe des objektiven Markt- oder Verkehrswerts des weggebenen Vermögensgegenstandes bzw. des Werts der eingegangenen Verbindlichkeit ein. Wertet man diese als Schaden am Vermögen im Sinne des § 263 StGB und bestraft den Täter nach dieser Vorschrift, wenn dieser Schaden kausal im Sinne der Äquivalenztheorie auf einer durch Täuschung und Irrtum hervorgerufenen Vermögensverfügung be-

---

1 S. dazu oben S.21ff.

2 Vgl. nur LACKNER in LK, § 263 Rn 143 m.w.N.

3 Vgl. zu diesen Fällen oben S.23ff.

ruht(1), so ist eine etwa zusätzlich gegebene Verfehlung des mit Vermögensaufwand verfolgten Zwecks ohne Bedeutung(2). Anders liegt es hingegen, wenn man der Auffassung im Schrifttum folgt, nach welcher der Betrug dadurch charakterisiert ist, daß dem Opfer der vermögensschädigende Charakter seines Verhaltens verborgen bleibt(3). Letzteres ist nämlich nur der Fall, wenn das Opfer entweder nicht erkennt, daß es eine Vermögensverfügung trifft - z.B. ein angebliches Autogramm ist in Wirklichkeit die Unterzeichnung eines Wechsels - oder wenn ihm verschleiert wird, daß seine Verfügung eine Minderung des Vermögenswerts zur Folge hat. In den Fällen ganz oder teilweise unentgeltlicher Weggabe von Vermögenswerten kommt jedoch weder die erste Möglichkeit in Betracht noch wird dem Opfer verborgen bleiben, daß seine Vermögensverfügung zu einer Minderung seines Vermögens führt. Da dieses Bewußtsein aber die Begründung des Vermögensschadens mit dieser Wertminderung hindern soll, muß ein anderer Umstand gefunden werden, aus dem sich die Schädlichkeit der Vermögensverfügung ergibt. Sieht man ihn mit den Vertretern der Zweckverfehlungslehre(4) in der Verfehlung des mit der Vermögensverfügung verfolgten Zwecks, so kann das Erfordernis der unbewußten Selbstschädigung nur dazu führen, daß dieser Umstand nur zur Schadensbegründung im Einzelfall herangezogen werden kann, wenn er dem Getäuschten bei Vornahme der Vermögensverfügung verborgen geblieben ist.

---

1 So die Rspr., vgl. etwa RGSt 52, 134; 70, 255; BGHSt 19, 37 (45); BayObLG NJW 1952, 798; MOHRBOTTER, Stoffgleichheit, S.150ff., DÖLLING, JuS 1981, 570 (571).

2 Dies verkennt zuweilen die Rechtsprechung von ihrem Standpunkt aus, vgl. etwa RG JW 1936, 262 und 513; BGHSt 19, 37 (44); KG JR 1962, 26; OLG Hamm NJW 1982, 1405 (1406); s.a. unten S.57ff.

3 BLEI, JA 1971, 510; ders., Strafrecht II, S.200; CRAMER, Vermögensbegriff, S.206f.; JuS 1966, 472 (477) und JZ 1971, 415; ESER, Strafrecht IV Nr.12 A 22; JECHT, GA 1963, 41 (44); KÜPER, NJW 1970, 2253 (2254); LACKNER in LK, § 263 Rn 170; ders., StGB, § 263 Anm.7b; LENCKNER, NJW 1971, 599 (600); SAMSON in SK, § 263 Rn 150-154 und 163; EB.SCHMIDT, JZ 1952, 542; SCHRÖDER, NJW 1962, 721 (722); WEIDEMANN, GA 1967, 238; ders., Kompensationsproblem, S.195.

4 Vgl. die Nachweise oben S.27 Fn 4.

In gleicher Weise erlangt das Erfordernis der unbewußten Selbstschädigung in den Fällen der Zweckverfehlung Bedeutung, in denen der Vermögensaufwendung des Getäuschten eine nach ihrem Markt- oder Verkehrswert vollkommen gleichwertige Gegenleistung kompensierend gegenübersteht. Obwohl es in Ermangelung einer objektiven Wertminderung des Vermögens nicht dazu herangezogen zu werden braucht, einer solchen den schädigenden Charakter zu nehmen, könnte ihm hier die Funktion zukommen, solche Zweckverfehlungen aus dem Bereich der Strafbarkeit auszuscheiden, die den Getäuschten bei Vornahme seiner Verfügung bewußt sind.

Die vorbeschriebene Bedeutung des Erfordernisses der unbewußten Selbstschädigung für die Fälle der Zweckverfehlung leugnet allerdings WESSELS(1), der meint, die Zweckverfehlungslehre könne unter dem Blickwinkel einer wirtschaftlich sinnlosen Ausgabe auch unabhängig davon vertreten werden, ob die Selbstschädigung bewußt oder unbewußt erfolgt sei. Nach ihm entscheidet sich die Strafbarkeit in Fällen unentgeltlicher Leistungen des Getäuschten ausschließlich danach, ob ein objektivierbarer, der konkreten Leistung immanenter und wirtschaftlich relevanter Zweck verfehlt oder nur ein Affektionsinteresse enttäuscht wurde(2), während es bei Austauschgeschäften ausschließlich auf die wirtschaftliche Unausgeglichenheit ankommen soll(3).

Die von WESSELS vorgeschlagene Lösung ist dadurch gekennzeichnet, daß sie stets genau den Umstand als schadenskonstituierend ansieht, der dem Getäuschten verborgen geblieben ist, ohne daß WESSELS dies freilich ausdrücklich hervorhebt. WESSELS scheint ebenso wie WEIDEMANN(4) der Auffassung zu sein, daß es im Fall des Vorliegens einer Zweckverfehlung nicht mehr auf das Erfordernis unbewußter Selbstschädigung ankomme, weil sich der Irrtum des Betroffenen damit jedenfalls auf einen schadensbegründenden Umstand beziehe und er sich somit nicht bewußt schädige. Damit wird jedoch verkannt, daß es zunächst der Begründung bedarf, warum der Schaden nicht auf die Minderung des objektiven Vermögenswerts gestützt werden kann und demzufolge auf den Gesichtspunkt der Zweckverfehlung zurückgegriffen werden muß. WESSELS gibt eine solche Begründung nicht.

---

1 Strafrecht BT 2, S.120f.

2 Strafrecht BT 2, S.124f.

3 Strafrecht BT 2, S.126 (Fälle 48 und 49).

4 Kompensationsproblem, S.185.

Von Bedeutung für das Problem der Zweckverfehlung ist das Erfordernis der unbewußten Selbstschädigung aber auch, wenn man der Berechnung des Vermögensschadens die personal orientierten Vermögenslehren zugrundelegt(1). Zwar kommt es nach ihnen nicht darauf an, ob das Vermögen infolge der Vermögensverfügung eine Werteinbuße erlitten hat(2) und infolgedessen auch nicht darauf, ob diese dem Betroffenen verborgen geblieben ist. Da jedoch nach diesen Lehren die Verfehlung des mit der Verfügung verfolgten Zwecks das für den Schaden ausschlaggebende Kriterium ist(3), muß ebenso wie in den Fällen, in denen bei Zugrundelegung der wirtschaftlichen Vermögenslehre der Schaden mit einer Zweckverfehlung begründet wird, dem Getäuschten dieser Umstand bei der Vornahme seiner Vermögensverfügung verborgen geblieben sein. Der Streit darum, ob dem Getäuschten die schädigende Wirkung seiner Verfügung auf sein Vermögen verborgen geblieben sein muß, ist also auch von Bedeutung für die Frage, ob die Verfehlung des mit der Vermögensverfügung verfolgten Zwecks zur Schadensbegründung herangezogen werden kann. Insofern stellt sich die Frage des Erfordernisses der unbewußten Selbstschädigung durchaus als ein Problem der Zweckverfehlung dar.

2. Grundlagen des Erfordernisses der unbewußten Selbstschädigung

a) Der Einwand fehlender Kausalität

Im älteren Schrifttum wird die Ausscheidung der Fälle bewußter Selbstschädigung aus dem Schutzbereich des Betrugstatbestandes zuweilen darauf gegründet, daß der Kausalzusammenhang zwischen Täuschung und Schaden unterbrochen sei, wenn der Getäuschte die Vermögensminderung bewußt herbeiführe, das Wirtschaftsgut also freiwillig zur Erreichung irgendeines Zwecks aufopfere. Dann sei nämlich die Vermögensschädigung eigenverantwortlich erfolgt(4). Diese Auffassung beruht jedoch auf der Lehre

---

1 So WEIDEMANN, Kompensationsproblem, S.195 für die von ihm entwickelte funktionale Lehre.

2 OTTO, Vermögensschutz, S.81.

3 Vgl. dazu oben S.50 und 52.

4 FRANK, StGB, § 263 Anm.VI 1; BINDING, Lehrbuch BT I, S. 352; GRÜNHUT, S.122; v.LISZT/SCHMIDT, Lehrbuch, S.671; KITZINGER, S.25ff., 27; s. dazu bereits oben S.26f.

vom Regreßverbot(1). Diese Lehre ist aber mit der heute herrschenden Äquivalenztheorie, wonach Ursache jede Bedingung ist, die nicht hinweggedacht werden kann, ohne daß der konkrete Erfolg entfiele(2), nicht vereinbar. Diese Theorie geht von der Gleichwertigkeit aller Bedingungen aus, deren Ursächlichkeit nicht dadurch in Frage gestellt wird, daß etwa das vorsätzliche Verhalten eines zurechnungsfähigen Menschen zum Erfolg beigetragen hat(3). Da letzteres von der Lehre vom Regreßverbot aber gerade angenommen wird, stößt sie heute überwiegend auf Ablehnung(4) und soll auch im Rahmen der vorliegenden Untersuchung nicht mehr herangezogen werden.

b) Der Einwand fehlender Täuschung

ARZT(5) verneint bei bewußten Selbstschädigungen die Täuschung. Im Hinblick auf den Fall des Spendenbetrugs vertritt er die Auffassung, wer spende, erwarte keinen materiellen Gegenwert, wisse also, daß er sich objektiv wirtschaftlich schädige. Insoweit sei eine Täuschung nicht möglich und § 263 StGB nicht anwendbar. Der Tatsache einer Verfehlung des sozialen Zwecks spricht er mit dem Hinweis die Bedeutung ab, daß damit die materielle Leistung des Opfers mit der vom Täter versprochenen immateriellen Gegenleistung saldiert werde. Dadurch würden die Grenzen des subjektiven Schadenseinschlages gesprengt. Dieser Lösungsversuch kann schon im Ansatz nicht überzeugen. Wie LACKNER(6) zutreffend ausführt, gibt es mannigfache Möglichkeiten, einen anderen durch Täuschung zur Vornahme einer Vermö-

---

1 FRANK, StGB, § 1 Anm.III 2a: keine Ursachen im Rechtssinne sind "die Vorbedingungen einer Bedingung, die frei und bewußt (vorsätzlich und schuldhaft) auf Herbeiführung des Erfolges gerichtet war", s.a. JAKOBS, Strafrecht AT, Abschn.24 Rn 13ff.

2 Vgl. etwa BGHSt 1, 332; 2, 20, 24.

3 Vgl. hierzu BGHSt 1, 332; BGH bei DALLINGER, MDR 1956, 527.

4 RGSt 64, 318 und 372; LENCKNER in SCHÖNKE/SCHRÖDER, Vorbem. §§ 13ff. Rn 77 m.w.N.; DREHER/TRÖNDLE, vor § 13 Rn 17c; s. auch HOPPENZ, S.77f.; ELLSCHEID, GA 1971, 161 (163); WEIDEMANN, Kompensationsproblem, S.186f.

5 Strafrecht BT 3, S.165.

6 In LK, § 263 Rn 166.

gensverfügung zu motivieren, auch wenn ihm deren vermögensschädigender Charakter bewußt ist. Insoweit fordert der Wortlaut des § 263 StGB lediglich, daß die Täuschung auf dem Wege über einen Irrtum - welchen Inhalts auch immer - einen Schaden verursacht hat, nicht aber, daß diese sich gerade auf die Schädlichkeit der Vermögensverfügung bezieht. Den Nachweis, daß letzteres der Fall sein muß, erbringt ARZT jedoch nicht.

c) Die sozialadäquate Täuschung

Ein weitgehender Ausschluß der Fälle bewußter Selbstschädigung aus dem Schutzbereich des Betrugstatbestandes soll nach HERZBERG durch das "Tatbestandsregulativ der Sozialadäquanz" erreichbar sein(1). Nach der Lehre von der Sozialadäquanz sind Handlungen, die sich völlig im Rahmen der normalen, geschichtlich gewordenen sozialen Ordnung des Lebens bewegen, auch dann nicht tatbestandsmäßig, wenn sie vom Wortlaut einer Strafbestimmung erfaßt sind(2). Daran anknüpfend will HERZBERG(3) den Betrug in Anlehnung an die Erpressung zu einem offenen Tatbestand machen und fragen, ob die Täuschung zu dem angestrebten Zweck der Vorteilsverschaffung als verwerflich anzusehen ist(4). Die Verwerflichkeit soll entsprechend der vom Bundesgerichtshof(5) zur Nötigung entwickelten Formel bestimmt werden, wonach "die Grenze der Strafwürdigkeit erst erreicht wird, wenn das Vorgehen des Täters unter Berücksichtigung aller Umstände eindeutig so anstößig ist, daß es als gröberer Angriff auf die Entschlußfreiheit anderer der Zurechtweisung mit den Mitteln des Strafrechts bedarf; in diesem Sinne weist die Verwendung des Wortes 'verwerflich' auf einen erhöhten Grad sittlicher Mißbilligung hin". Der Lösung HERZBERG'S haften aber die Nachteile der Verwendung einer Generalklausel an. Auf diese Weise wird eine erhebliche Unsicherheit in den Betrugstatbestand

---

1 MDR 1972, 93 (96).

2 Vgl. z.B. ENGISCH, Deutscher Juristentag-Festschrift (1960), S.401 (418); JESCHECK in LK, vor 13 Rn 45; LENCKNER in SCHÖNKE/SCHRÖDER, Vorbem. §§ 13ff. Rn 68ff.; WELZEL, ZStW 58 (1939), 491 (516).

3 MDR 1972, 93 (95ff.).

4 Ähnl. BOCKELMANN, ZStW 69 (1957), 269 (272), der auf die "Verkehrsüblichkeit" abstellt.

5 BGHSt 17, 328 (332).

hineingetragen, da die Generalklausel dort eine Wertung des Rechtsanwendenden verlangt, wo eine solche vom Gesetzgeber - im Gegensatz zu den ausdrücklich als offen ausgestalteten Straftatbeständen - nicht vorgesehen ist. Da es sich stets um eine Einzelfallentscheidung handelt(1), wird zwar insbesondere in den Fällen bewußter Selbstschädigung, in denen der Betroffene den mit seiner Leistung verfolgten Zweck verfehlt, eine Berücksichtigung der spezifischen Gegebenheiten des Falles ermöglicht(2). Offen bleibt aber letztlich, wann und aus welchem Grunde die Täuschung zum Zweck der Vorteilserlangung nicht als verwerflich anzusehen ist, wenn die schädigende Wirkung der Verfügung dem Getäuschten bewußt war. Dies kann nicht überzeugen. Es ist daher zu versuchen, das Erfordernis der unbewußten Selbstschädigung in einer Weise zu erklären, die auch ohne Rückgriff auf so unbestimmte Kriterien wie das der Sozialadäquanz eine befriedigende Lösung des Einzelfalls ermöglicht.

d) Teleologische Restriktion

Nachdem die vorgenannten Auffassungen das Erfordernis der unbewußten Selbstschädigung nicht in befriedigender Weise zu begründen vermögen, ist nun der Versuch zu unternehmen, die Ausscheidung der Fälle bewußter Selbstschädigung aus dem Schutzbereich des Betrugstatbestandes durch eine einschränkende Interpretation des letzteren zu erreichen. Es muß also nachgewiesen werden, daß § 263 StGB allein den Schutz des Opfers vor irrtumsbedingten Selbstschädigungen bezweckt, dieser Schutzzweck aber dann nicht betroffen ist, wenn der Getäuschte trotz seines Irrtums den Wert seines Vermögens bewußt durch den Einsatz von Wirtschaftsgütern schmälert, das Opfer also trotz der Täuschung den vermögensschädigenden Charakter seiner Verfügung in allen Einzelheiten kennt(3). Sollte dieser Nachweis gelingen, muß das Ergebnis der teleologischen Restriktion auch in dogmatischer Hinsicht gerechtfertigt werden.

---

1 So HERZBERG, MDR 1972, 93 (97).

2 Vgl. das Beispiel bei HERZBERG, MDR 1972, 93 (97).

3 Vgl. RUDOLPHI, Klug-Festschrift (1983), S.315 (317); LACKNER, in LK, § 263 Rn 172.

aa) Der Schutzzweck des Betrugstatbestandes

Gegen einen Schutz bewußter Selbstschädigungen durch den Betrugstatbestand könnte zunächst sprechen, daß ein "betrügerischer" Angriff weniger gefährlich ist, wenn der Verfügende sich bewußt bleibt, daß seine Disposition zu einer Vermögensminderung wird(1). Dadurch ist er natürlich gewarnt und hat die Möglichkeit, die Situation sorgfältig zu prüfen, bevor er handelt. Doch steht dem der Einwand entgegen, daß der Täter, dem es gelingt, das Opfer trotz des Bewußtseins der schädigenden Wirkung zu einer Disposition zu veranlassen, mit erhöhter krimineller Energie handelt und es daher erst recht verdient, bestraft zu werden(2). Doch enthält der Hinweis darauf, daß das Opfer gewarnt sei und die beabsichtigte Disposition überdenken könne, wohl den richtigen Ansatz. Denn der Grund für die Irrelevanz bewußter Selbstschädigungen im Rahmen des Betrugstatbestandes ist nicht auf der Seite des Täters, sondern beim Opfer zu suchen. R. HASSEMER(3) teilt die listigen Angriffe auf das Vermögen des Opfers in selbstschutzgeeignete und selbstschutzungeeignete ein(4). Es kommt danach darauf an, ob die jeweilige Täuschungshandlung dem Opfer die Möglichkeit beläßt oder nicht, sich des damit gegen ihn begangenen Angriffs durch Akte des Selbstschutzes zu erwehren. Derjenige, der konkret darauf aufmerksam geworden sei, daß die durch ihn vorzunehmende Vermögensverfügung negative Konsequenzen für sein Vermögen haben könne, sich jedoch bewußt in diese Gefahr begebe, und zwar nicht mangels greifbarer Handlungsalternativen, sondern aus anderen Gründen(5), habe seine Selbstschutzmöglichkeiten so erheblich reduziert, daß seine Schutzbedürftigkeit entfalle. Dies sei nämlich wegen des Prinzips der Subsidiarität des strafrechtlichen Rechtsgüterschutzes die Voraussetzung strafrechtlichen Einschreitens(6).

---

1 So ELLSCHEID, GA 1971, 161 (166).

2 In diese Richtung geht wohl auch die Argumentation von ELLSCHEID, GA 1971, 161 (166).

3 Schutzbedürftigkeit, S.153.

4 So auch GIEHRING, GA 1973, 1 (18f.); vgl. auch AMELUNG, GA 1977, 1 (2 und 17).

5 HASSEMER, Schutzbedürftigkeit, S.141.

6 Auf das Prinzip der Subsidiarität des strafrechtlichen Rechtsgüterschutzes stellt auch AMELUNG, GA 1977, 1 (2 und 17) ab; krit. FRISCH, Bockelmann-Festschrift (1979), S.647 (654ff.).

Gegen diese Auffassung von HASSEMER spricht allerdings, daß auch derjenige, der sich seiner Selbstschutzmöglichkeiten begibt, in der Regel darauf vertraut, daß sich die Gefahr nicht realisiert und in eine Rechtsgutsverletzung umschlägt. In diesem Vertrauen kann er jedoch durchaus auch aus strafrechtlicher Sicht schutzwürdig sein. Soweit BOCKELMANN(1) allerdings meint, die Schutzwürdigkeit des Opfers sei bei der Verhängung von Strafen gegen den Täter ohne Bedeutung, so dürfte dies zu weit gehen. Gerade bei Straftatbeständen wie dem Betrug, die den Individualschutz bezwecken, kann nicht außer Betracht bleiben, ob das Opfer schutzwürdig ist oder nicht. Die mangelnde Schutzwürdigkeit des im Bewußtsein der schädigenden Wirkung Verfügenden folgt allerdings aus einer anderen Erwägung. Ein Blick auf das Rechtsinstitut der rechtfertigenden Einwilligung zeigt, daß es durchaus ein Prinzip unserer Rechtsordnung ist, Rechtsgütern den Strafschutz zu versagen, die ihr Träger bewußt dem Zugriff Dritter preisgibt(2). Die Einwilligung ist nämlich ihrem Wesen nach ein durch das Selbstbestimmungsrecht legitimierter Verzicht auf Rechtsschutz mit der Folge, daß die Verbotsnorm zurücktritt(3). Die Lage des bewußt Verfügenden ist nun durchaus mit der eines Einwilligenden vergleichbar: beide nehmen die Rechtsgutverletzung im Bewußtsein aller maßgebenden Umstände in Kauf. Insofern ist es also zutreffend, wenn WIDMAIER(4) darauf hinweist, daß bewußt preisgegebenes Vermögen strafrechtlich nicht geschützt zu werden braucht.

Demgegenüber weist HERZBERG(5) auf eine angeblich kriminalpolitisch unhaltbare Strafbarkeitslücke hin, die durch die Beschränkung der Betrugsstrafbarkeit auf unbewußte Selbstschädigungen beim "erpressungsähnlichen Betrug" entstehe.

Diese Fälle sind dadurch gekennzeichnet, daß der Täter durch Täuschung sein Opfer in die psychische Zwangslage eines Er-

---

1 BT 1, S.74.

2 So LENCKNER in SCHÖNKE/SCHRÖDER, Vorbem. §§ 32ff. Rn 33; Ausnahmen bestehen lediglich für die Rechtsgüter Leben und Gesundheit gemäß §§ 216, 226a StGB und für sonstige nicht disponible Rechtsgüter.

3 Vgl. z.B. BGHSt 17, 359 (360); BICHLMEIER, JZ 1980, 53 (54); GEERDS, GA 1954, 262 (263) und ZStW 72 (1960), 42 (43).

4 JuS 1970, 241 (243).

5 MDR 1972, 93 (94) und JuS 1972, 570 (571).

preßten versetzt, ohne zu diesem Zweck zugleich das Mittel der Gewalt oder Drohung anzuwenden. Ein Beispiel bildet der einer Entscheidung des Bundesgerichtshofs(1) zugrunde liegende Fall, in dem die Täterin ihrem ehemaligen Geliebten vorgespiegelt hatte, ein Dritter werde ihm Nachteile durch Offenbarung ehrenrühriger Tatsachen zufügen, falls er kein Schweigegeld erhalte, und sich angeboten hatte, das Geld zu überbringen. Da dem Opfer die schädigende Wirkung seiner Verfügung nicht verborgen geblieben sei, sei nach der "Lehre von der unbewußten Selbstschädigung" der Betrug zu verneinen. Die Täterin könne aber auch nicht wegen Erpressung oder Nötigung bestraft werden, da sie die Verwirklichung des Übels nicht als von ihrem Willen abhängend hingestellt habe.

Es ist allerdings fraglich, ob die von HERZBERG(2) beschriebene Strafbarkeitslücke tatsächlich besteht. Nach wohl gefestigter Auffassung(3) kann bei der Erpressung auch mit dem Tun eines Dritten gedroht werden, falls der Täter ihn beeinflussen kann oder dies wenigstens vorgibt. Letzteres ist in der von HERZBERG(4) genannten Konstellation der Fall. Durch ihr Angebot, das Geld zu überbringen, brachte die Täterin konkludent zum Ausdruck, sie könne den Dritten durch Überbringen des Schweigegeldes zur Aufgabe seines Vorhabens bewegen. In Fällen dieser Art ist der Täter ja gerade darauf angewiesen, irgendeine Einflußmöglichkeit auf den Willen des Dritten zumindest vorzuspiegeln, da andernfalls das Opfer nicht an ihn selbst zahlen würde, sondern direkt an den Dritten. Somit ist hier eine Bestrafung nach § 253 StGB möglich.

HERZBERG ist allerdings zuzugeben, daß bei Zugrundelegung der "Lehre von der unbewußten Selbstschädigung" eine Strafbarkeitslücke dort besteht, wo diese Einflußmöglichkeit nicht vorgegeben wird und auch nicht mit § 246 StGB geholfen werden kann(5). Diese verhältnismäßig geringfügige Strafbarkeitslücke gibt aber noch keinen Anlaß, sämtliche nicht strafwürdigen Fälle bewußter

---

1 BGHSt 7, 197.

2 MDR 1972, 93 (94) und JuS 1972, 570 (571).

3 Vgl. z.B. BGHSt 7, 197; BayObLG JZ 1951, 25; DREHER/TRÖNDLE, § 240 Rn 5a; ESER in SCHÖNKE/SCHRÖDER, Vorbem. §§ 234ff. Rn 31 m.w.N.

4 MDR 1972, 93 (94) und JuS 1972, 570 (571).

5 Zu letzterem vgl. HERZBERG, MDR 1972, 93 (94).

Selbstschädigung über eine völlig unbestimmte, auf das "Tatbestandsregulativ der Sozialadäquanz" gegründete Verwerflichkeitsklausel auszuscheiden(1).

bb) Dogmatische Begründung

(1) Der funktionale Zusammenhang zwischen den Merkmalen des Betrugstatbestandes

Dogmatisch könnte die Erwägung, daß der Schutzzweck des Betrugstatbestandes grundsätzlich nicht dem gilt, der den Wert seines Vermögens bewußt durch den Einsatz von Wirtschaftsgütern vermindert, damit gerechtfertigt werden, daß die Merkmale des objektiven Tatbestandes des Betrugs in einer funktionalen Beziehung zueinander stehen müssen, die über die schlichte Kausalität im Sinne der Äquivalenztheorie hinausgeht und der Täuschung die Funktion zuweist, die Vermögensverfügung nicht nur zu motivieren, sondern darüber hinaus auch deren spezifische Schädlichkeit zu verschleiern(2).

Eine solche Beziehung hat erstmals MERKEL(3) gefordert, der in der Täuschung "das den Betrug von den übrigen Eigentumsdelikten unterscheidende Speziesmerkmal" sieht. "Nur wo die Lüge den gesamten Vorgang beherrscht, verleiht sie der Tat ihren eigentümlichen Charakter; nur da kann die Rede davon sein, daß die Verletzung verübt wird in äußerlichem Einklang mit dem Willen des Verletzten"(4). Die Täuschung müsse die "eigentliche Quelle" der Verletzung darstellen(5).

---

1 So HERZBERG, MDR 1972, 93 (96f.); vgl. dazu bereits oben S.60ff.

2 So BLEI JA 1971, 509 (510), Strafrecht II S.200; CRAMER, Vermögensbegriff, S.206f., JuS 1966, 472 (477) und JZ 1971, 415; ESER, Strafrecht IV Nr.12 A 22; JECHT, GA 1963, 41 (44); KÜPER, NJW 1970, 2253 (2254); LENCKNER, NJW 1971, 599 (600); RUDOLPHI, Klug-Festschrift (1983), S.315 (316); EB.SCHMIDT JZ 1952, 542; WEIDEMANN, GA 1967, 238 (239); WIDMAIER, JuS 1970, 241 (243f.).

3 KrimAbh.II, S.192f.

4 MERKEL, KrimAbh.II, S.192f.

5 MERKEL, KrimAbh.II, S.207.

Nun wird verschiedentlich dieser funktionale Zusammenhang offenbar in einer dem Pflichtwidrigkeitszusammenhang beim fahrlässigen Delikt(1) ähnlichen Beziehung gesehen und dementsprechend anhand folgender Formel festgestellt: Ein Fall bewußter Selbstschädigung liege notwendigerweise vor - der funktionale Zusammenhang fehle also -, wenn derselbe Schaden auch bei Unterstellung der Wahrheit der vorgetäuschten Tatsache eingetreten wäre(2). Diese Formel führt zu einem sachgerechten Ergebnis, wenn Täuschung und Irrtum sich auf denselben Umstand beziehen. Sie versagt aber, wenn die Täuschung einen die Verfügung zwar auslösenden, für den Schaden jedoch unerheblichen Punkt betrifft, der Getäuschte aber gleichwohl die sein Vermögen verringernde Wirkung seiner Disposition nicht erkennt(3). Unterstellt man nämlich in diesem Fall die Wahrheit der vorgetäuschten Tatsache, so tritt dieselbe Vermögensminderung ein, ohne daß deswegen dem Getäuschten die Schädlichkeit bewußt wäre. Es müßte demnach ein Schaden im Sinne des § 263 StGB bejaht werden, obwohl die Täuschung eigentlich gerade nicht die "Quelle der Verletzung"(4) darstellte. Die Ursache dieser Unstimmigkeit liegt darin, daß die Formel die Täuschung in Wahrheit nicht in einen funktionalen Zusammenhang einbezieht. Sie drückt zwar einen Zusammenhang zwischen der Täuschung und der Vermögensminderung aus. Dieser besteht aber in Wahrheit in nicht viel mehr als der äquivalenten Kausalität.

Man kann daher dem besonderen funktionalen Zusammenhang nur Geltung verschaffen, indem man in jedem Einzelfall sorgfältig untersucht, ob es gerade die Täuschung ist, die dem Opfer das Bewußtsein der schädigenden Wirkung genommen hat. Dadurch wird sichergestellt, daß eine bewußte Selbstschädigung auch dann anzunehmen ist, wenn die Täuschung das Opfer zwar zur Vornahme der Vermögensverfügung veranlaßt, im übrigen aber das Bewußtsein von deren Schädlichkeit im Sinne des § 263 StGB nicht beeinflußt hat. Nach der Formel LENCKNER'S(5) wäre je-

---

1 Vgl. dazu CRAMER in SCHÖNKE/SCHRÖDER, § 15 Rn 160ff. und § 263 Rn 5.

2 LENCKNER NJW 1971, 599 (600); WEIDEMANN, GA 1967, 238 (243).

3 Vgl. HERZBERG, JuS 1971, 516 (518); krit. auch ELLSCHEID, GA 1971, 161 (163ff.).

4 MERKEL, KrimAbh.II, S.207.

5 NJW 1971, 599 (600); s.o.

doch in diesen Fällen eine unbewußte Selbstschädigung und somit ein Schaden im Sinne des Betrugstatbestandes anzunehmen, da bei unterstellter Wahrheit der vorgetäuschten Tatsache der Schaden entfiele. Allerdings bietet die Forderung eines funktionalen Zusammenhangs zwischen den Merkmalen des objektiven Tatbestandes des Betruges lediglich eine konstruktive Hilfe, bewußte Selbstschädigungen aus dem Schutzbereich auszuklammern. Eine dogmatische Rechtfertigung für eine solche Restriktion liefert sie nicht(1). Wenn daher verschiedentlich zur Begründung der Unbeachtlichkeit bewußter Selbstschädigungen lapidar auf den funktionalen Zusammenhang zwischen den Betrugsmerkmalen(2) oder auf eine "bemerkenswerte Ähnlichkeit des Betrugstatbestandes mit den Fahrlässigkeitsdelikten" hingewiesen wird(3) oder auch das Merkmal der Stoffgleichheit als anerkannter Ausdruck einer funktionalen Beziehung zwischen den Betrugsmerkmalen genannt wird(4), so kann dies für sich allein nicht ausreichen. Denn nach dem Wortlaut des § 263 StGB genügt die schlichte Kausalität zwischen den Merkmalen des objektiven Tatbestandes. Werden weitere Anforderungen an das Gegebensein des objektiven Tatbestandes gestellt, wie das eines besonderen funktionalen Zusammenhangs, so bedarf dies sorgfältiger dogmatischer Begründung.

(2) Das Schutzgutargument

Vielfach wird versucht, bereits aus der Bestimmung des Vermögens als Schutzgut des Betrugstatbestandes ein dogmatisches Argument dafür zu gewinnen, daß dieser infolge einer funktionalen Beziehung zwischen seinen objektiven Tatbestandsmerkmalen nur unbewußte Selbstschädigungen erfaßt(5). So wird gesagt, die Gegenansicht, die auch durch unrichtige Vorstellungen veranlaßte bewußte Selbstschädigungen als von § 263 StGB erfaßt sieht, führe letztlich dazu, § 263 StGB entgegen seinem Schutz-

---

1 In diesem Sinne auch HOPPENZ, S.78.

2 So etwa BLEI, JA 1971, 509 (510); WIDMAIER, JuS 1970, 241 (243f.); RUDOLPHI, Klug-Festschrift (1983), S.315 (316f.).

3 WEIDEMANN, GA 1967, 238 (242).

4 So z.B. SCHRÖDER, NJW 1962, 721 (722); krit. HOPPENZ, S. 78.

5 SCHRÖDER, NJW 1962, 721 (722); CRAMER, Vermögensbegriff, S.206f.; RUDOLPHI, Klug-Festschrift (1983), S.315 (316ff.); LACKNER in LK, § 263 Rn 172.

zweck auch dann noch anzuwenden, "wenn zwar (wegen der bewußten Selbstschädigung) nicht das Vermögen des Opfers, sondern (aufgrund des andere Umstände betreffenden Irrtums) allein dessen Verfügungsfreiheit beeinträchtigt ist"(1). ELLSCHEID(2) wendet hiergegen ein, die These, bei einer täuschungsbedingten, aber bewußten Selbstschädigung liege eine bloße Beeinträchtigung der Dispositionsfreiheit vor, enthalte die paradoxe Vorstellung einer zu keinem Vermögensschaden führenden Selbstschädigung am Vermögen. Dabei verkennt er jedoch, daß nicht jede Vermögensminderung einen "Schaden" im Sinne des § 263 StGB darstellen muß. Insofern ist ELLSCHEID allerdings zuzugeben, daß die Bezeichnung "bewußte Vermögensbeeinträchtigung" dieser Sachlage eher gerecht würde.

Jedoch erweist sich die auf das Schutzgebiet gegründete Argumentation aus einem anderen Grunde als nicht tragfähig. Lediglich die Dispositionsfreiheit ist nämlich nur dann betroffen, wenn es an einem "Schaden" im Sinne des Betrugstatbestandes fehlt. Wird nun das Vermögen - wie beispielsweise in den Fällen des Bettel-, Spenden- und Subventionsbetruges - unzweifelhaft in seinem Wert gemindert, so ist nur dann lediglich die Dispositionsfreiheit betroffen, wenn diese Vermögensminderung nicht als Schaden im Rechtssinne anzusehen ist. Letzteres jedoch könnte wiederum nur damit begründet werden, daß im Bewußtsein der Schädlichkeit im Rechtssinne herbeigeführte Vermögensminderungen keinen Schaden im Sinne des Betrugstatbestandes bilden können. Damit aber erweist sich die These, der Betrugstatbestand erfasse nicht die bewußte Selbstschädigung, da er andernfalls dem Schutz der Dispositionsfreiheit diene, als Zirkelschluß: sie beruht auf der Voraussetzung, zu deren Begründung sie gerade dienen soll. So gesehen hat FRISCH(3) Recht mit seiner Behauptung, in den Fällen des Spenden-, Bettel- und Subventionsbetruges könne eine Beeinträchtigung des Vermögens - und nicht lediglich der Dispositionsfreiheit - gar nicht hinwegdiskutiert werden. Entscheidend kommt es aber allein darauf an, ob diese Vermögensbeeinträchtigung einen Schaden im Rechtssinne darstellt.

---

1 RUDOLPHI, Klug-Festschrift (1983), 315 (317).

2 GA 1971, 161 (166).

3 Bockelmann-Festschrift (1979), S.647 (667).

Dementsprechend ist auch der Hinweis von LACKNER(1) nicht zur dogmatischen Begründung des Erfordernisses der unbewußten Selbstschädigung geeignet, sobald der Täter wisse, daß er sein Vermögen nicht mindere, richteten sich die Täuschung und ihre Wirkung nicht notwendig gegen ein wirtschaftlich faßbares Interesse, sondern unter Umständen nur gegen einen Affektionswert, an dessen Verwirklichung dem Getäuschten liege. Solange nämlich nicht nachgewiesen ist, daß eine bewußt herbeigeführte Vermögensminderung keinen Schaden im Rechtssinne begründen kann, ist der Schaden in eben dieser Vermögensminderung zu sehen. Denn durch diese wird der Getäuschte auch in einem wirtschaftlich faßbaren Interesse, nämlich in seinem Interesse an der Verhinderung von Schmälerungen des Vermögensbestandes durch täuschungsbedingte Verfügungen, betroffen. Von daher bleibt eine unter Umständen daneben gegebene Enttäuschung eines Affektionsinteresses ohne Bedeutung.

(3) Der Betrug als eine in mittelbarer Täterschaft begangene Vermögensschädigung

Verschiedentlich wird der Versuch gemacht, das Bestehen eines funktionalen Zusammenhangs zwischen den Merkmalen des Betrugstatbestandes damit dogmatisch zu begründen, daß es sich beim Betrug um einen Fall mittelbarer Täterschaft handele(2): der Täuschende sei als mittelbarer Täter und der Getäuschte als sein Werkzeug anzusehen(3). Werkzeug sei der Getäuschte aber nur dann noch, wenn ihm verborgen bleibe, daß das, was er tue, zu einer Verringerung seines Vermögens beitrage; kenne er dagegen das Schädigende seines Verhaltens, so sei sein Wille insoweit nicht unfrei(4). In dieser Argumentation hat die Täu-

---

1 In LK, § 263 Rn 172.

2 KITZINGER, S.27; LUDWIG, S.10ff.; HOPPENZ, S.79ff.; JOECKS, Vermögensverfügung, S.86; WEIDEMANN, Kompensationsproblem, S.195.

3 Die Vorstellung vom Betrug als Fall mittelbarer Täterschaft liegt offensichtlich auch den Auffassungen von SCHRÖDER, NJW 1962, 721 (722) und CRAMER, Vermögensbegriff, S.207 und JuS 1966, 472 (477) zugrunde, die zwar die Rechtsfigur der mittelbaren Täterschaft nicht ausdrücklich erwähnen, aber vom Getäuschten als "Werkzeug" sprechen.

4 CRAMER, Vermögensbegriff, S.207.

schung die Funktion, die Unfreiheit des Willens des Opfers hervorzurufen, indem sie ihm das Schädigende seines Tuns verschleiert. Korrespondierend kennzeichnet der Irrtum diese Unfreiheit des Opfers.

Die Parallele zwischen dem Tatbestand des Betruges und der Figur der mittelbaren Täterschaft hält allerdings - worauf besonders FRISCH(1) hinweist - einer näheren Überprüfung nicht stand.

Die mittelbare Täterschaft beruht auf dem (vertikalen) Zurechnungsprinzip, wonach derjenige für die Tatbestandserfüllung haften soll, der einen anderen durch Zwang, Täuschung oder auf andere Weise veranlaßt, die zur Tatbestandserfüllung notwendigen Handlungen als Teil des von ihm verfolgten Gesamtplanes für ihn vorzunehmen(2). Dieses Zurechnungsprinzip setzt voraus, daß diejenige Person, der das rechtsgutsbeeinträchtigende Verhalten eines Dritten zugerechnet werden soll, ohne weiteres strafbar wäre, hätte sie sich nur selbst so verhalten wie dieser(3). Damit ergeben sich jedoch wesentliche Unterschiede zum Tatbestand des Betruges. Der Tatmittler arbeitet bei der Rechtsfigur der mittelbaren Täterschaft typischerweise auf die Verletzung von Rechtsgütern Dritter hin, ist aber letztlich nicht strafbar, weil dies ein bei ihm vorliegender "Defekt" ausschließt. Gerade darin unterscheidet er sich aber vom Verfügenden beim Betrug, der zwar ebenfalls infolge seines Irrtums "defektbehaftet" ist, aber auch dann nicht strafbar wäre, wenn dieser Defekt nicht vorläge. Hinzu kommt, daß die Lehre von der mittelbaren Täterschaft darauf beruht, daß das Verhalten des Werkzeugs von der Rechtsordnung bereits - im Grundsatz - für strafbar erklärt worden ist. Dies trifft für die Vermögensverfügung des Getäuschten nicht zu. Im Falle des § 263 StGB käme daher der Figur der mittelbaren Täterschaft die Bedeutung zu, über die Strafbarkeit eines Verhaltens zu entscheiden.

Freilich darf nicht verschwiegen werden, daß die Figur der mittelbaren Täterschaft auch Fälle erfaßt, in denen das Opfer durch Täuschung zur Selbstschädigung veranlaßt wird(4). Doch

---

1 Bockelmann-Festschrift (1979), S.647 (651ff.).

2 Vgl. etwa CRAMER in SCHÖNKE/SCHRÖDER, § 25 Rn 6.

3 FRISCH, Bockelmann-Festschrift (1979), S.647 (651).

4 Vgl. z.B. den Fall der Verleitung zur Selbsttötung, dazu ESER in SCHÖNKE/SCHRÖDER, Vorbem. §§ 211ff. Rn 37 m.w.N.

unterscheidet sich der Betrug beispielsweise von dem Fall der Verleitung zur Selbsttötung in einem wesentlichen Punkt. Die Figur der mittelbaren Täterschaft hat hier zur Folge, daß aus der straflosen Eigenschädigung sozusagen eine strafbare Fremdschädigung wird. Dies hat zur Voraussetzung - und ist somit für die mittelbare Täterschaft typisch - daß das jeweilige Delikt vom mittelbaren Täter auch ohne das Handeln eines Tatmittlers vorgenommen werden kann, wenn er nur alle Tatbestandsmerkmale eigenhändig verwirklicht. Gerade dies ist aber beim Betrug nicht möglich: ohne einen Verfügenden kann der Täuschende die Tat nicht begehen.

Somit kann auch aus der Figur der mittelbaren Täterschaft keine dogmatische Begründung des funktionalen Zusammenhangs zwischen den Betrugsmerkmalen und damit auch für das Erfordernis der unbewußten Selbstschädigung hergeleitet werden(1).

(4) Der Betrug als Fall der Erschleichung einer Einwilligung in die Vermögensschädigung

Eine Möglichkeit, das Bestehen des funktionalen Zusammenhangs zwischen den Betrugsmerkmalen in dogmatischer Hinsicht zu erklären, könnte das Rechtsinstitut der Einwilligung eröffnen.

So sieht HERZBERG(2) eine Funktion des Irrtums darin, den Fall der mangelfreien Einwilligung in den Vermögensverlust aus dem Tatbestand des vollendeten Betruges auszuscheiden. Der Vermögensverfügung des Getäuschten beim Betrug entspreche die Einwilligung als solche; dem Irrtum, der die Einwilligung unwirksam mache und trotz äußerlicher Zustimmung die Strafbarkeit des Täters begründe, entspreche bei § 263 StGB jener "Irrtum", der schon als ausdrückliches Tatbestandsmerkmal eine Voraussetzung des Delikts bilde(3). Der für das hier zu lösende Problem ausschlaggebende Gesichtspunkt ergibt sich nun daraus, daß eine irrtumsbedingte Einwilligung heute überwiegend nur dann als unwirksam angesehen wird, wenn es sich bei dem Irrtum um eine "rechtsgutsbezogene" Fehlvorstellung handelt, d.h. wenn der Einwilligende Art, Umfang und Folge der fraglichen Rechtsgutsverletzung verkennt und sich deshalb über die Bedeu-

---

1 Vgl. hierzu auch LACKNER in LK, § 263 Rn 172.

2 GA 1977, 289 (295ff.).

3 HERZBERG, GA 1977, 289 (296).

tung und Tragweite der Einwilligung nicht im klaren ist(1). Übertragen auf den Betrugstatbestand stellt sich die Vermögensverfügung danach nur dann als irrtumsbedingt unwirksame Einwilligung in die Vermögensverletzung dar, wenn der Irrtum im Sinne des § 263 StGB im Einzelfall nicht nur die Verfügung des Getäuschten motiviert, sondern zudem insofern rechtsgutsbezogen ist, als er dem Getäuschten die Wirkung seiner Verfügung auf sein Rechtsgut Vermögen, also deren vermögensschädigenden Charakter verschleiert. Umgekehrt fehlt es an einer irrtumsbedingt unwirksamen Einwilligung, wenn der Irrtum zwar die Verfügung motiviert, aber nicht rechtsgutsbezogen ist, weil der Betroffene die Schädlichkeit seiner Verfügung erkennt(2). Allerdings soll nach wohl noch h.M. eine durch Täuschung erschlichene Einwilligung auch dann unwirksam sein, wenn durch sie ein unbeachtlicher, da nicht "rechtsgutsbezogener" Irrtum hervorgerufen wird(3). Zu Recht macht CRAMER(4) hiergegen geltend, daß nur auf den Inhalt der Fehlvorstellungen, nicht auf die Art ihres Zustandekommens abgestellt werden könne. Tatsächlich ist nicht zu erkennen, wieso bei Täuschungen die Entscheidungsfreiheit des Opfers bezüglich der Einwilligungserteilung stets insgesamt aufgehoben sein(5) und sich daher eine Unterscheidung zwischen rechtsgutsbezogenen und nicht rechtsgutsbezogenen Fehlvorstellungen verbieten soll. Auch eine Täuschung kann beim Opfer Fehlvorstellungen über Umstände hervorrufen, die nicht das infragestehende Rechtsgut selbst betreffen, und daher seine zutreffende Vorstellung von Art, Umfang und Folge der Rechtsgutsverletzung unberührt lassen.

---

1 Vgl. grundlegend ARZT, Willensmängel, S.20ff. und 30, mit Besprechung von RUDOLPHI, ZStW 86 (1974), 82ff.; BICHLMEIER, JZ 1980, 53 (55); SAMSON in SK, vor § 32 Rn 43; LENCKNER in SCHÖNKE/SCHRÖDER, Vorbem. §§ 32ff. Rn 46 m.w.N.

2 HERZBERG, GA 1977, 289 (296), sieht daher in der Frage, ob für § 263 StGB nur ein Irrtum ausreicht, der dem Getäuschten den vermögensschädigenden Charakter seiner Verfügung verschleiert, die Fortsetzung der Diskussion um das Problem, ob der Irrtum, der die Einwilligung unwirksam macht, rechtsgutsbezogen sein muß.

3 HIRSCH in LK, vor § 32 Rn 119; BAUMANN, Strafrecht, S.326.

4 In SCHÖNKE/SCHRÖDER, § 263 Rn 47.

5 So aber HIRSCH in LK, vor § 32 Rn 119.

Grundsätzlich ist es also nicht ausgeschlossen, die funktionale Beziehung zwischen den Betrugsmerkmalen, die zum Ausschluß bewußter Selbstschädigungen aus dem Schutzbereich des Betrugstatbestandes führt, darauf zurückzuführen, daß es im Falle der Kenntnis des Getäuschten von der schädigenden Wirkung seiner Disposition an einem rechtsgutsbezogenen Irrtum fehlt und daher eine wirksame "Einwilligung" in die Vermögensverletzung vorliegt.

Gegen eine solche Auffassung hat nun FRISCH(1) eingewandt, die Figur der rechtfertigenden Einwilligung biete nur einen begrenzt brauchbaren Ansatz, weil der Katalog der Voraussetzungen einer wirksamen Einwilligung Erfordernisse enthalte, die im Rahmen des § 263 StGB schlicht fehl am Platze seien. Ein solches Erfordernis sei das Vorliegen einer bestimmten Einwilligungsfähigkeit. Tatsächlich hätte die Koppelung des Merkmals "Irrtum" in § 263 StGB an die Unwirksamkeit der Einwilligung zur Folge, daß bei voller Einsicht des Verfügenden, daß seine Verfügung zu einem Schaden im Rechtssinne führt, aber fehlender Einsichtsfähigkeit, ein Irrtum im Sinne des § 263 StGB anzunehmen wäre(2). Auch HERZBERG räumt ein, daß die Einwilligung im Rahmen des Betrugstatbestandes nur eine negative Funktion des Irrtums beschreiben kann, nämlich die, den Fall der wirksamen Einwilligung aus dem Tatbestand auszuscheiden, nicht aber, alle Fälle der fehlenden oder unwirksamen Einwilligung hereinzuziehen(3). Hierauf aber ist zu entgegnen, daß es beim Tatbestand des Betruges nicht darum gehen kann, alle Fälle unwirksamer Einwilligung zu erfassen. Es ist durchaus denkbar, daß der Gesetzgeber in § 263 StGB nur einen Teilbereich unwirksamer Einwilligungen unter Strafe gestellt hat, nämlich die Fälle, in denen die Unwirksamkeit gerade auf einem Irrtum beruht. Entgegen der generell ablehnenden Haltung von FRISCH(4) kann es daher durchaus die - positive - Funktion des Irrtums in § 263 StGB sein, diesen Teilbereich, nämlich die Fälle irrtumsbedingt unwirksamer Einwilligung in den Betrugstatbestand einzubeziehen. Daraus ergibt sich, daß im Falle des Fehlens der Einwilligungsfähigkeit bei im übrigen "voller Einsicht" die Unwirksamkeit der Einwilligung nicht irrtumsbedingt und § 263 StGB daher nicht gegeben ist.

---

1 Bockelmann-Festschrift (1979), S.647 (653f.).

2 FRISCH, Bockelmann-Festschrift (1979), S.647 (653f.).

3 GA 1977, 289 (298).

4 FRISCH, Bockelmann-Festschrift (1979), S.647 (653f.).

Schwerer wiegt hingegen der Einwand, das Rechtsinstitut der Einwilligung eigne sich schon deswegen nicht zur Erklärung des funktionalen Zusammenhangs zwischen den Betrugsmerkmalen, weil die Einwilligung lediglich die Rechtswidrigkeit der Tat ausschließe, die Tatbestandsmäßigkeit aber unberührt lasse. Jedoch beruht die auf den Vorschlag von HERZBERG(1) zurückgehende Konstruktion zur Erklärung des funktionalen Zusammenhangs zwischen den Betrugsmerkmalen auf dem Verständnis der Vermögensverfügung als einer im Gesetz vertatbestandlichten Einwilligung(2). Diese wirkt daher nicht lediglich rechtfertigend, sondern schließt - sofern es an einem rechtsgutsbezogenen Irrtum fehlt und sie daher mangelfrei ist - bereits die Tatbestandsmäßigkeit des Verhaltens des Täters aus. Insofern ist es allerdings korrekter, die Vermögensverfügung als tatbestandsausschließendes Einverständnis(3) und den Betrug als einen gesetzlichen Fall eines irrtumsbedingt unwirksamen Einverständnisses in die Vermögensschädigung anzusehen(4).

Unschädlich ist indessen, daß die Vermögensschädigung letztlich vom Getäuschten selbst vorgenommen wird. Entscheidend kommt es nämlich nicht darauf an, wer den Eingriff in das Rechtsgut Vermögen vornimmt, sondern allein, daß dieser durch das in der Vermögensverfügung liegende - unwirksame - Einverständnis des Getäuschten ermöglicht wird. Wenn auch das Opfer selbst die Rechtsgutsverletzung formal bewirkt, so wird diese doch materiell vom Täter herbeigeführt. Eine Besonderheit des Betrugstatbestandes gegenüber dem allgemeinen Rechtsinstitut des Einverständnisses besteht aber hinsichtlich der Art und Weise, wie der Irrtum, der das Einverständnis unwirksam macht, hervorgerufen wird. Während es für die Frage der Wirksamkeit des Einverständnisses im allgemeinen ohne Bedeutung ist, ob der Irrtum durch Täuschung oder auf andere Weise entstanden ist(5), muß der Irrtum beim Betrug durch die Täuschung erregt oder unter-

---

1 GA 1977, 289 (295ff.).

2 S. oben S.71ff.

3 Zur Unterscheidung zwischen Einwilligung und Einverständnis vgl. nur HIRSCH in LK, vor § 32 Rn 96.

4 Da es beim Betrugstatbestand um den Schutz rechtsgeschäftlich bedeutsamer Positionen handelt, gilt auch für das Einverständnis, daß es unwirksam ist, wenn es auf Täuschung oder Irrtum beruht, vgl. HIRSCH in LK, vor § 32 Rn 102.

5 LENCKNER in SCHÖNKE/SCHRÖDER, Vorbem. §§ 32ff. Rn 47.

halten werden(1). Bei letzterem reicht bloßes Ausnutzen eines bestehenden Irrtums nicht aus(2). Dadurch verliert das Rechtsinstitut des Einverständnisses aber nicht seine Tauglichkeit zur Erklärung des funktionalen Zusammenhangs zwischen den Betrugsmerkmalen. Jedoch bedarf die Art des dieser Erklärung zugrunde gelegten Einverständnisses der Spezifizierung dahingehend, daß es sich beim Betrug nicht nur um ein irrtumsbedingt, sondern um ein täuschungsbedingt unwirksames Einverständnis handelt.

Es erweist sich somit als möglich, den funktionalen Zusammenhang zwischen den Betrugsmerkmalen, der zur Konsequenz hat, daß dem Opfer infolge der Täuschung der vermögensschädigende Charakter seiner Verfügung verborgen geblieben sein muß, dogmatisch damit zu erklären, daß der Betrug nach § 263 StGB die Vertatbestandlichung eines täuschungsbedingt unwirksamen Einverständnisses in eine Vermögensschädigung darstellt.

---

1 LACKNER in LK, § 263 Rn 91; DREHER/TRÖNDLE, § 263 Rn 18.

2 LACKNER in LK, § 263 Rn 93.

IV.

DIE BEDEUTUNG DER ZWECKVERFEHLUNG BEI DER FESTSTELLUNG DES VERMÖGENSSCHADENS

Im vorhergehenden Abschnitt wurde festgestellt, daß zwischen dem Erfordernis der unbewußten Selbstschädigung und der Bedeutung der Zweckverfehlung bei der Schadensfeststellung eine wechselseitige Abhängigkeit besteht. Da es sich demnach beim Erfordernis der unbewußten Selbstschädigung um ein Problem der Zweckverfehlung handelt, wurden die dogmatischen Grundlagen dieses Erfordernisses näher betrachtet. Die vorliegende Untersuchung wendet sich nun dem Begriff der Zweckverfehlung selbst zu.

Die Bedeutung des Gesichtspunkts der Zweckverfehlung beim Betrug beruht auf der in Rechtsprechung und Literatur heute wohl gesicherten Erkenntnis, daß bei der Beantwortung der Frage, ob das Opfer infolge seiner Verfügung einen Vermögensschaden erlitten hat, Elemente, die im subjektiven Bereich des Opfers liegen, nicht außer acht gelassen werden dürfen. Das Vermögen als "Wirkungsbereich und Daseinsraum"(1) seines Trägers erfordert die Erfassung des Schadensereignisses in seinen konkreten Auswirkungen im Lebensbereich einer Person und nicht lediglich als abstrakte Wertminderung ihres wirtschaftlichen Potentials(2). Dies erkennt auch bereits das Reichsgericht in seinem insoweit wegbereitenden Plenarbeschluß vom 20. April 1887(3) an, wenn es darauf hinweist, "daß sich das Vermögen jedes einzelnen von dem aller anderen Menschen fast ausnahmslos nach seinen Bestandteilen, nach der Benutzbarkeit derselben und nach der thatsächlich stattfindenden Benutzungsart unterscheidet; überdies wird die letztere nicht bloß durch die Beschaffenheit des Vermögens selbst, sondern auch durch die persönlichen Eigenschaften des Inhabers desselben, seinen Stand, seinen Beruf und durch die von ihm nach Maßgabe aller dieser Faktoren verfolgten Vermögenszwecke mannigfach bedingt"(4).

---

1 BOCKELMANN, Kohlrausch-Festschrift (1944), S.226 (248).

2 CRAMER, Vermögensbegriff, S.103.

3 RGSt 16, 1ff.

4 RGSt 16, 1 (6).

Tatsächlich kann kaum in Abrede gestellt werden, daß ein Inbegriff von Gegenständen, wie ihn das Vermögen darstellt, seinem Inhaber die Möglichkeit und Fähigkeit verleiht, durch den Einsatz dieser Gegenstände individuell bestimmte Ziele zu erreichen. Umgekehrt läßt die Nichterreichung dieser Ziele die zu ihrer Erreichung erbrachten Aufwendungen an Vermögenssubstanz in der Regel als sinnloses und in wirtschaftlicher Hinsicht als unvernünftiges Opfer erscheinen(1). Denn die jeweilige Aufwendung wurde um des in der Zweckerfüllung liegenden "Gegenwerts" willen erbracht, der jedoch nicht realisiert wurde(2). Es ist also durchaus denkbar und kriminalpolitisch vertretbar, in der insofern "verlorenen" Aufwendung einen Schaden des Opfers im Sinne des Betrugstatbestandes zu sehen, zumal das Verhalten des Täters, das auf die Herbeiführung eines solchen sinnlosen und wirtschaftlich unvernünftigen Opfers gerichtet ist, im Interesse eines wirksamen Vermögensschutzes als strafwürdig erscheinen kann.

Die Begründung des Vermögensschadens mit der Verfehlung des mit einer Vermögensaufwendung verfolgten Zwecks bedarf allerdings nicht nur einer kriminalpolitischen Rechtfertigung, sondern vor allem auch einer dogmatischen Grundlage. Sie fehlt bislang nicht nur in den Fällen des Bettel-, Spenden- und Subventionsbetruges(3), sondern auch in den Fällen des von der herrschenden Auffassung sogenannten individuellen Schadenseinschlages(4). Bei letzterem mag dies allerdings daran liegen, daß dort die Bedeutung des Gesichtspunkts der Zweckverfehlung für die Begründung des Vermögensschadens und die darin liegende Parallele zur erstgenannten Fallgruppe bislang noch nicht hinreichend deutlich in den Blick gekommen ist.

---

1 GALLAS, Eb.Schmidt-Festschrift (1961), S.401 (435); KOHLRAUSCH/LANGE, StGB, Vorbem. zu § 263 Anm.II; MÜLLER, DRiZ 1963, 55 (57); SCHÄFER, Kriminalistik 1962, 385 (388f.).

2 Zur Haltbarkeit dieser "Gegenwerttheorie" in dogmatischer Hinsicht s. unten S.82ff.

3 ELLSCHEID, GA 1971, 161 (166); LACKNER in LK, 263 Rn 172.

4 LACKNER in LK, § 263 Rn 156.

1. Der Standort des Gesichtspunkts der Zweckverfehlung nach der objektiv-individuellen Schadensauffassung

Legt man der Feststellung des Vermögensschadens beim Betrug die wirtschaftliche Vermögenslehre zugrunde(1), so ist es zweckmäßig, zunächst die auf deren Grundlage entstandene, in Rechtsprechung und Literatur heute herrschende objektiv-individuelle Schadensauffassung(2) darauf zu überprüfen, ob sie eine dogmatisch widerspruchsfreie Begründung der Bedeutung der Zweckverfehlung bei der Feststellung des Vermögensschadens ermöglicht. Dazu ist es aber erforderlich, zu untersuchen, an welcher Stelle der Schadensprüfung die Verfehlung des mit einer Vermögensaufwendung verfolgten Zwecks eine Rolle spielt.

Geht man davon aus, daß das Vermögen dann einen Schaden erleidet, wenn sein wirtschaftlicher Gesamtwert durch die Verfügung des Getäuschten vermindert wird(3), so hat im Rahmen der Schadensberechnung eine Bewertung sowohl der Gegenstände zu erfolgen, die infolge der Verfügung aus dem Vermögen abfließen, als auch derjenigen, die ihm als Ausgleich zufließen. Nach dem dabei anzuwendenden objektiv-individuellen Maßstab(4) erfolgt diese in zwei Stufen. Zunächst ist, soweit in dem jeweils in Frage kommenden Wirtschaftsbereich und der jeweiligen Güterverteilungsstufe der allgemeine Marktwert feststellbar ist, von diesem auszugehen (sog. objektive Komponente). Dem persönlichen Einschlag ist erst dann durch die Bewertung der Besonderheiten des Einzelfalls Rechnung zu tragen(5). Daran zeigt sich, daß die herkömmliche objektiv-individuelle Schadensauffassung zunächst einen rein objektiven, d.h. am abstrakten Markt- oder Verkehrswert orientierten Ausgangspunkt wählt und die Besonderheiten des Einzelfalls nur korrigierend heranzieht. So wird

---

1 Sie soll im Rahmen der vorliegenden Abhandlung jedenfalls insoweit nicht mehr angegriffen werden, als sie für die Anerkennung einer Position als Vermögenswert verlangt, daß ihr ein wirtschaftlicher Wert zukommt, vgl. LACKNER in LK, § 263 Rn 122.

2 S. oben S.23ff.

3 Vgl. etwa RGSt 16, 1 (3); RGSt 44, 230 (235); 74, 129; BGHSt 3, 99 (102); 16, 220 (221).

4 Seit RGSt 16,1 st.Rspr., vgl. LACKNER in LK, § 263 Rn 143 und 149.

5 SAMSON in SK, § 263 Rn 140.

zunächst festgestellt, daß die sich gegenübertretenden Wirtschaftsgüter "objektiv" gleichwertig sind(1). Erst dann wird auf die Frage der mangelnden Brauchbarkeit der Gegenleistung(2) oder auf die Frage eingegangen, ob der Getäuschte durch die eingegangene Verpflichtung zu vermögensschädigenden Maßnahmen genötigt wird oder nicht mehr über die Mittel verfügen kann, die zur ordnungsmäßigen Erfüllung seiner Verbindlichkeiten oder sonst für eine seinen persönlichen Verhältnissen angemessene Wirtschafts- oder Lebensführung unerläßlich sind(3). Sieht man mit der hier vertretenen Auffassung bei mangelnder Brauchbarkeit der Gegenleistung und bei Veranlassung zu vermögensschädigenden Maßnahmen oder sonstigen Beeinträchtigungen der wirtschaftlichen Bewegungsfreiheit des Opfers den Kern der Individualisierung darin, daß die Vermögensverfügung des Getäuschten den ihr beigelegten Zweck verfehlt(4), so ergibt sich für die Bestimmung des Standorts der "Zweckverfehlung" bei der Schadensberechnung, daß sie nur zum Zuge kommt, wenn nicht bereits in objektiver Hinsicht, also bei der Saldierung der Markt- oder Verkehrswerte der zu- und abfließenden Vermögensgüter, ein Schaden am Vermögen im Sinne des § 263 StGB festgestellt wird(5).

Aber auch dort, wo eine objektive Minderung des Vermögenswerts festzustellen ist, nämlich bei einseitigen Geschäften wie etwa der unentgeltlichen Weggabe von Vermögenswerten zur Erreichung

---

1 Vgl. etwa BGHSt 16, 220 (222); 16, 321 (325); OLG Köln NJW 1976, 1222.

2 Vgl. S.31ff.

3 Vgl. S.42ff.

4 Vgl. für die Fälle mangelnder Brauchbarkeit S.37f. für die Fälle der Nötigung zu vermögensschädigenden Maßnahmen und der sonstigen Beeinträchtigung der wirtschaftlichen Bewegungsfreiheit S.47.

5 Dies gilt entsprechend, wenn man in den Fällen des Rechtsverzichts (vgl. oben S.38) der Auffassung von LACKNER/WERLE, JR 1978, 299 (300) folgt, die im Fall des Verzichts auf ein gemeindliches Vorkaufsrecht, dessen Wert sich nach dem Grundstückswert richtet, zunächst vom Marktwert des Grundstücks ausgehen und auf die "werterhöhende" Wirkung des öffentlichen Zwecks erst eingehen, wenn sich nicht bereits aus dem Verhältnis zwischen seinem Marktwert und dem wirklichen Kaufpreis ein Schaden ergibt.

eines wirtschaftspolitischen oder sozialen Zwecks(1), dient der Gesichtspunkt der Zweckverfehlung nach der herkömmlichen objektiv-individuellen Schadensauffassung lediglich einer Korrektur: nur wenn die objektive Vermögensminderung an sich nicht als Schaden im Rechtssinne angesehen werden kann, weil die Weggabe von Vermögenswerten bewußt erfolgt ist(2), stellt die sogenannte Zweckverfehlungslehre(3) auf die Verfehlung des mit der Leistung verfolgten Zwecks ab, um einen Vermögensschaden zu begründen(4). Schließlich zeigt sich die Funktion der Zweckverfehlung als eines Korrektivs besonders deutlich, wenn man mit LACKNER(5) und CRAMER(6) die individualisierende Schadensberechnung nicht nur dazu heranzieht, den individuellen Wert beim Geschädigten unter dem objektiven Marktwert anzusetzen, sondern auch dazu, ihn über letzterem zu veranschlagen(7).

Folgt man dem, so erweist sich die Berücksichtigung des vom Getäuschten mit der Vermögensverfügung verfolgten Zwecks als eine Methode, mit deren Hilfe ein im Wege der Saldierung zu- und abfließender objektiver Werte ermitteltes Ergebnis sowohl in Richtung auf einen Schaden als auch in Richtung eines Schadensausschlusses korrigiert werden kann.

Die entscheidende Frage ist jedoch, wie eine solche Funktion dogmatisch begründet werden kann.

---

1 Vgl. dazu S.23ff.

2 Zum Erfordernis des fehlenden Bewußtseins von der schädigenden Wirkung der Vermögensverfügung vgl. S.55ff.

3 Vgl. die Nachweise oben S.27 Fn 4.

4 Ebenfalls "korrigierende" Funktion kommt der Zweckverfehlung zu, wenn man in den Fällen, in denen die Aufwendung zur Erreichung eines sozialen oder wirtschaftspolitischen Zwecks nicht einseitig erfolgt, sondern durch eine objektiv gleichwertige Gegenleistung ausgeglichen wird, die Annahme eines Schadens für gerechtfertigt hält; vgl. dazu krit. LACKNER in LK, § 263 Rn 177.

5 In LK, § 263 Rn 190.

6 Vermögensbegriff, S.105 Fn 210.

7 Vgl. zu diesen Fällen oben S.41.

2. Zweckerreichung als kompensierendes Äquivalent

Für die objektiv-individuelle Schadensauffassung läge es nahe, die dogmatische Begründung für die Bedeutung der Zweckverfehlung bei der Feststellung des Vermögensschadens an ihrem Grundprinzip zu orientieren: am Prinzip der Gesamtsaldierung.

Bekanntlich besagt dieses, daß das Vermögen einen Schaden erleidet, wenn sein wirtschaftlicher Gesamtwert durch die Verfügung des Getäuschten vermindert wird, wenn also die Aktiven verringert werden oder neue Verbindlichkeiten entstehen, ohne daß diese Einbuße durch einen unmittelbaren Zuwachs voll ausgeglichen wird(1). Dementsprechend ist versucht worden, die Schadensrelevanz der Zweckverfehlung mit der Erwägung zu begründen, daß die Zweckerreichung ein Äquivalent im Sinne des Prinzips der Gesamtsaldierung darstellt, das die durch die Weggabe eines Vermögenswerts entstandene Einbuße ausgleicht. So ist von den Vertretern des juristischen Vermögensbegriffs(2) in den Fällen des Spenden- und Bettelbetruges als schadensausgleichendes Äquivalent die geleistete Wohltat, der geförderte gute Zweck, ja sogar die befriedigte Neugier anerkannt worden(3). Ebenso scheint HIRSCHBERG(4) das "Gefühl der moralischen Befriedigung, einem Bedürftigen geholfen zu haben", als zum Schadensausgleich geeignet anzusehen. Auch in der neueren Literatur wird auf der Basis der wirtschaftlichen Vermögenslehre der soziale Zweck einer Vermögensaufwendung als ein Faktor anerkannt, dessen Erreichung geeignet sein soll, eine wirtschaftliche Wertminderung auszugleichen(5).

Die Konstruktion der Zweckerreichung als schadensausgleichendes Äquivalent wird jedoch zu Recht abgelehnt(6). Zutreffend weist

---

1 Vgl. nur LACKNER in LK, § 263 Rn 143.

2 Vgl. S.17ff.

3 BINDING, Lehrbuch BT I, S.354; wohl auch MERKEL, KrimAbh II, S.212ff.

4 Vermögensbegriff, S.314.

5 SAMSON in SK, § 263 Rn 154; ders., Strafrecht II, S.207, 210 und 214; ders., JA 1978, 625 (628); MOHRBOTTER, GA 1969, 225 (228f.), RUDOLPHI, Klug-Festschrift (1983), S.315 (318); HACK, Subventionsbetrug, S.49ff.; SCHMIDHÄUSER, Strafrecht BT, S.122f.

6 HÄLSCHNER, Strafrecht II/1, S.249f.; HEGLER, Betrug, S.438 Anm.8; WACHENFELD, Strafrecht, S.408 Fn 1; aus der neueren

HERZBERG(1) darauf hin, daß angesichts der Weggabe eines Vermögensteils durch den Schenker der Eintritt einer Vermögensminderung - und damit eines Schadens im Sinne des § 263 StGB - nur verneint werden kann, wenn dieser für seine Leistung einen Gegenwert hereinbekommt (oder bekommen hat), der ebenfalls als Vermögenswert zu Buche schlägt. Auf der Grundlage der wirtschaftlichen Vermögenslehren ist es zwar nicht erforderlich, daß ein solcher Vermögenswert zu einem Recht konkretisiert oder überhaupt rechtlicher Konkretisierung fähig ist(2), doch muß es sich um eine Position handeln, der im Geschäftsverkehr ein selbständiger wirtschaftlicher Wert beigemessen wird. Der Erreichung eines Zwecks, der einem Vermögenseinsatz beigelegt wird, kommt aber - auch wenn es ein wirtschaftlich relevanter ist - abstrakt weder ein Geldwert im Sinne eines Markt- oder Verkehrswerts zu(3), noch könnte sie eine auf irgendeine Weise individuell bestimmte Werthaltigkeit zu einem selbständigen Vermögensgut machen. Allerdings meint HACK(4), daß jede Zwecksetzung kommerzialisierbar sei (etwa der Zweck, für die Zahlung eines Geldbetrags einen Handstand zu sehen) und ein Vermögensschaden immer dann vorliege, wenn im Rahmen eines Austauschverhältnisses die vereinbarte Leistung (also etwa der Handstand) ausbleibe. Denn auch eine Leistung, für die kein Markt existiere werde dadurch zum Vermögenswert, daß jemand sich bereit erkläre, für sie eine Gegenleistung zu erbringen. HACK ist zuzugeben, daß es eine Schwäche der wirtschaftlichen Vermögenslehre mit ihrer Bewertung der Vermögensgüter nach dem objektiven Markt- oder Verkehrswert darstellt, wenn sie Leistungen als wertlos ansehen muß, für die kein Markt besteht. Dem mag man dadurch begegnen, daß man solche Güter aufgrund des individuellen Schadenseinschlages einer subjektiven Bewertung unterwirft. Zu weit geht es allerdings, wenn HACK(5) deswegen schon jede Zweckerreichung als vermögenswert ansieht, unabhängig da-

---

Literatur: HERZBERG, MDR 1972, 93f.; WEIDEMANN, Kompensationsproblem, S.211f.; CRAMER, Vermögensbegriff, S.208f., der seine ablehnende Haltung aber offenbar auf aus altruistischen Motiven geleistete Spenden beschränken will.

1 MDR 1972, 93f.

2 LACKNER in LK, § 263 Rn 122.

3 WEIDEMANN, Kompensationsproblem, S.212.

4 Subventionsbetrug, S.52.

5 Subventionsbetrug, S.52f.

von, ob sie einer selbständigen Bewertung fähig ist. Wenn auch ein Handstand noch als vermögenswerte und zur Kompensation des Entgelts taugliche Leistung vorstellbar ist, so ist es doch zweifelhaft, ob auch die zweckentsprechende Verwendung einer Spende eine vermögenswerte "Gegenleistung" des Empfängers im Sinne "zivilrechtlicher Vertragsauslegung" ist(1), zumal die Schenkung zivilrechtlich gerade dadurch gekennzeichnet ist, daß ihr keine Gegenleistung gegenübersteht(2). Hinzu kommt, daß als Konsequenz einer solchen Auffassung auch rein ideelle Werte allein aufgrund des Umstandes, daß jemand bereit ist, wirtschaftliche Werte für sie hinzugeben, zu wirtschaftlichen und damit kompensationstauglichen Werten erhoben würden. Insgesamt erinnert HACKS Verständnis der Lehre von der Zweckverfehlung an die heute wohl überwundene rein subjektive Schadensauffassung, nach der ein dem Vermögen zufließendes Äquivalent den Schaden aufheben kann, wenn der Getäuschte damit das erhält, "was er von Rechts wegen beanspruchen kann", mag dies ein materieller oder immaterieller Gegenwert sein(3). Um trotzdem in den Fällen des Bettel- und Spendenbetruges, in denen das Opfer den mit seiner Vermögensverfügung verfolgten Zweck erreicht, zu einer Verneinung des Schadens infolge Kompensation zu kommen, konstruiert CRAMER(4) eine "Sitten- und Anstandspflicht", der zwar kein Forderungsrecht auf der Gläubigerseite zugrundeliegt, die aber als Verbindlichkeit das Vermögen des Getäuschten belastet. Soweit sich eine unentgeltliche Hingabe in dem durch §§ 534, 814 BGB abgesteckten Rahmen der sittlichen und Anstandspflicht bewege, sei die Erfüllung dieser Pflicht zugleich ein ausreichendes Äquivalent für die Leistung. Werde dem Leistenden ein Sachverhalt vorgespiegelt, der, würde er vorliegen, Grund zu einer Anstandsschenkung oder sonstigen sittlich geforderten Zuwendung wäre, so liege ein Vermögensschaden vor, wenn die Schenkung tatsächlich erfolge(5). Für CRAMER entscheidet sich die Frage, ob ein Schaden im Rechtssinne vorliegt oder nicht, bereits auf der Stufe objektiver Bewertung der sich gegenübertretenden Vermögensgüter, ohne daß dem Gesichtspunkt der Zweckverfehlung darüber hinaus eine Bedeutung zukäme. Seine Auffassung fußt darauf, daß bei Vorliegen einer rechtli-

---

1 So aber HACK, Subventionsbetrug, S.53.

2 MAIWALD, ZStW 96 (1984), 80 (81f.).

3 BINDING, Lehrbuch BT I, S.357; s. oben S.18.

4 Vermögensbegriff, S.211ff.

5 CRAMER, Vermögensbegriff, S.214.

chen Verpflichtung eine Verbindlichkeit erfüllt wird, deren Wegfall bei der Gesamtsaldierung als Äquivalent zu Buche schlägt(1).

Die Konstruktion ist jedoch abzulehnen(2). Zu Recht weist WEIDEMANN(3) darauf hin, daß die Befreiung von einer Verbindlichkeit nur dann einen Vermögensvorteil darstelle, wenn die Verpflichtung, solange sie bestehe, bei den Passiva des Vermögens zu Buche schlage. Eine Forderung, die sich nur sittlich, nicht aber rechtlich begründen lasse, verschaffe ihrem Inhaber nur ein sittlich, nicht aber ein rechtlich begründbares Aktivum und müsse deshalb sowohl bei den Aktiva des Berechtigten als auch bei den Passiva des Verpflichteten außer Betracht bleiben. Auch CRAMER selbst muß einräumen, daß es grundsätzlich im Belieben des einzelnen steht, die Verbindlichkeit zu erfüllen(4). In diesem Punkt aber gleichen die von CRAMER konstruierten "Verbindlichkeiten aufgrund Sitte und Anstand" den sogenannten unvollkommenen Verbindlichkeiten, deren Wegfall infolge Erfüllung die zunächst eingetretene Vermögensminderung nicht auszugleichen vermag(5). Wenn dies damit begründet wird, der wirtschaftliche Wert eines Anspruchs aus einer unvollkommenen Verbindlichkeit sei im Verhältnis zur Innehabung der entsprechenden Vermögensposition geringer(6), so trifft dies in gleicher Weise auf das Verhältnis zwischen einem Anspruch aus einer Sitten- und Anstandspflicht und der Innehabung des Spenden- bzw. Almosenbetrags zu.

Schließlich stößt die Konstruktion der Zweckereichung als schadensausgleichendes Äquivalent dort auf Schwierigkeiten, wo es an einer objektiv-wirtschaftlichen Werteinbuße fehlt, die ausgeglichen werden könnte. So wäre beispielsweise in den Fällen fehlender Brauchbarkeit der vom Täter erbrachten Gegenleistung zu dem vom Getäuschten verfolgten Zweck erst einmal zu begrün-

---

1 S. dazu oben S.22 Fn 2.

2 So im Ergebnis auch DÖLLING JuS 1981, 570 (571).

3 Kompensationsproblem, S.208.

4 Vermögensbegriff, S.215.

5 Vgl. zu letzterem CRAMER in SCHÖNKE/SCHRÖDER, § 263 Rn 119; LACKNER in LK, § 263 Rn 155; a.A. BOCKELMANN, Mezger-Festschrift (1954), S.363 (372); WELZEL, Strafrecht, S.375.

6 So LACKNER in LK, § 263 Rn 155.

den, weshalb der dem Vermögen zufließende objektive Wert zum Ausgleich der zunächst eingetretenen Einbuße zum Ausschluß des Schadens nicht ausreicht, es vielmehr eines zusätzlichen "Äquivalents" in Gestalt der Zweckerreichung bedurft hätte.

3. Die Zweckverfehlung als wertbeeinflussender Umstand

Die objektiv-individuelle Schadensauffassung sieht die Verfehlung oder die Erreichung des vom Opfer mit der Vermögensverfügung verfolgten Zwecks als geeignet an, einem nach objektivem Maßstab festgestellten Wert eines Vermögensgegenstandes nach unten oder oben zu korrigieren.

Ist etwa bei einem zweiseitigen Geschäft die vom Täter erbrachte Gegenleistung nicht zu dem vom Getäuschten verfolgten oder zu einem anderen ihm zumutbaren Zweck brauchbar(1), so soll sie infolge dieser Zweckverfehlung einen gegenüber dem objektiven Markt- oder Verkehrswert geringeren individuellen Wert haben. Dies wiederum hat zur Folge, daß sie die durch die Leistung des Getäuschten zunächst bewirkte Minderung des objektiven Vermögenswerts nicht oder nicht vollständig zu kompensieren vermag(2). Auf ganz ähnliche Weise konstruiert eine Auffassung in der Literatur die schadensbegründende Wirkung der Zweckverfehlung in den Fällen des sogenannten "Rechtsverzichts"(3). Auch hier soll ein individueller wertbildender Faktor in dem Zweck liegen, den der Getäuschte mit einem bestimmten Gegenstand verfolgt. Dieser wertbildende Faktor erhöhe den Wert dieses Gegenstandes über den objektiven Marktwert hinaus. Verzichte der Getäuschte nun auf diesen Gegenstand, so soll die mit dem Verlust des Gegenstandes verbundene Zweckverfehlung zur Folge haben, daß eine vollständige Kompensation durch die nur in objektiver Hinsicht wertgleiche Gegenleistung nicht eintritt(4).

---

1 Vgl. zu dieser Formel BGHSt 16, 321ff.; s. oben S.31.

2 CRAMER, Vermögensbegriff, S.104; LACKNER in LK, § 263 Rn 156.

3 LACKNER/WERLE JR 1978, 299 (300); s. oben S.38ff.

4 Vgl. aber nur Kritik am Ausgangspunkt der Auffassung von LACKNER/WERLE und zu den Bedenken gegen eine Lösung über den individuellen Schadenseinschlag im Hinblick auf das Erfordernis der unbewußten Selbstschädigung oben S.38ff.

Eine Wertkorrektur nach oben infolge Zweckerreichung wird hingegen in den Fällen zweiseitiger Geschäfte angenommen, in denen von mehreren den objektiven Wert der Gegenleistung bestimmenden Faktoren nur ein Teil vorhanden ist, es dem Opfer jedoch allein auf diese vorhandenen Faktoren ankommt(1). Hier fehlt es trotz Unausgeglichenheit des Geschäfts in objektiver Hinsicht an der für die Annahme eines Vermögensschadens ausschlaggebenden Wertdifferenz zwischen Leistung und Gegenleistung. Die Zweckerreichung schließt hier den Schaden aus.

Die Konstruktion der Zweckverfehlung und Zweckerreichung als zur Korrektur des objektiven Markt- oder Verkehrswerts eines Gegenstandes geeigneter Gesichtspunkt ist zwar nicht den Einwänden ausgesetzt, die gegen das im vorhergehenden Abschnitt erwogene Verständnis der Zweckerreichung als kompensierendes Äquivalent(2) sprechen. Denn hier bewirkt die Zweckerreichung lediglich die Korrektur des Werts eines eindeutig kompensationstauglichen Vermögensgegenstands und hat nicht die Wirkung eines selbständigen Äquivalents. Jedoch ermöglicht sie keine einheitliche Bestimmung der Funktion der Zweckverfehlung für alle Fallgestaltungen, in denen dieser Gesichtspunkt bei der Feststellung des Vermögensschadens Bedeutung erlangt und ist daher auch als Grundlage einer dogmatischen Begründung ungeeignet. So kann in den Fällen, in denen dem Opfer vorgespiegelt wird, es nehme mit seinem Kauf eine einmalige, sich wahrscheinlich nicht wiederholende Gelegenheit wahr, während in Wahrheit zum Marktpreis verkauft wird(3), nicht gesagt werden, daß infolge der Verfehlung des Zwecks, mit dem Kauf einen Gewinn zu erzielen, die objektiv gleichwertige Gegenleistung in ihrem Wert gemindert sei und daher keine Kompensation eintrete. Auch wenn man in den Fällen der Beeinträchtigung der angemessenen Wirtschafts- oder Lebensführung mit dem Bundesgerichtshof(4) die Vermögensschädigung in der Verfehlung des mit den nach der Verfügung verbleibenden "Restmitteln" verfolgten Zwecks sieht, der an den bisherigen Bedürfnissen des Getäuschten orientierten angemessenen Lebensführung zu dienen(5), ist es zwar denkbar,

---

1 CRAMER, Vermögensbegriff, S.105 Fn 210; LACKNER in LK, § 263 Rn 190; s. dazu oben S.41.

2 Vgl. oben S.82ff.

3 S. dazu oben S.42ff.

4 BGHSt 16, 321 (328f.).

5 S. oben S.43.

den Wert dieser Mittel als gemindert anzusehen und insoweit eine Kompensation durch die Gegenleistung des Täters zu verneinen. Jedoch darf nicht außer acht bleiben, daß das Opfer diese Zweckverfehlung im Interesse der Durchführung des Geschäfts bewußt in Kauf genommen hat. Sie kann daher im Hinblick auf das Erfordernis der unbewußten Selbstschädigung nicht zur Schadensbegründung herangezogen werden. Genausowenig ist die Konstruktion der Zweckverfehlung als den Wert der Vermögensgegenstände beeinflussender Umstand in den Fällen der Verfolgung sozialer oder wirtschaftlicher Zwecke(1) möglich. Soweit es sich um einseitige Zuwendungen handelt, müßte gesagt werden können, daß die potentielle Zweckerreichung den Wert der Leistung über ihren objektiven Markt- oder Verkehrswert hinaus erhöhe und der Getäuschte insoweit unbewußt verfüge, wenn er täuschungsbedingt von der Zweckerreichung ausgehe. Entsprechend müßte im Falle des gleichzeitigen Zuflusses einer objektiv gleichwertigen Gegenleistung die Kompensation entweder aus der gleichen Erwägung oder deswegen verneint werden, weil die Gegenleistung infolge der Zweckverfehlung einen geringeren Wert aufweise. Es liegt auf der Hand, daß eine solche Argumentation nicht möglich ist. Sie zeigt aber, daß Zweckverfehlung und Zweckerreichung nur dort als Umstände definiert werden können, die geeignet sind, den objektiven Wert eines Vermögensgegenstandes zu korrigieren, wo der Zweck, den das Opfer verfolgt, über eine der Leistung des Opfers oder der Gegenleistung des Täters unmittelbar anhaftende Eigenschaft verwirklicht werden soll. So liegt es, wenn etwa der Gegenleistung ein Merkmal fehlt, das sie zur Erreichung des vom Opfer verfolgten Zwecks tauglich macht, oder wenn die Gegenleistung ein solches Merkmal trotz objektivem Minderwert aufweist. Dagegen erfolgt die Verwirklichung sozialer oder wirtschaftspolitischer Zwecke nicht über Eigenschaften von Gegenständen, deren Fehlen sich wertmindernd und deren Vorhandensein sich werterhöhend auswirkt, sondern ist von anderen Umständen, wie etwa dem Verhalten oder den Eigenschaften des Leistungsempfängers abhängig.

---

1 Vgl. dazu S.23ff.

4. Die Bedürfnisbefriedigung als Zweck der Vermögensverfügung

a) Der subjektive Wert der Vermögensgegenstände

In der Wirtschaftswissenschaft wird heute in Abkehr von den objektivistischen Werttheorien(1) ein subjektiver Wertbegriff vertreten, der den wirtschaftlichen Wert der Güter aus ihrem Gebrauchswert ableitet und ihn als den Grad der Brauchbarkeit eines Mittels zur Erfüllung eines Zwecks versteht(2). Entscheidend soll es auf die Nützlichkeit eines Gutes als dessen "Fähigkeit ankommen, als Mittel zur Bedürfnisbefriedigung zu dienen"(3). Ausgedrückt wird dieser Wert als Relation zum Wert eines anderen Gutes: die Bewertung des Gutes G1 erfolgt dadurch, daß man die Menge eines Gutes G2 (in der Regel Geld) angibt, die im Hinblick auf einen bestimmten Zweck (bei Konsumenten ist dies Bedürfnisbefriedigung, bei Produzenten Gewinnerzielung) als gleichbedeutend bzw. gleichwertig anzusehen ist(4). Entsprechend dem Ausgangspunkt des wirtschaftswissenschaftlichen Wertverständnisses, wonach ein Gut nur insoweit einen Wert erlangt, als zumindest ein Wirtschaftssubjekt dieses Gut haben will und bereit ist, dafür andere Güter aufzuwenden, wird dabei darauf abgestellt, welchen Höchstbetrag an solchen anderen Gütern das Wirtschaftssubjekt für das zu bewertende Gut aufzuwenden bereit ist. Dafür wiederum ist neben seiner subjektiven Präferenzordnung mitbestimmend, ob ihm Handlungsalternativen zur Verfügung stehen, die ihm die Befriedigung seines Bedürfnisses unter Verzicht auf das Gut ermöglichen(5).

---

1 Diese erklären den Wert der Güter aus den zu ihrer Herstellung aufgewandten Kosten, vgl. etwa die Produktionskostentheorie von A. SMITH und die Arbeitswerttheorien von D. RICARDO und K. MARX; vgl. zusammenfassend GABLER, Wirtschaftslexikon, Sp.2222f. (Stichwort "Wert").

2 GABLER, Wirtschaftslexikon, Sp.2222f.; Handwörterbuch der Betriebswirtschaft, Sp.4404 (Stichwort "Wert und Preis"); in diesem Sinne auch RECKTENWALD, S.626 und GEIGANT/SOBOTKA/WESTPHAL, Lexikon der Volkswirtschaft, S.604 (jeweils "Subjektive Wertlehre"); s.a. CARELL, Volkswirtschaftslehre, S.26f.

3 GABLER, Wirtschaftslexikon, Sp.2222f.; GEIGANT/SOBOTKA/WESTPHAL, Lexikon der Volkswirtschaft, S.604 und 484 (Stichwort "Nutzen").

4 Vgl. dazu: Handwörterbuch der Betriebswirtschaft, Sp.4405.

5 Vgl. Handwörterbuch der Betriebswirtschaft, Sp.4412.

Für die Wirtschaftswissenschaft ist demzufolge der Zweck, zu dem das jeweilige Gut tauglich ist, das für seinen wirtschaftlichen Wert ausschlaggebende Kriterium. Sie interessiert nicht die Sache selbst als ein mit naturwissenschaftlichen Begriffen beschreibbarer Gegenstand, sondern nur der Inbegriff von Handlungsmöglichkeiten und -befugnissen, die er seinem Inhaber eröffnet(1) und die allein seinen Wert ausmachen. Das Vermögen als Gesamtheit von Gütern ist danach als Zusammenfassung einer Vielzahl von Handlungsmöglichkeiten, als Potential zur Erreichung der verschiedensten Zwecke zu sehen.

Diese Auffassung des Vermögens als gegenständliches Potential des Vermögenssubjekts, als gegenständlicher Bereich, in und aus dem sich die Vermögensperson entfalten kann und der ihr die Befriedigung ihrer Bedürfnisse sichert, wird auch in der Rechtswissenschaft vertreten(2). Auf dem Gebiet des Strafrechts gehen insbesondere die Vertreter der personalen Vermögenslehren(3) von einem solchermaßen subjektiv orientierten Begriff des Vermögenswerts aus. Sie sehen das Vermögen als "gegenständlich gewährleistete Potenz der Person im wirtschaftlichen Raum" an(4), also als wirtschaftliches Potential, das dadurch verletzt wird, daß eine Vermögensaufwendung ihren wirtschaftlichen Zweck verfehlt(5). Die potentielle Zweckerreichung stellt nach dieser Auffassung also einen für den Vermögenswert ausschlaggebenden Faktor dar. In Teilbereichen folgen dem auch der sogenannte dynamische Vermögensbegriff von ESER(6), der bereits die "wirt-

---

1 Vgl. Handwörterbuch der Betriebswirtschaft, Sp.4404.

2 Vgl. MERTENS, Vermögensschaden, S.129 m.w.N.; aber auch bereits SAVIGNY, System I, S.375 und S.378.

3 S. oben S.49ff.

4 OTTO, Vermögensschutz, S.80; BOCKELMANN, Kohlrausch-Festschrift (1944), S.226 (248).

5 Diese Methode der Schadensbegründung darf jedoch nicht mit der sogenannten subjektiven Schadensauffasung (s. oben S.5ff.) verwechselt werden. Der Unterschied liegt darin, daß bei jener auch die Frage, ob der Zweck der Vermögensverfügung erreicht ist, subjektiv beurteilt wird, während dies die personal orientierten Lehren nach objektiven Kriterien entscheiden; vgl. WEIDEMANN, Kompensationsproblem, S.218.

6 GA 1962, 289ff. und Strafrecht IV, Nr.13 A 13ff.; s. dazu oben S.45.

schaftliche Bewegungsfreiheit" als selbständiges Vermögensgut anerkennt, sowie die Vermögensauffassung von JAKOBS(1), der im "Bereich privater Lebensgestaltung" den Wert einer Leistung nach dem persönlichen Interesse des Leistenden bestimmen will.

Ähnlich den personalen Vermögenslehren wird aber auch nach der funktionalen Vermögensauffassung von WEIDEMANN(2) angenommen, daß es nicht die Funktion des Vermögensbestands ist, einen bestimmten Geldwert zu verkörpern. Vielmehr diene er der Vermögensperson als Grundlage ihrer Existenz und zur Verwirklichung ihrer individuellen Ziele. Seine Funktion bestehe in der den Zwecken der Vermögensperson entsprechenden Nutzung(3). Daraus wird ein nach individuellem Maßstab gebildeter Vermögenswert(4) entwickelt, der in den durch die Vermögensgegenstände verkörperten individuellen Nutzungsmöglichkeiten zu sehen ist. Letztere werden wiederum danach bewertet, welchen tatsächlich verfolgten Zwecken der Gegenstand dient und was die Verwirklichung dieser Zwecke wert ist.

Eine Anlehnung des Begriffs des Vermögenswerts an das Verständnis der Wirtschaftswissenschaft liegt aber gerade auch bei einer Vermögensauffassung nahe, die - wie die wirtschaftliche - den wirtschaftlichen Wert der Vermögensgegenstände für maßgebend erklärt. Zwar kann im Rahmen dieser Abhandlung kein neuer Begriff des Vermögenswerts entwickelt werden, der die Nachteile des objektiv-individuellen Wertmaßstabs(5) vermeidet. Jedoch ist zu prüfen, ob es nicht möglich ist, in Anlehnung an die wirtschaftswissenschaftliche Auffassung vom Vermögenswert eine dogmatisch widerspruchsfreie Erklärung für die Schadensrelevanz der Zweckverfehlung zu geben, ohne die objektiv-individuelle Bewertungsmethode aufzugeben.

Allerdings scheint einer Übernahme des subjektiven wirtschaftswissenschaftlichen Verständnisses die objektive Komponente dieser Methode entgegenzustehen. Wenn jedoch danach der Wert eines

---

1 JuS 1977, 228 (230); s. dazu oben S.53.

2 Kompensationsproblem, S.199ff. und MDR 1973, 992; s. dazu S.51ff.

3 Kompensationsproblem, S.213f.

4 "Nutzwert", Kompensationsproblem, S.237.

5 Vgl. dazu LACKNER, StGB, § 263 VI Anm.3a; ders. in LK, § 263 Rn 125.

Vermögensgutes mit seinem abstrakten Geldwert angegeben wird, der sich für dieses im Rahmen von Umsatzgeschäften in Gestalt seines Preises herausgebildet hat(1), so kommt dem lediglich die Bedeutung einer Quantifizierung des Werts eines Guts zu, einer Rechengröße, die einen Wertvergleich mit anderen Gütern und eine Schadensberechnung durch einfache Saldierung ermöglichen soll. Diese Rechengröße bestimmt sich nämlich nach der durchschnittlichen subjektiven Wertschätzung aller an dem Gut Interessierten(2), die nach dem Prinzip von Angebot und Nachfrage zur Bildung einer Preisspanne für das Gut führt, und die ihrerseits von der Verfügbarkeit ("Knappheit") des Gutes und von Art und Umfang des Potentials bestimmt wird, die das Gut zur Befriedigung der Bedürfnisse seines Inhabers bietet(3). Der Wert eines Gutes selbst besteht daher in dem Potential, das es seinem Inhaber zur Befriedigung seiner Bedürfnisse bietet. Er ist daher stets subjektiv. Die Bezeichnung "objektiver Wert" ist aber insoweit gerechtfertigt, als damit die generelle Tauglichkeit eines Vermögensgegenstandes zur Befriedigung einer bestimmten Art und einer bestimmten Anzahl von Bedürfnissen ausgedrückt werden soll, unabhängig davon, welches dieser Bedürfnisse ein konkretes Individuum mit dem Gegenstand befriedigen will. Daß der Wert eines Vermögensgegenstandes nicht davon abhängig sein kann, daß er in einer Rechengröße exakt ausdrückbar ist, zeigt sich in den Fällen, in denen der Gegenstand wegen seiner besonderen Art trotz erheblichen Nutzwerts nicht absetzbar ist und deshalb keinen Marktpreis hat, oder der Gebrauchswert einer Sache, etwa bei behördlicher Preisfestsetzung oder Warenbewirtschaftung, den Marktpreis übersteigt(4). Obwohl hier der Wert

---

1 Sog. Geldwertlehre, vgl. BGHSt 3, 99 (102); 16, 220 (221); RGSt 16, 1 (3); 44, 230 (233); GALLAS, Eb.Schmidt-Festschrift (1961), S.401 (408); DREHER/TRÖNDLE, § 263 Rn 27; OTTO, Vermögensschutz, S.45.

2 Vgl. hierzu RECKTENWALD, S.626 (Stichwort "Subjektive Wertlehre"); GABLER, Wirtschaftslexikon, Sp.2222f. (Stichwort "Wert").

3 Die Orientierung einer solchen Rechengröße für den Wert der Vermögensgüter am Marktpreis hat allerdings zur Folge, daß ein und demselben Gut unterschiedliche Werte zukommen können, je nach dem, auf welcher Güterverteilungsstufe oder auf welchem Spezialmarkt sich das zu bewertende Gut im Einzelfall befindet, vgl. LACKNER, StGB, § 263 Anm.3a.

4 LACKNER in LK, § 263 Rn 125.

des jeweiligen Gegenstandes nicht zutreffend in einer Rechengröße angegeben werden kann, kann nicht gesagt werden, solche Gegenstände seien gänzlich wertlos oder hätten nur einen dem Marktpreis entsprechenden Wert. Vielmehr zeigt sich hieran, daß dem Marktpreis nur die Bedeutung einer Rechengröße zukommt, die den Wert eines Gutes in vielen Fällen zutreffend auszudrükken vermag. Der Wert des Gutes als solcher jedoch ist in anderen Umständen zu suchen, nämlich nach der hier vertretenen Auffassung in dem Potential an Handlungsmöglichkeiten und -befugnissen(1), die dieses seinem Inhaber bietet und die es ihm erlauben, seine individuellen Bedürfnisse zu befriedigen. Da somit in den genannten Fällen unmittelbar auf den Gebrauchs- oder Nutzwert der Gegenstände als deren Tauglichkeit zur Befriedigung individueller Bedürfnisse abgestellt werden kann(2), wird einerseits vermieden, daß Gegenstände, für die kein Markt besteht, als wertlos angesehen werden müssen und andererseits ermöglicht, Gegenstände, deren Marktpreis offensichtlich nicht die wahren Verhältnisse wiederspiegelt, mit ihrem realen Wert anzusetzen. Freilich ergeben sich daraus in der Praxis der Schadensfestsetzung Schwierigkeiten, weil der Wert eines solchen Vermögensgegenstandes nicht in einer Rechengröße seinen Ausdruck findet. Bei einseitigen Verfügungen läßt sich dies noch verschmerzen, da bereits mit dem kompensationslosen Ausscheiden des Gegenstandes aus dem Vermögen die Minderung des Vermögenswerts feststeht und es der rechnerischen Festlegung eines bestimmten Geldbetrages nicht bedarf(3). Bei gegenseitigen Geschäften kann dies aufgrund der fehlenden Möglichkeit, den Wert der sich gegenüberstehenden Leistungen genau zu fixieren, im Einzelfall dazu führen, daß nicht sicher festgestellt werden kann, ob ein Schaden entstanden ist oder nicht. Die entstehenden Lücken im Strafrechtsschutz dürften jedoch leicht zu verschmerzen sein, da es sich stets um Fälle handeln wird, in denen der Schaden gering ist.

Anhand des Wertbegriffs der Wirtschaftswissenschaften läßt sich somit der objektive wirtschaftliche Wert eines Vermögensgegenstandes erklären. Der Rückgriff auf die Wirtschaftswissenschaften zur Begründung der individuellen Komponente und damit unter Umständen aus der Schadensrelevanz der Zweckverfehlung

---

1 S. oben S.90.

2 So im Ergebnis auch RGSt 75, 62 (63f.) m. Anm. NAGLER, ZAkDR 1941, 294ff.

3 LACKNER in LK, § 263 Rn 125 Fn 229.

ist dagegen nicht ohne weiteres möglich. Denn der Wertbegriff der Wirtschaftswissenschaften versteht den wirtschaftlichen Wert eines Gegenstandes zwar subjektiv, leitet ihn aber aus dessen durchschnittlichen Gebrauchswert für alle an ihm Interessierten und nicht aus dessen Eignung zur Befriedigung der Bedürfnisse des konkreten Vermögensträgers ab(1). Daher kann er im Strafrecht direkt nur der Erklärung des objektiven wirtschaftlichen Werts eines Gegenstandes zugrunde gelegt werden.

Aus der Erkenntnis, daß es das Potential zur Befriedigung von Bedürfnissen ist, das den objektiven wirtschaftlichen Wert eines Gegenstandes ausmacht, läßt sich jedoch eine Begründung dafür ableiten, daß ihm auch ein individueller Wert zukommen kann, der bei der Frage nach dem Vermögensschaden beim Betrug nicht außer acht gelassen werden darf.

Selbstverständlich sind alle Möglichkeiten der Nutzung, die ein bestimmter Vermögensgegenstand nach seiner Art und Beschaffenheit bietet und die seinen objektiven wirtschaftlichen Wert ausmachen, auch seinem konkreten Inhaber eröffnet: Der Gegenstand bietet ihm grundsätzlich das gleiche Potential zur Befriedigung individueller Bedürfnisse, das er jedem Inhaber bietet. Aus dieser "Subjektsbezogenheit" des objektiven Werts eines Vermögensgegenstandes darf allerdings nicht geschlossen werden, daß der Wert des Vermögens in Wahrheit ausschließlich individuell zu bestimmen ist. Von einem individuellen Wert eines Vermögensgegenstandes kann nämlich solange nicht gesprochen werden, als der Vermögensinhaber diesen noch nicht einer bestimmten individuellen Nutzung zugeführt hat, sondern dieser sich noch als mit in der Regel mehreren Einsatzmöglichkeiten ausgestattetes "aktivierbares Reservoir"(2) im Vermögen befindet. Erst wenn der Vermögensinhaber das in dem Vermögensgegenstand steckende Potential realisiert, indem er ihn entweder seiner spezifischen Nutzung zuführt oder sich eine von mehreren Nutzungsmöglichkeiten, die der Gegenstand bietet, herausgreift, ihn also einem bestimmten Zweck "widmet"(3), kommt dem Vermögensgegenstand ein individueller Wert zu. Denn vor einem solchen Widmungsakt, der im zweckgerichteten Einsatz des Vermögensgegenstandes liegt - etwa in einer Verfügung über ihn, der der Vermögensinhaber

---

1 Dies verkennt wohl OTTO, Vermögensschutz, S.56.

2 MERTENS, Vermögensschaden, S.130.

3 Den Begriff der Widmung verwendet MOHRBOTTER, Stoffgleichheit, S.91 und GA 1969, 225 (228).

die Befriedigung eines bestimmten individuellen Bedürfnisses als Zweck zugrunde liegt -, bietet der Vermögensgegenstand jedem, der ihn innehat, generell die gleichen Nutzungsmöglichkeiten und hat daher nur einen für jeden gleichen objektiven Wert. Nach der Widmung zu einem bestimmten Zweck hingegen kommt es dem Vermögensinhaber ausschließlich auf die Eignung des Gegenstandes an, den von ihm konkret ausgewählten Zweck zu erreichen. Der Gegenstand hat für ihn daher einen in dieser Eignung bestehenden individuellen Wert.

Bietet der betreffende Vermögensgegenstand mehrere Möglichkeiten der Nutzung, so bringt der Vermögensinhaber mit der Widmung zu einem bestimmten Zweck zum Ausdruck, daß es ihm nunmehr ausschließlich auf die Befriedigung des auf diese Weise ausgewählten Bedürfnisses und die Eignung des Gegenstandes hierzu ankommt. Mit diesem Widmungsakt bringt er regelmäßig(1) zum Ausdruck, daß er die anderen Möglichkeiten der Nutzung, die der Gegenstand außerdem noch bietet und die seinen objektiven Wert mitbestimmen, nicht in Anspruch nehmen will. Dies hat zur Folge, daß dieser Gegenstand bei der Berechnung des Vermögensschadens nicht mehr mit seinem objektiven, sondern mit seinem individuellen Wert zu Buche schlägt.

Nach dem hier entwickelten Verständnis vom Wert der Vermögensgegenstände bildet das Vermögen eine Werteinheit(2). Solange sich der Vermögensinhaber noch nicht zu einem bestimmten zweckgerichteten Einsatz eines Vermögensbestandteils entschlossen hat, besteht es ausschließlich aus objektiven Werten. Sobald er sich hingegen einen Vermögensgegenstand herausgreift und ihn mit dem Ziel einsetzt, ein bestimmtes individuelles Bedürfnis zu befriedigen, tritt an die Stelle des von diesem Gegenstand verkörperten objektiven Wertes der entsprechende individuelle Wert. In diesem Fall stellt das Vermögen eine Einheit von objektiven und individuellen Werten dar.

Allerdings ist zu berücksichtigen, daß unter der Prämisse eines wirtschaftlichen Vermögensbegriffs auch der individuelle Wert ein wirtschaftlicher sein muß. Hieraus ergeben sich die Konsequenzen für die Beachtlichkeit bestimmter Zwecksetzungen des Vermögensinhabers(3). Bereits an dieser Stelle muß auch darauf

---

1 Zu Ausnahmefällen s. S.98f.

2 Ebenso die herrschende Meinung in Rechtsprechung und Literatur, vgl. zusammenfassend LACKNER in LK, § 263 Rn 125.

3 Vgl. dazu näher S.117ff.

hingewiesen werden, daß das hier entwickelte Verständnis vom individuellen Wert des Vermögens nicht gegen übergeordnete Gesichtspunkte, die sich aus der Gesamtrechtsordnung oder aus der Dogmatik des Betrugstatbestandes ergeben, verstoßen darf. So bedarf der Untersuchung, ob auch die Eignung eines Gegenstandes, sittenwidrige oder verbotene Zwecke zu erreichen, einen individuellen Wert darstellen kann(1).

Für die hier zu erbringende dogmatische Begründung der Bedeutung der Zweckverfehlung ergibt sich aus dem dargelegten Verständnis vom Wert des Vermögens insofern ein Zwischenergebnis, als auf dessen Grundlage eine Funktionsbestimmung des Begriffs der Zweckverfolgung möglich ist: er beschreibt die Verfolgung eines in der Befriedigung eines individuellen Bedürfnisses liegenden Ziels, das durch den Einsatz eines in einem Vermögensgegenstand verkörperten individuellen Vermögenswerts erreicht werden soll.

b) Die Feststellung des Schadens am Vermögen

aa) Die Minderung des objektiven Vermögenswerts

Die weitere dogmatische Begründung der Schadensrelevanz der Zweckverfehlung muß sich an der Frage orientieren, inwiefern diesem Gesichtspunkt unter der Prämisse der hier vertretenen Auffassung vom Vermögenswert bei der Feststellung des Schadens Bedeutung zukommt.

Das Festhalten am Verständnis des Vermögens als Werteinheit(2) ermöglicht es, bei der Feststellung des Vermögensschadens vom Grundsatz der Gesamtsaldierung, wie ihn die herrschende Meinung in Rechtsprechung und Literatur vertritt(3), auszugehen. Danach erleidet das Vermögen einen Schaden, wenn sein wirtschaftlicher Gesamtwert durch die Verfügung des Getäuschten vermindert wird. Als eine solche Verminderung des Gesamtwerts kommt sowohl eine Verringerung des objektiven als auch des individuellen Werts in Betracht.

---

1 Vgl. dazu näher S.113ff.

2 S. S.95.

3 LACKNER in LK, § 263 Rn 143.

Bei der Schadensfeststellung im konkreten Fall ist es auch weiterhin geboten, wie bei der herkömmlichen objektiv-individuellen Berechnungsmethode zunächst zu prüfen, ob das Vermögen infolge der Vermögensverfügung eine Minderung seines objektiven Werts erfahren hat. Denn der Verlust eines objektiven Vermögenswerts durch Ausscheiden eines Vermögensgegenstandes aus dem Vermögen bedeutet eine Schmälerung des Potentials des Vermögensträgers, seine individuellen Bedürfnisse zu befriedigen, wenn dieser Verlust nicht unmittelbar durch Zuführung eines Gegenstandes ausgeglichen wird, der den gleichen generellen, d.h. nach der Auffassung aller an dem Gut interessierten Wirtschaftssubjekte bestimmten, Gebrauchs- bzw. Nutzwert und daher den gleichen objektiven Wert hat. Die Maßgeblichkeit einer solchen objektiven Wertminderung für die Frage des Schadens ergibt sich daraus, daß Vermögensgegenstände auch dann, wenn sie momentan nicht von dem Prozeß der Lebensentfaltung des Vermögenssubjekts ergriffen werden und nicht in bestimmte aktuelle Dispositionen einbezogen sind, dem Individuum als aktivierbares Reservoir dienen und damit die Funktion einer allgemeinen Gewährleistung sozialer Sicherheit und der gegenständlichen Sicherung eines Spielraums erfüllen, in dem das Vermögenssubjekt in der Wahl seiner Zwecke frei ist(1).

Die Begründung des Schadens mit einer Minderung des objektiven Vermögenswerts ist jedoch nur möglich, wenn diese dem Betroffenen infolge Täuschung und Irrtum verborgen geblieben ist(2). Verfolgt er mit dem Einsatz eines Vermögensbestandteils einen bestimmten individuellen Zweck und wird dieser verfehlt, kann daher der Schaden in aller Regel nicht aus einer Minderung des objektiven Vermögenswerts hergeleitet werden. Denn in dem Einsatz des Vermögensgegenstandes zur Befriedigung eines bestimmten Bedürfnisses liegt der bewußte Verzicht auf andere Möglichkeiten der Nutzung, die ihm der Gegenstand außer der gewählten sonst noch bietet(3). Da der Betroffene infolgedessen die durch das Ausscheiden des betreffenden Gegenstandes aus seinem Ver-

----

1 MERTENS, Vermögensschaden, S.130.

2 Vgl. zum sogenannten Erfordernis der unbewußten Selbstschädigung oben S.55ff. Diese Voraussetzung ist auch dann gegeben, wenn ihm überhaupt das Bewußtsein fehlt, eine Vermögensverfügung vorzunehmen (vgl. LACKNER in LK, § 263 Rn 98 m.w.N.). Beispiele hierfür sind etwa die Fälle der Unterschriftserschleichung (vgl. hierzu S.33f.).

3 S. oben S.95.

mögen bewirkte objektive Wertminderung bewußt in Kauf nimmt, liegt insoweit nur eine irrelevante bewußte Selbstschädigung vor.

Allerdings kommt es auch vor, daß der Getäuschte mit seiner Vermögensverfügung einen individuellen Zweck verfolgt, aber dennoch eine Minderung des objektiven Werts seines Vermögens eintritt, die ihm verborgen bleibt. So kann es etwa liegen bei Austauschgeschäften, wenn von mehreren den objektiven Wert der Gegenleistung bestimmenden Faktoren nur ein einziger vorhanden ist, dieser aber allein für die individuellen Bedürfnisse des Getäuschten von Belang ist(1). Ein Beispiel hierfür läßt sich bilden, indem man etwa den bekannten "Hopfenfall" des Bundesgerichtshofs(2) dahin abwandelt, daß es dem Getäuschten nicht auf die Herkunft des Hopfens, sondern lediglich auf dessen Qualität und die daraus folgende Eignung zum Bierbrauen ankommt, und er statt des gewünschten und bezahlten Spalter Hopfens Hallertauer Hopfen erhält, der zwar wegen seines weniger angesehenen Anbaugebietes einen geringeren Marktwert hat, aber qualitativ gleichwertig ist. Hier ergibt sich eine durch den Zufluß der Gegenleistung nicht vollständig kompensierte Minderung des objektiven Werts des Vermögens daraus, daß der Getäuschte den höheren Preis für den Spalter Hopfen bezahlt, jedoch nur den objektiv geringwertigeren Hallertauer Hopfen erhält. Daß er die Gegenleistung in diesen Fällen zu teuer bezahlt, bleibt ihm auch regelmäßig verborgen. Im Umfang dieses Mehraufwandes liegt somit eine objektive Vermögensminderung vor, deren schädigender Charakter ihm nicht bewußt ist(3). Diese begründet einen Vermögensschaden, obwohl der Getäuschte mit seiner Vermögensverfügung einen individuellen Zweck verfolgt(4).

---

1 Im Anschluß an BGHSt 8, 46 (49); 12, 347 (352); BGH NJW 1980, 1760; s. dazu oben S.41.

2 BGHSt 8, 46ff.

3 Anders liegt es freilich, wenn der Betroffene Hopfen zum Brauen "um jeden Preis" erwerben will. In diesem Falle schädigt er sich auch in Höhe des Preisunterschieds zwischen dem Spalter und dem Hallertauer Hopfen bewußt.

4 Eine andere Frage ist es allerdings, ob aus der Erwägung, der Vermögenseinsatz des Getäuschten habe ja seinen Zweck erreicht (sog. "materielle Zweckerreichung"), der Schaden trotz Minderung des objektiven Vermögenswerts zu verneinen ist; vgl. dazu unten S.142ff.

Die Verfolgung individueller Zwecke durch den Getäuschten kann also nicht dazu führen, daß sich die Frage des Vermögensschadens ausschließlich daran orientiert, ob diese Zwecke erreicht sind oder nicht. Wie die vorstehend angeführte Fallgestaltung zeigt, würde damit nur allzuoft eine Minderung des objektiven Vermögenswerts, die dem Opfer infolge der Täuschung verborgen geblieben ist und daher einen Vermögensschaden im Sinne des § 263 StGB begründet, unberücksichtigt bleiben. Bei jeder Prüfung, ob ein solcher Vermögensschaden eingetreten ist, ist somit vorrangig zu untersuchen, ob eine Minderung des objektiven Werts des Vermögens gegeben ist.

bb) Die Verfehlung individueller Zwecke

Im Regelfall individueller Zweckverfolgung kann jedoch der Schaden deswegen nicht aus einer Verringerung des objektiven Vermögenswerts hergeleitet werden, weil diese entweder dem Opfer bewußt ist oder es infolge Kompensation an einer solchen gänzlich fehlt. Hier kommt nur die Begründung des Schadens mit einer Minderung des individuellen Vermögenswerts in Betracht. Allerdings setzt dies zunächst voraus, daß der Vermögenseinsatz des Opfers seinen Zweck verfehlt. Wie bereits ausgeführt(1), kommt einem Vermögensgegenstand ein individueller Wert nur insoweit zu, als der Vermögensinhaber diesen Vermögensgegenstand zu dem Zweck einsetzt, ein bestimmtes individuelles Bedürfnis zu befriedigen. Dieser individuelle Wert besteht dann in seiner Eignung, durch seinen Einsatz dieses Ziel zu erreichen. Wird es erreicht, das jeweilige Bedürfnis also befriedigt, so ist der individuelle Wert des Gegenstandes gerade realisiert worden. Schon von daher ist eine Beeinträchtigung des Vermögens des Opfers nicht gegeben.

Gegen eine solche weitreichende Bedeutung der Zweckverfehlung für die Frage des Vermögensschadens scheint zum einen zu sprechen, daß ein der Leistung vom privaten Leistenden beigelegter Zweck willkürlich, austauschbar und rücknehmbar ist, und zum andern, daß dieser als bloße Motivation des Leistenden nicht immer einzusehen ist und daher den Nachweis von Vorsatz und Bereicherungsabsicht vor grundsätzliche Schwierigkeiten stellt(2).

---

1 S. oben S.94f.

2 So TIEDEMANN, ZStW 86 (1974), 897 (911), Subventionskriminalität, S.314 und Wirtschaftsstrafrecht II, S.99.

Dieser Einwand läßt jedoch unberücksichtigt, daß bei der Begründung des Schadens beim Betrug von vornherein nur die Verfehlung solcher Zwecke in Betracht kommen kann, die das Opfer im Zeitpunkt der Vermögensverfügung verfolgt. Denn letztere muß den Schaden unmittelbar herbeiführen(1) und daher die Verfehlung des verfolgten Zwecks auslösen. Im Zeitpunkt der Vermögensverfügung bereits aufgegebene oder erst danach gesetzte Zwecke werden aber durch sie nicht berührt und können daher auch keine Auswirkung auf den Schaden haben. Daß im übrigen nicht jeder einer Leistung willkürlich beigelegte Zweck im Falle seiner Verfehlung zu einem Vermögensschaden führt, wurde bereits angedeutet(2). Dagegen sind praktische Schwierigkeiten beim Nachweis von Vorsatz und Bereicherungsabsicht im Falle der Begründung des Schadens mit einer Zweckverfehlung nicht zu leugnen. Es liegt aber auf der Hand, daß sich daraus allein kein durchschlagendes Argument dafür ergeben kann, die Fälle der Zweckverfehlung im Bereich privater Haushaltswirtschaft gänzlich aus der Strafbarkeit auszuklammern. Auch soweit TIEDEMANN(3) bei öffentlichen Haushalten wegen der dort erfolgenden normativen Festlegung der Leistungszwecke einen anderen Vormögensbegriff vertritt als bei privaten Haushalten und die Beachtlichkeit von Zweckverfehlungen auf den Bereich öffentlicher Haushalte beschränkt, kann dies nicht überzeugen(4). Zutreffend weist nämlich HACK(5) darauf hin, daß in der Festlegung von Verwendungszwecken bei Vermögen der öffentlichen Hand materiell nichts anderes liege als die formelle Festschreibung einer bestimmten Verwendungsentscheidung, die nicht aus einem wesens-

---

1 Vgl. nur DREHER/TRÖNDLE, § 263 Rn 26.

2 S. oben S.95f.

3 ZStW 86 (1974), 897 (911f.), Subventionskriminalität, S.315 und Wirtschaftsstrafrecht II, S.99.

4 Für eine Spaltung des Vermögensbegriffs tritt auch AMELUNG, Rechtsgüterschutz, S.375f., ein, der seine Auffassung aber damit begründet, im Gegensatz zu den privaten Wirtschaftenden komme es dem Staat nicht auf einen auf wirtschaftliche Überlegungen basierenden Ausgleich durch in sein Vermögen zurückfließende Gegenwert oder die Befriedigung eines Bedürfnisses an, sondern auf die Erreichung seiner Ziele. Er muß aber bei Hilfsgeschäften und rein fiskalischen Tätigkeiten des Staates ein kompensationsbezogenes, dem privaten Wirtschafter gleichgestelltes Handeln einräumen.

5 Subventionsbetrug, S.28f.

mäßigen Unterschied des staatlichen Vermögens gegenüber dem privaten Vermögen resultiere, sondern aus der Verantwortlichkeit des Staates gegenüber den Bürgern und aus der organisatorischen Notwendigkeit der Festlegung eines Planes. Außerdem würde die Spaltung des Vermögensbegriffs dazu führen, daß genau dieselbe Verhaltensweise strafrechtlich unterschiedlich zu beurteilen wäre, je nach dem, ob ein Vermögensschaden eines öffentlichen oder eines privaten Haushalts in Frage steht(1).

cc) Die Minderung des individuellen Vermögenswerts

Freilich bedeutet die Zweckverfehlung eines Vermögenseinsatzes noch nicht, daß das Opfer auch tatsächlich "ärmer geworden" ist. Die Zweckverfehlung bringt als solche zunächst lediglich das Ausbleiben der Befriedigung des ins Auge gefaßten Bedürfnisses zum Ausdruck. So, wie die Bedürfnisbefriedigung als Ziel eines Vermögenseinsatzes zu verstehen ist(2), beschreibt die Zweckverfehlung die Nichterreichung dieses Ziels durch die konkrete Vermögensverfügung. Dem Einwand, die Herleitung eines Vermögensschadens aus der Zweckverfehlung der Vermögensverfügung mache den Betrug zu einem Delikt gegen die Dispositionsfreiheit, kann daher nur begegnet werden, wenn auch im Falle der Zweckverfehlung zusätzlich eine Minderung des Gesamtwerts des Vermögens gefordert wird. Ist eine Minderung des objektiven Vermögenswerts nicht festzustellen oder kann eine solche zur Schadensbegründung nicht herangezogen werden, weil sie dem Getäuschten nicht verborgen geblieben ist, so kann eine Minderung des Gesamtwerts des Vermögens nur in einer Verringerung des individuellen Werts gefunden werden. Eine solche ist anzunehmen, wenn der Getäuschte nach der zweckverfehlenden Verfügung nicht mehr über das gleiche Potential zur Befriedigung des bestimmten individuellen Bedürfnisses verfügt, das er durch die Zweckverfolgung zu befriedigen suchte(3). Dies wiederum ist der Fall, wenn der die potentielle Bedürfnisbefriedigung in sich tragende Vermögensgegenstand aus dem Vermögen ausgeschieden ist und dieser Verlust nicht durch eine dem Opfer unmittelbar

---

1 SCHMIDT-HIEBER, NJW 1980, 322 (324).

2 Vgl. S.95.

3 Im Ergebnis ebenso WEIDEMANN, Kompensationsproblem, S.237, der das Vorliegen einer "Nutzwertminderung" für erforderlich hält.

zufließende, gleichermaßen zur Befriedigung desselben Bedürfnisses geeignete Gegenleistung ersetzt wird(1).

Entbehrlich ist eine solche zur Zweckverfehlung hinzutretende Minderung des Vermögenswerts allerdings, wenn man einen unterschiedlichen Vermögensbegriff für öffentliches oder privates Vermögen vertritt(2) und aus der Eigenart des öffentlichen Vermögens als zweckgebundenem Umlaufvermögen die Folgerung zieht, es komme dem Staat nicht auf einen auf wirtschaftlichen Überlegungen basierenden Ausgleich durch in sein Vermögen zurückfließende Gegenwerte oder die Befriedigung eines Bedürfnisses an, sondern auf die Erreichung seiner Ziele(3). Insoweit ist dann Schutzgegenstand des Betrugstatbestandes die Dispositionsfreiheit der öffentlichen Hand und Schaden die Beeinträchtigung der staatlichen Disposition(4). Ob das staatliche Vermögen infolge der Disposition in seinem Wert gemindert wird, ist danach nicht entscheidend. Diese Auffassung führt somit in dem Teilbereich in dem das betrügerische Verhalten gegen die öffentliche Hand gerichtet ist, dazu, daß als Schutzgut des Betrugstatbestandes bereits die Dispositionsfreiheit anzusehen ist. Dies ist mit der hier vertretenen Auffassung, wonach § 263 StGB allein dem Schutz des Vermögens dient, nicht vereinbar. Hinzu kommt, daß die Ansicht, die als "Schaden" im Bereich öffentlicher Haushalte bereits die Beeinträchtigung der Dispositionsfreiheit ausreichen läßt, auf der abzulehnenden Spaltung des Vermögensbegriffs(5) beruht. Auch von daher kann auf das Erfordernis einer

---

1 Dies will offenbar auch MOHRBOTTER, GA 1969, 225 (233), zum Ausdruck bringen, wenn er es als Verletzung vermögenswerter wirtschaftlicher Interessen ansieht, daß der Getäuschte nicht nur eine Dispositionsfreiheit als "menschliche Motivationsbildungs- und einseitige Gestaltungsfreiheit" verliert, sondern darüber hinaus auch die "Möglichkeit, durch anderweitigen Erwerb des gewünschten Gegenstandes seine Wirtschaftspläne in die Wirklichkeit umzusetzen"; zu den Folgen eines solchen Verständnisses des individuellen Vermögenswerts s. unten S. 147ff.

2 S. dazu oben S.100.

3 So AMELUNG, Rechtsgüterschutz, S.375f.; TIEDEMANN, ZStW 86 (1974), 897 (911f.), Subventionskriminalität, S.315 und Wirtschaftsstrafrecht II, S.315.

4 TIEDEMANN, Subventionskriminalität, S.315.

5 S. dazu oben S.100.

durch die Vermögensverfügung unmittelbar hervorgerufenen Wertminderung nicht verzichtet werden.

dd) Das Erfordernis der unbewußten Selbstschädigung

Allerdings muß dem Betroffenen auch in den Fällen, in denen der Vermögensschaden mit einer Minderung des individuellen Werts des Vermögens begründet wird, der schädigende Charakter seines Vermögenseinsatzes verborgen geblieben sein. Diese Voraussetzung ist gegeben, wenn er infolge von Täuschung und Irrtum weder erkennt, daß der mit dem Vermögenseinsatz verfolgte Zweck nicht erreicht wird, noch weiß, daß er nach der Verfügung nicht mehr über das gleiche Potential zur Befriedigung des bestimmten individuellen Bedürfnisses verfügt, das er durch die Zweckverfolgung zu befriedigen suchte. Umgekehrt liegt eine bewußte Selbstschädigung vor, wenn er beide Umstände bei der Vornahme seiner Vermögensverfügung kennt. Ein Schaden im Sinne des Betrugstatbestandes ist in diesem Falle zu verneinen. Unbewußt erfolgt die Selbstschädigung hingegen, wenn der Betroffene zwar erkennt, daß seine Vermögensverfügung ihren Zweck verfehlt, ihm aber verborgen bleibt, daß diese zusätzlich eine Schmälerung seines Potentials zur Verfolgung dieses Zwecks nach sich zieht. Da ein Schaden nur bei kumulativem Vorliegen beider Voraussetzungen bejaht werden kann, nimmt er hier an, daß ein solcher gerade nicht eintritt. Dagegen ist es nicht denkbar, daß das Opfer zwar täuschungsbedingt von der Zweckerreichung ausgeht, gleichzeitig aber eine Minderung des individuellen Vermögenswerts bewußt in Kauf nimmt. Denn wer annimmt, der Vermögenseinsatz werde sein Ziel erreichen, kann nicht gleichzeitig eine Minderung des Potentials zur Erreichung dieses Ziels bewußt in Kauf nehmen. Vielmehr ist das Opfer in diesem Falle aufgrund der fälschlichen Annahme, seine Vermögensverfügung werde ihr Ziel erreichen, der Auffassung, daß sich der individuelle Wert damit realisiere, und nicht, daß dieser dem Vermögen abwachse. Es erkennt also aufgrund der Täuschung regelmäßig auch die mit seiner Vermögensverfügung verbundene Minderung des Potentials zur Erreichung des ins Auge gefaßten individuellen Zwecks nicht, auch wenn der Täter ihm lediglich die Zweckverfehlung verschleiert.

ee) Ergebnis

Für die hier zu erbringende dogmatische Begründung der Relevanz der Zweckverfehlung bei der Feststellung des Vermögensschadens ergibt sich somit:

Die Zweckverfehlung bringt zum Ausdruck, daß die mit einem bestimmten Vermögenseinsatz ins Auge gefaßte Befriedigung eines bestimmten Bedürfnisses nicht erreicht worden ist. Zur Begründung eines Schadens am Vermögen ist sie für sich allein nicht ausreichend. Hinzukommen muß vielmehr eine Minderung des individuellen Vermögenswerts, also eine Verringerung des Potentials des Vermögensträgers zur Erreichung des konkreten individuellen Zwecks.

Im Hinblick auf das Erfordernis der unbewußten Selbstschädigung folgt daraus, daß dem Opfer infolge der Täuschung grundsätzlich sowohl die Zweckverfehlung als auch die Minderung des individuellen Werts verborgen geblieben sein muß. Da das Opfer jedoch auf den Nichteintritt einer Minderung des individuellen Vermögenswerts vertraut, wenn es infolge der Täuschung von der Erreichung des Zwecks ausgeht, genügt es, wenn ihm der Täter die Zweckverfehlung verschleiert.

So gesehen ist die Zweckverfehlung ein Umstand, durch dessen Verschleierung dem Getäuschten das Bewußtsein von der schädigenden Wirkung seiner Verfügung genommen werden kann.

V.

DIE VORAUSSETZUNGEN UND GRENZEN DER BEDEUTUNG DER ZWECKVERFEHLUNG BEIM BETRUG

Die bisherige Untersuchung hat gezeigt, daß die Verfehlung des mit einem Vermögenseinsatz verfolgten Zwecks grundsätzlich einen Umstand darstellt, aus dem ein Schaden am Vermögen im Sinne des § 263 StGB abgeleitet werden kann.

Wie bereits angedeutet(1), bedarf jedoch noch genauerer Prüfung, ob jede Art von Zweckverfehlung einen Vermögensschaden nach sich zieht, oder ob etwa deren Beachtlichkeit Einschränkungen unterliegt. Des weiteren ist zu berücksichtigen, daß die Zweckverfehlung als solche niemals für sich allein einen Vermögensschaden begründen kann. Hinzukommen muß vielmehr, daß das Vermögen infolge der Verfügung mindestens in seinem individuellen Wert geschmälert ist(2). Hieraus ergibt sich die Frage, unter welchen Umständen eine solche Minderung des Vermögenswerts angenommen werden kann.

1. Die Verfehlung des mit der Vermögensverfügung verfolgten Zwecks

a) Der für die Schadensfeststellung maßgebende Zweck

Das Verständnis des Zwecks einer Vermögensverfügung als das Ziel, das sich der Getäuschte bei dessen Vornahme setzt(3), wirft zunächst die Frage auf, ob bei der Schadensprüfung ausnahmslos und in jedem Fall auf den vom Getäuschten konkret verfolgten Zweck abzustellen ist, oder ob dafür auch andere Zwecke herangezogen werden können. Auch kann die Ermittlung des für die Schadensprüfung maßgeblichen Zwecks mit Schwierigkeiten verbunden sein, wenn der Getäuschte mit seiner Vermögensverfügung mehrere Zwecke verfolgt.

---

1 S. oben S.95.

2 Vgl. hierzu oben S.101ff.

3 S. oben S.95f.

aa) Die Verwendbarkeit der Gegenleistung "in anderer zumutbarer Weise"

Zuweilen wird in Zweifel gezogen, ob im konkreten Fall bei der Begründung des Vermögensschadens unter dem Gesichtspunkt der Zweckverfehlung stets auf den vom Getäuschten mit seiner Vermögensverfügung konkret verfolgten Zweck abzustellen ist, und erwogen, dazu auch andere Zwecke heranzuziehen. So hat die Rechtsprechung aus der Erwägung, daß bei der Begründung des Schadens aufgrund von Umständen aus der individuellen Sphäre des Getäuschten nicht die persönliche Einschätzung des Betroffenen, sondern das "vernünftige Urteil eines unbeteiligten Dritten" entscheidend sein soll(1), den Grundsatz entwickelt, daß ein Schaden nicht schon dann vorliegt, wenn einer Leistung eine nach abstrakten, wirtschaftlichen Maßstäben gleichwertige Gegenleistung gegenübersteht und diese für den Betroffenen nicht oder nicht in vollem Umfang zu dem vertraglich vorausgesetzten Zweck brauchbar ist(2). Vielmehr soll außerdem erforderlich sein, daß er sie auch nicht in anderer zumutbarer Weise verwenden, namentlich auch nicht ohne besondere Schwierigkeit wieder veräußern kann(3). Zwar wird der Getäuschte damit nicht darauf verwiesen, seine wirtschaftliche Zwecksetzungen zu ändern, um den durch die Vermögensverfügung erlangten Gegenstand voll verwenden zu können. Dies würde nämlich einschließen, daß die vom Getäuschten verfolgten Zwecke grundsätzlich unbeachtlich wären, da er diese stets den Möglichkeiten anzupassen hätte, die der erlangte Gegenstand bietet. Doch enthält auch das Erfordernis, daß dieser nicht "in anderer zumutbarer Weise" verwendbar sein darf, eine Verweisung auf andere, vom Getäuschten gerade nicht verfolgte Zwecke. Entscheidend ist danach nicht, in welcher Richtung der Vermögensträger wirtschaftlich tätig wird, sondern welche wirtschaftliche Dispositionen nach

---

1 BGHSt 16, 220 (222) m.w.N. Diese Rechtsprechung wurde bereits von der Entscheidung RGSt 76, 49 (51) eingeleitet, der ein Fall zugrunde lag, in dem den Opfern ein Lebensversicherungsvertrag als Sparvertrag bzw. Kriegsanleihe aufgeschwindelt wurde. Die Ermittlung des Werts, den die Gegenleistung für den getäuschten Vertragsteil hat, richtet sich danach "nach sachlichen Gesichtspunkten" und nicht danach, wie er persönlich den Wert einschätzt.

2 Seit BGHSt 16, 321ff. st.Rspr.

3 BGHSt 16, 321 (326); ähnl. bereits RGSt 16, 1 (9); and. RGSt 23, 430 (435); 49, 21 (23).

dem "vernünftigen Urteil" des wie auch immer gearteten "unbeteiligten Dritten" zu treffen sind.

Im Ergebnis zu Recht ist hiergegen geltend gemacht worden, die Maßgeblichkeit des "vernünftigen Urteils eines unbeteiligten Dritten" bedeute hier die Zulassung einer Fremdbestimmung des Vermögens nach Art und Ergebnis seiner Verwendung und damit Schutzlosigkeit(1).

Auch nach der hier vertretenen Vermögensauffassung kann der Rechtsprechung nicht gefolgt werden. Wenn nämlich der Wert eines Vermögensgegenstandes in dem Potential besteht, das er seinem Inhaber zur Befriedigung bestimmter Bedürfnisse vermittelt(2), und der Getäuschte mit der Verfügung über den Gegenstand zu einem bestimmten Zweck diesen Wert realisiert, so bedeutet die Unbeachtlichkeit einzelner individueller Zwecksetzungen, wie sie die Rechtsprechung im Falle zumutbarer anderweitiger Verwendung vertritt, daß dem Getäuschten ein wirtschaftlicher Wert sanktionslos genommen werden kann. Hinzu kommt, daß durch die Bezugnahme auf das Kriterium der Zumutbarkeit bei der Beurteilung, ob eine anderweitige Verwendungsmöglichkeit gegeben ist, eine erhebliche Unsicherheit in die Schadensfeststellung hineingetragen wird.

Zwar versucht das Reichsgericht(3) insofern eine Präzisierung, als eine anderweitige Verwendung nur dann zumutbar sein soll, wenn sie nach der Auffassung des erwähnten "unbeteiligten Dritten" in die wirtschaftlichen Pläne des Vermögensträgers ebenso gut paßt wie die vertraglich vorausgesetzte, namentlich wenn der Vermögensträger sie bereits selbst in Erwägung gezogen hatte. Doch erfordert dies eine Gesamtbewertung der wirtschaftlichen Verhältnisse des Vermögensträgers, die im Einzelfall - man denke nur an große Unternehmen - nicht nur erhebliche Schwierigkeiten bereiten dürfte, sondern vor allem auch mit Unsicherheiten verbunden ist, die angesichts der hohen Anforderungen, die an die Bestimmtheit eines Straftatbestandes zu stellen sind, nicht in Kauf genommen werden können.

---

1 JAKOBS JuS 1977, 228 (231); krit. wegen der kriminalpolitischen Konsequenzen auch SCHLÜCHTER, MDR 1974, 617ff. und FRANZHEIM/KRUG, GA 1975, 97ff.

2 S. oben S.93.

3 RGSt 16, 1 (9).

Hinzu kommt, daß nach der zitierten Rechtsprechung der zumutbare Zweck nicht tatsächlich erreicht worden sein muß. Vielmehr reicht es aus, daß dieser Zweck lediglich erreichbar ist. Hier wird dem Rechtsanwender eine Prognose abverlangt, die ebenfalls eine nicht zu rechtfertigende Unbestimmtheit in den Betrugstatbestand hineinträgt.

Freilich ergeben sich aus der alleinigen Maßgeblichkeit der individuellen Zwecksetzung des Getäuschten weitreichende Konsequenzen insbesondere für die Fälle der Unterschriftserschleichung(1). Da der Getäuschte hier einerseits nicht weiß, daß er einen rechtsgeschäftlichen Willen äußert und daher mit der darin liegenden Vermögensverfügung auch keinen bestimmten Zweck verfolgen kann, andererseits aber nach der hier vertretenen Auffassung eine zumutbare anderweitige Verwendungsmöglichkeit außer Betracht zu bleiben hat, kann ein Schaden nur gegeben sein, wenn das Vermögen infolge der Verfügung in seinem objektiven Wert gemindert ist. Keinesfalls darf der Schaden aus der Unerwünschtheit der Gegenleistung hergeleitet werden, etwa aus der Erwägung, obwohl sie objektiv ihren Preis wert sei, gewähre sie dem Getäuschten ein geringeres Potential zur Verwirklichung seiner individuellen Bedürfnisse als der von ihm zu zahlende Geldbetrag. Denn damit würde man den objektiven Marktwert als Maßstab für die Bewertung der zu erbringenden Leistungen aufgeben: das Geld mit seinen vielfältigen Möglichkeiten, die es seinem Inhaber zur Verfolgung individueller Zwecke bietet, würde auch dann höher als eine Ware bewertet, wenn beiden ein gleicher Marktwert zukommt, weil der Ware naturgemäß nur beschränkte Verwendungsmöglichkeiten innewohnen. Andererseits ist aber auch die Auffassung von SCHLÜCHTER(2) abzulehnen, die in den Fällen der Unterschriftserschleichung für ausschlaggebend hält, ob der Betroffene ein "aktuelles Bedürfnis" für die Gegenleistung habe, und bereits bei dessen Fehlen einen Schaden bejaht. Sie bemüht sich ebenso wie FRANZHEIM/KRUG(3), die auf den "Gebrauchswillen" des Opfers abstellen, der kriminalpolitisch unbefriedigenden Situation abzuhelfen, die dadurch entsteht, daß eine objektive Vermögensminderung in einer Vielzahl der Fälle der Unterschriftenerschleichung nicht festzustellen ist, aber auch eine konkrete Zwecksetzung des Verfügenden grundsätzlich nicht vorliegt. Zwar ist diesen Auffassungen insofern zuzustimmen,

---

1 Vgl. dazu S.33f.

2 MDR 1974, 617 (622).

3 GA 1975, 97 (101).

als sie ausschließlich die konkreten subjektiven Zwecksetzungen des Vermögensträgers für maßgebend erachten. Doch verzichten sie gänzlich auf die Feststellung der Minderung des Vermögenswerts bzw. leiten eine solche bereits aus einem angeblichen Minderwert der unerwünschten Ware ab. Damit aber setzen sie sich dem Vorwurf aus, das Vorliegen eines Schadens letztlich allein vom Belieben des Getäuschten abhängig zu machen(1). Mit einer Auffassung, die wie die hier vertretene am Vermögen als Schutzgut des Betrugstatbestandes festhält, ist dies nicht vereinbar.

Die Strafbarkeitslücke, die hier durch das Festhalten am Erfordernis einer Minderung des Vermögenswerts entsteht, kann letztlich nur dadurch geschlossen werden, daß die Unterschriftserschleichung durch einen speziellen Tatbestand erfaßt wird, der bereits die Irreführung als solche ohne Rücksicht auf den Eintritt eines Vermögensschadens unter Strafe stellt(2).

bb) Ausgleich durch "besondere wirtschaftliche Vorteile"

Ähnliche Gründe wie bei der Verweisung des Betrugsopfers auf die Verwendung der im Rahmen eines Austauschgeschäfts erhaltenen Gegenleistung in "anderer zumutbarer Weise" mögen den Bundesgerichtshof dazu bewogen haben, in Fällen, in denen der Getäuschte durch die Verfügung zu vermögensschädigenden Maßnahmen genötigt oder sonst in seiner wirtschaftlichen Bewegungsfreiheit beeinträchtigt wird(3), einen Schaden zu verneinen, wenn diese Nachteile durch besondere wirtschaftliche Vorteile ausgeglichen werden(4). Diesem Gesichtspunkt kann aber unter Zugrundelegung der hier vertretenen Auffassung, die den Schaden in diesen Fällen aus der Verfehlung des Zwecks herleitet, einen Gewinn zu erzielen(5), keine Bedeutung zukommen. Denn danach könnte die schadensausschließende Wirkung dieser Vorteile allenfalls darin ihre Erklärung finden, daß die Verfehlung des konkret verfolgten Gewinnerzielungszwecks unbeachtlich ist, wenn andere, vom Getäuschten zwar nicht verfolgte, aber dennoch für

---

1 Vgl. LACKNER in LK, § 263 Rn 159 a.E.

2 Vgl. zu entsprechenden Reformbemühungen: LACKNER in LK, § 263 Rn 344 m.w.N.

3 Vgl. dazu oben S.42ff.

4 BGHSt 16, 321 (328 und 329f.).

5 S. oben S.47ff.

ihn vorteilhafte Zwecke erreicht werden. Eine solche Argumentation wäre aber aus den Gründen abzulehnen, die bereits zur Unbeachtlichkeit der Verwendbarkeit der Gegenleistung in "anderer zumutbarer Weise" geführt haben(1).

cc) Der Subventionszweck

In Fällen der Erschleichung von Subventionen kann es zweifelhaft sein, auf welchen von mehreren in Betracht kommenden Zwecken bei der Begründung des Schadens abzustellen ist.

Wird die Vergabe einer Subvention durch Rechtsvorschriften geregelt, so wird darin als Voraussetzung für einen Rechtsanspruch des Empfängers auf die Subvention zumeist die Erfüllung des unmittelbaren Zwecks formuliert, für den die Zuwendung gezahlt wird und verwendet werden soll. Solche unmittelbaren Zwecke sind beispielsweise die Errichtung eines Betriebes, der Bau eines Schiffes oder die Anschaffung von Maschinen(2). Im allgemeinen geht die Zwecksetzung des Subventionsgebers jedoch sehr viel weiter, nämlich auf Ziele, die durch die Erfüllung der Primärzwecke mittelbar erreicht werden sollen(3), wie etwa die wirtschaftliche Entwicklung der betreffenden Industrie oder die Förderung der Beschäftigung und des Außenhandels(4). Der Endzweck wird in den Vergabevorschriften zumeist überhaupt nicht erwähnt oder ist jedenfalls nicht als Anspruchsvoraussetzung formuliert, weil er als Folge der Erfüllung des Primärzwecks durch den Subventionsnehmer aufgrund von "Sachgesetzlichkeiten"(5) gleichsam von selbst eintritt.

Hier können nun Fälle vorkommen, in denen der Subventionsnehmer die in den Vergabevorschriften enthaltenen Anspruchsvoraus-

---

1 S. oben S.107.

2 Herkömmlicherweise wird dies als der "Primärzweck" bezeichnet, vgl. SCHETTING, Subventionierung, S.8ff.; TIEDEMANN in LK, § 264 Rn 93.

3 Diese Ziele werden "Endzwecke" genannt, vgl. HENKE, Wirtschaftssubventionen, S.72; SCHETTING, Subventionierung, S. 8ff.; TIEDEMANN in LK, § 264 Rn 93.

4 Vgl. zur Unterscheidung zwischen Primär- und Endzweck die Beispiele bei SCHETTING, Subventionierung, S.9.

5 So SCHETTING, Subventionierung, S.13.

setzungen erfüllt, also auch dem Primärzweck der Subvention gemäß handelt, gleichwohl aber die Erreichung des Endzwecks vereitelt(1).

Da in den nach Einführung des § 264 StGB durch das 1. WiKG noch nach § 263 StGB zu beurteilenden Fällen der Subventionserschleichung der Schaden infolge Kompensation nicht mit einer Minderung des objektiven Vermögenswerts zu begründen ist, sondern nur aus der Verfehlung des Subventionszwecks hergeleitet werden kann(2), stellt sich die Frage, ob als Subventionszweck in diesem Sinne der Primärzweck oder der Endzweck anzusehen ist. Im ersteren Falle wäre der Vermögensschaden zu verneinen, da der Primärzweck erreicht wird. Kommt es hingegen auf den - verfehlten - Endzweck an, so hängt das Vorliegen eines Vermögensschadens davon ab, ob ein solcher auch ohne gleichzeitige Minderung des objektiven Werts des Vermögens des Fiskus allein aus dieser Zweckverfehlung hergeleitet werden kann(3).

Für die alleinige Maßgeblichkeit des Primärzwecks scheint zu sprechen, daß der Staat vom einzelnen nicht die Erfüllung des Endzwecks verlangt, sondern ihn lediglich zur Erreichung des Primärzwecks verpflichtet(4). Auch ist nicht von der Hand zu weisen, daß der Gesetzgeber durch die Vertatbestandlichung des Subventionswesens zu erkennen gibt, daß er die Sachverhalte weitgehend pauschaliert und typisiert und folglich auch in Kauf nimmt, daß die Eignung der subventionierten Handlung zur Zweckerreichung nicht in jedem Einzelfall gegeben ist(5). Demgegenüber weist jedoch TIEDEMANN zutreffend darauf hin(6), daß

---

1 Vgl. zu dieser Fallgestaltung auch S.18 Fn 3; TIEDEMANN, ZStW 86 (1974), 897 (915), Subventionskriminalität, S.337ff. und Wirtschaftsstrafrecht II, S.102 bezeichnet dies als "Umgehungshandlungen".

2 Vgl. dazu im einzelnen S.29ff.

3 S. dazu im einzelnen S.153.

4 SCHETTING, Subventionierung, S.10; ebenso HACK, Subventionsbetrug, S.54.

5 GÖTZ, Subventionserschleichung, S.66.

6 In LK, § 264 Rn 93, allerdings § 4 Abs.2 SubvG betreffend, auf den sogleich noch ausführlich eingegangen wird; für die von § 263 StGB erfaßten Fälle der Subventionserschleichung durch "Umgehungshandlungen" kann jedoch nichts anderes gelten.

der Subventionsgeber darauf vertraue, daß der angestrebte Endzweck durch Erfüllung der Primärzwecke geradezu automatisch verwirklicht werde, daß dieser Mechanismus aber vom Umgehungstäter gezielt durchbrochen werde. Daher komme als Maßstab für die Beurteilung des Täterverhaltens hier nur der Endzweck in Betracht. Für diese Auffassung spricht außerdem, daß die Verfolgung des Endzwecks durch den Subventionsgeber genauso eine Realisierung des wirtschaftlichen Werts des Vermögens darstellt wie die Verfolgung des Primärzwecks. Es ist nicht ersichtlich, aus welchem Grund die Verfolgung des Endzwecks von vornherein außer Betracht zu bleiben hätte. Ohne Belang ist die Nichterreichung des Endzwecks nur dann, wenn es dem Suventionsgeber im Einzelfall tatsächlich nur auf die Erreichung des Primärzwecks ankommt und er einen Endzweck entweder überhaupt nicht verfolgt oder dessen Verfehlung in Kauf nimmt und sich daher insoweit bewußt selbst schädigt. Solche Fälle werden allerdings selten sein. Häufiger wird es hingegen vorkommen, daß der Subventionsnehmer gerade dann, wenn der der Subvention vom Subventionsgeber beigelegte Endzweck in den Vergabevorschriften keine ausdrückliche Erwähnung gefunden hat, von diesem keine Kenntnis hat oder ihm diese zumindest nicht nachzuweisen ist. Da die Begründung des Vermögensschadens mit der Verfehlung des Endzwecks aber voraussetzt, daß der Täter den Fiskus durch Täuschung über die Erreichung dieses Zwecks nicht nur zur Vornahme der Vermögensverfügung motiviert, sondern ihm dadurch auch deren schädigende Wirkung verschleiert, ist es - wie auch für den Tatvorsatz - unabdingbar, daß dem Täter dieser Endzweck bereits im Zeitpunkt der Täuschungshandlung bekannt ist(1). Grundsätzlich stellt jedoch auch die Verfehlung des Endzwecks einer Subvention einen Umstand dar, durch dessen Verschleierung der Fiskus zur Auszahlung der Subvention motiviert werden und ihm das Bewußtsein von der Schädlichkeit seiner Vermögensverfügung genommen werden kann.

Das Problem, ob es in den hier in Rede stehenden Fällen auf den Primärzweck oder auf den Endzweck ankommt, stellt sich übrigens auch beim Subventionsbetrug nach § 264 StGB. "Unvollständige Angaben" im Sinne des Absatzes 1 Nr.1 dieser Vorschrift macht der Täter nämlich auch dann, wenn er einen geplanten "Mißbrauch" im Sinne des § 4 Abs.2 SubvG nicht mitteilt(2). Da nach § 4 Abs.2 Satz 2 SubvG ein solcher "Miß-

----

1 TIEDEMANN, Subventionskriminalität, S.343.

2 DREHER/TRÖNDLE, § 264 Rn 20.

brauch" wiederum nur gegeben ist, wenn die Inanspruchnahme der Subvention "dem Subventionszweck widerspricht", fragt es sich, ob als "Subventionszweck" in diesem Sinne der Primärzweck anzusehen und daher die Vereitelung des Endzwecks straffrei möglich ist, oder ob damit der Endzweck gemeint ist und Umgehungshandlungen daher nicht strafbar sind. Hier gibt aber das Gesetz selbst einen Anhaltspunkt. Nach § 4 Abs.2 Satz 3 SubvG ist ein Mißbrauch namentlich dann anzunehmen, wenn die förmlichen Voraussetzungen einer Subvention oder eines Subventionsvorteils in einer dem Subventionszweck widersprechenden Weise künstlich geschaffen werden. Das Verständnis dieses Subventionszwecks als Primärzweck würde deswegen keinen Sinn ergeben, weil die förmlichen Voraussetzungen der Subvention oder des Subventionsvorteils regelmäßig gerade durch die Herbeiführung des Primärzwecks künstlich geschaffen werden. Die Mißbräuchlichkeit dieses Verhaltens kann sich somit nur aus der Vereitelung des Endzwecks ergeben. Daher kann als Subventionszweck im Sinne des § 4 Abs.2 SubvG nur der Endzweck der Subvention angesehen werden(1).

b) Die Verfolgung sittenwidriger oder verbotener Zwecke

Die Maßgeblichkeit des vom Getäuschten selbst konkret verfolgten Zwecks für die Schadensfeststellung bedeutet nicht, daß dessen Verfehlung auch stets zur Begründung eines Schadens am Vermögen geeignet ist. So können übergeordnete Gesichtspunkte, wie etwa die Einheit der Rechtsordnung im Einzelfall, dazu führen, daß die Verfehlung des vom Getäuschten verfolgten Zwecks bei der Feststellung des Vermögensschadens als unbeachtlich anzusehen ist. Dies wäre zu erwägen, wenn die Verfolgung des Zwecks sittenwidrig oder verboten ist.

Um sittenwidrige oder verbotene Zweckverfolgung in diesem Sinne handelt es sich etwa, wenn der Getäuschte mit seiner Vermögensverfügung sitten- oder rechtswidrige Dienste erkaufen will. Sol-

---

1 Das Problem, ob auf den Primärzweck oder auf den Endzweck der Subvention abzustellen ist, stellt sich im Rahmen des § 264 StGB übrigens auch bei der Frage, ob die Leistung "wenigstens zum Teil der Förderung der Wirtschaft dienen soll" und daher eine Subvention im Sinne des § 264 Abs.6 StGB darstellt; vgl. dazu SANNWALD, Rechtsgut, S.136f. und MAIWALD, ZStW 96 (1984), 76 (80), die für die Maßgeblichkeit des Endzwecks eintreten.

che Dienste sind etwa die einer Prostituierten, der der Getäuschte das Entgelt vorauszahlt und die dann den Geschlechtsverkehr verweigert(1) oder die eines Komplizen, der sich zum Schein zur Begehung einer Straftat oder sonst einer widerrechtlichen Handlung erboten hat und dem der Lohn vorausgezahlt wird. In Betracht kommen auch vergangene oder künftige Amtshandlungen eines Amtsträgers, für die er Bestechungsgelder erhält(2), oder wenn der Getäuschte etwa eine rechts- oder sittenwidrige "Verbindlichkeit" erfüllen will. Einschlägig sind aber auch Fälle, in denen der Getäuschte mit seiner Vermögensverfügung ein Äquivalent erwerben will, das als solches von der Rechtsordnung nicht mißbilligt wird, er aber mit ihm einen sittenwidrigen oder verbotenen Zweck verfolgt. So liegt es beispielsweise beim Erwerb eines angeblich als Abtreibungsmittel tauglichen Pulvers(3) oder eines Messers zum Zweck der Tötung einer Person. Schließlich gehören in den Zusammenhang der Verfolgung sittenwidriger oder verbotener Zwecke auch die - heute allerdings kaum mehr praktischen - Fälle des sogenannten "Spritzens" auf dem schwarzen Markt, die dadurch gekennzeichnet sind, daß das Opfer auf dem Schwarzmarkt Mangelware aufgrund der Vorspiegelung hergibt, der Käufer sei zur Zahlung des Schwarzmarktpreises bereit, während dieser ihn nach Erhalt auf den behördlich zugelassenen Preis verweist(4).

In allen diesen Fällen ist fraglich, ob das Ziel, das der Getäuschte mit seiner Vermögensverfügung erreichen will, trotz der Mißbilligung durch die Rechtsordnung deren Schutz verdient und die Vereitelung der Erreichung dieses Ziels durch den Täter dessen Strafbarkeit gemäß § 263 StGB nach sich zieht.

---

1 OLG Hamburg NJW 1966, 1525; OLG Köln NJW 1972, 1823 (1824); OLG Karlsruhe NJW 1976, 902 (903f.); BGH bei DALLINGER, MDR 1975, 23.

2 Vgl. die den Entscheidungen RGSt 37, 161 und BGH NJW 1980, 2203 zugrunde liegenden Fälle und zu der Entscheidung des Bundesgerichtshofs die Besprechungsaufsätze von DÖLLING, JuS 1981, 570ff. und MAIWALD, NJW 1981, 2777ff.

3 Vgl. dazu die Entscheidungen RGSt, 15, 315; 36, 334; 38, 423; 44, 230; 47, 67.

4 OGHSt 2, 259 (260f.); OLG Celle NdsRpfl 1947, 25 (26); OLG Oldenburg NdsRpfl 1947, 42; AG Dortmund MDR 1947, 139; OLG Düsseldorf MDR 1947, 267; OLG Hamm HESt 1, 113 (114); KG JR 1949, 511 (512).

Keinen brauchbaren Ansatzpunkt zur Lösung dieses Problems stellt die Natur des vom Getäuschten aufgewendeten Wirtschaftsguts dar. Zwar ist der Vermögensschaden sicherlich zu verneinen, wenn es sich dabei um ein unredlich erworbenes Wirtschaftsgut handelt und man entgegen der rein wirtschaftlichen Vermögenslehre mit der sogenannten juristisch-ökonomischen Vermittlungslehre(1) nicht mit Billigung der Rechtsordnung erworbene Güter nicht als Vermögensbestandteile anerkennt(2) oder bei rechtswidrig erlangten oder sittenwidrigen Leistungen grundsätzlich davon ausgeht, daß diesen "kein in Geld zu veranschlagender Wert" zukomme(3). Jedoch kann nicht umgekehrt allein wegen des redlichen Erwerbs des vom Getäuschten aufgewendeten Gegenstandes stets der Schaden bejaht werden(4). Denn die durch den Verlust des redlich erworbenen Gutes eingetretene Minderung des objektiven Vermögenswerts ist dem Getäuschten als solche regelmäßig bewußt und kann daher nach der Lehre von der unbewußten Selbstschädigung(5) nicht zur Begründung des Vermögens-

---

1 Vgl. dazu nur LACKNER in LK, § 263 Rn 123.

2 Eine Stellungnahme zum Streit zwischen den Vertretern der wirtschaftlichen Vermögenslehre und der juristisch-ökonomischen Vermittlungslehre würde den Rahmen dieser Abhandlung sprengen. Auf sie muß daher verzichtet werden. Vgl. dazu aber zusammenfassend LACKNER in LK, § 263 Rn 133. Zur Ablehnung eines Schadens in diesen Fällen aus der Sicht der personalen Vermögenslehre OTTO, Vermögensschutz, S.292.

3 So BGHSt 4, 373 in einem Fall der Veranlassung einer Dirne zum Geschlechtsverkehr durch Täuschung über die Zahlungsfähigkeit, wo der Bundesgerichtshof allerdings mit dieser Begründung bereits die Vermögensverfügung verneint; vgl. dazu CRAMER, JuS 1966, 472 (473).

4 So aber die Rechtsprechung seit RGSt 44, 230ff.; LACKNER in LK, § 263 Rn 242 und OTTO, Vermögensschutz, S.195, der eine moralische oder auch nur allgemein rechtliche Verhaltensbewertung beim Vermögensschutz gänzlich ablehnt und das Opfer bei unsittlichen und verbotenen Geschäften gegenüber dem Betrüger für schutzwürdig hält. OTTO erkennt allerdings eine Ausnahme an, wenn der Täter durch sein Verhalten den von der Rechtsordnung gewollten Zustand gerade herbeiführen will, wie etwa beim "Spritzen" auf dem Schwarzen Markt, wo er das Opfer auf den zulässigen Preis beschränkt (Vermögensschutz, S.295f.).

5 Vgl. dazu oben S.55ff.

schadens herangezogen werden(1). Es kann daher nur auf den Zweck ankommen, den der Getäuschte mit seiner Vermögensverfügung verfolgt und dessen Verfehlung ihm durch die Täuschung verschleiert wurde(2). Diesen Weg war bereits das Reichsgericht vor der mit dem Beschluß der Vereinigten Strafsenate vom 14. Dezember 1910(3) eingeleiteten Änderung seiner Rechtsprechung in den Fällen des Verkaufs eines untauglichen Abtreibungsmittels gegangen: es sah den Schaden wegen der bewußten und gewollten Preisgabe nicht in dem Verlust der Ausgabe als solcher, sondern im Ausbleiben des versprochenen Äquivalents. Diesem jedoch wurde im Hinblick auf seine Mißbilligung durch die Rechtsordnung die Anerkennung versagt(4).

Wenn man mit der hier vertretenen Auffassung als Ziel der Vermögensverfügung nicht in erster Linie die Erlangung des versprochenen Äquivalents, sondern die Befriedigung des der Vermögensverfügung zugrunde gelegten Bedürfnisse ansieht, so besteht die Problemstellung in der Frage, ob dieses Bedürfnis auch dann noch den Schutz des Betrugstatbestandes verdient, wenn es von der Rechtsordnung mißbilligt wird. MAIWALD(5) verneint dies, indem er die vom Getäuschten verfolgten Zwecke an einem "überindividuellen Maßstab vernünftigen Wirtschaftens im sozialen Raum" mißt und nicht nur an der individuellen Nützlichkeit der Zweckverfolgung für den Getäuschten. Die Verfolgung eines von der Rechtsordnung mißbilligten Zwecks erscheint unter diesem Gesichtspunkt als "unvernünftig" und kann daher nicht zur Annahme eines Vermögensschadens führen. MAIWALD räumt indessen selbst ein, daß eine solche nach den Normen der Verkehrsanschauung zu treffende Unterscheidung zwischen einer "sinnvollen" und einer "sinnlosen" Ausgabe infolge der Unbestimmtheit der maßgebenden Kriterien zu Abgrenzungsschwierigkeiten führen

---

1 Dieser Auffassung ist offenbar auch MAIWALD, NJW 1981, 2777 (2780), wenn er auf die parallele Struktur der vorliegenden Konstellation mit der des Spenden- und Bettelbetruges hinweist.

2 Dieser Gesichtspunkt bleibt bei CRAMER, Vermögensbegriff, S.97, JuS 1966, 472 (477) und in SCHÖNKE/SCHRÖDER, § 263 Rn 150 allerdings unerwähnt.

3 RGSt 44, 230ff.

4 RGSt 19, 186 (191); 36, 334 (343).

5 NJW 1981, 2777 (2781).

muß(1). Diese lassen sich aber auf der Grundlage der hier vertretenen Auffassung vom Wert der Vermögensgüter, wonach dieser in dem Potential besteht, das das jeweilige Gut seinem Inhaber zur Befriedigung seiner individuellen Bedürfnisse bietet(2), vermeiden. Soll nämlich die Befriedigung rechts- oder sittenwidriger Bedürfnisse den Schutz des Betrugstatbestandes genießen, so muß das zur Erreichung dieser Zwecke von dem Gegenstand gebotene Potential als für diesen wertbildend angesehen werden können. Dies folgt daraus, daß andernfalls die Verfehlung eines rechts- oder sittenwidrigen Zwecks niemals eine für die Annahme eines Vermögensschadens unabdingbare Minderung des Vermögenswerts nach sich ziehen kann. Die Fragestellung, ob ein Potential zur Verfolgung rechts- oder sittenwidriger Zwecke einen Vermögenswert darstellen kann, ist aber in ihrem Kern die gleiche wie beim Streit zwischen der rein wirtschaftlichen Vermögenslehre und der juristisch-ökonomischen Vermittlungslehre: entscheidend ist jeweils, ob auch ein solcher "Wert" Bestandteil des Vermögens einer Person sein kann, zu dem diese nur eine faktische, nicht aber eine vom Recht anerkannte Beziehung hat(3). Läßt man eine faktische Beziehung ausreichen, so steht auch die Verfolgung rechts- oder sittenwidriger Zwecke unter dem Schutz der Rechtsordnung. Fordert man hingegen eine vom Recht anerkannte Beziehung, ist die Verfehlung rechts- oder sittenwidriger Zwecke unbeachtlich. Der Streit zwischen der rein wirtschaftlichen Vermögenslehre und der juristisch-ökonomischen Vermittlungslehre und der Streit um die Schadensrelevanz der Verfehlung rechts- oder sittenwidriger Zwecke kann daher nur einheitlich entschieden werden.

c) Die Verfolgung wirtschaftlich irrelevanter Zwecke

In Literatur und Rechtsprechung wird häufig gefordert, daß bei der Ermittlung des Werts der Vermögensgegenstände ein "Liebhaber- oder Affektionswert" außer Betracht zu bleiben habe(4).

---

1 NJW 1981, 2777 (2781).

2 S. oben S.92.

3 Vgl. zusammenfassend zum Streit zwischen der wirtschaftlichen Vermögenslehre und der juristisch-ökonomischen Vermittlungslehre LACKNER in LK, § 263 Rn 123.

4 Vgl. etwa RGSt 16, 1 (10), 23, 430 (434); 49, 21 (23); 68, 212 (214); einschränkend LACKNER in LK, § 263 Rn 162.

Ausgehend von diesem Grundsatz nimmt man an, daß dem vom Getäuschten verfolgten Zweck "wirtschaftliche Relevanz" zukommen müsse und es sich nicht lediglich um die Verfolgung eines Affektionsinteresses handeln dürfe, wenn die Zweckverfehlung zu einem Schaden am Vermögen führen soll(1).

Dadurch werden zwei Fragen aufgeworfen, die - soweit ersichtlich - in Rechtsprechung und Literatur noch nicht in überzeugender Weise beantwortet worden sind. Zunächst ist es keineswegs selbstverständlich, daß der Schutzbereich des Betrugstatbestandes nur wirtschaftlich relevante Zwecksetzungen umfaßt. Ob eine solche Einschränkung gerechtfertigt ist, bedarf vielmehr genauerer Untersuchung. Außerdem ist weitgehend ungeklärt, welche Anforderungen an den verfolgten Zweck unter dem Gesichtspunkt der wirtschaftlichen Relevanz zu stellen sind und unter welchen Umständen ein bloßes Affektionsinteresse gegeben ist. Im Hinblick auf die große Bedeutung, die dem Inhalt dieser Begriffe für die Frage der Strafbarkeit in den Fällen der Zweckverfehlung zukommt, bedürfen diese einer näheren Bestimmung, die größtmögliche Sicherheit bei der Abgrenzung bietet.

aa) Die Beschränkung des Schutzbereichs des Betrugstatbestandes auf die Verfolgung wirtschaftlich relevanter Zwecke

LACKNER(2) sieht den Sinn der Zweckverfehlungslehre darin, nur die wirtschaftlich relevanten Zwecksetzungen zu erfassen und ihnen schadensbegründende Wirkung beizumessen, während die übrigen als irrelevant ausgeschieden werden sollen. Allerdings vermag sein Hinweis darauf, in den zuletzt genannten Fällen wisse der Betroffene, daß er sich selbst schädige, für sich allein die Unbeachtlichkeit von Affektionsinteressen bei der Schadensfeststellung nicht zu begründen. Die Aufgabe eines wirtschaftlichen Werts könnte nämlich durchaus nicht nur dann als schutzwürdig erachtet werden, wenn sie durch eine Verschleierung der Erreichung eines wirtschaftlich relevanten Zwecks ausgelöst wird, sondern auch dann, wenn sie auf einer Täuschung über einen sonstigen motivierenden Umstand beruht. Als

---

1 So insbesondere für die Fälle der sozialen Zweckverfehlung die Vertreter der Zweckverfehlungslehre, vgl. nur LACKNER in LK, § 263 Rn 167 und 171; aber auch OTTO, Vermögensschutz, S.74; krit. WEIDEMANN, Kompensationsproblem, S.222ff.

2 In LK, § 263 Rn 171.

solcher könnte auch die Befriedigung eines Affektionsinteresses in Betracht kommen(1). LACKNER setzt mit seiner Argumentation das erst zu Begründende bereits voraus: nur wenn als feststehend angesehen wird, daß Affektionsinteressen vom Betrugstatbestand grundsätzlich nicht geschützt werden und die Täuschung über sie daher dem Opfer auch nicht das Bewußtsein von der schädigenden Wirkung seiner Verfügung nehmen kann, kann generell im Falle der Verfolgung von Affektionsinteressen von einer lediglich bewußten Selbstschädigung gesprochen werden.

Eine zutreffende Begründung für die Unbeachtlichkeit von Affektionsinteressen im Rahmen des Betrugstatbestandes stellt indessen das weitere Argument LACKNERS(2) dar, deren Einbeziehung würde auf einen Schutz von Nichtvermögensinteressen durch den Betrugstatbestand hinauslaufen. Denn wenn bei Verfolgung eines Affektionsinteresses eine eventuell vorliegende Minderung des objektiven Vermögenswerts zur Schadensbegründung nicht herangezogen werden kann, weil das Opfer sie bewußt in Kauf nimmt, wird im Kern die Verfolgung dieses Affektionsinteresses geschützt, wenn der Schaden allein aus dessen Enttäuschung hergeleitet wird. Mit einem wirtschaftlichen Vermögensbegriff ist ein solcher Schutz von Nichtvermögensinteressen nicht zu vereinbaren.

Wenn mit der hier vertretenen Auffassung(3) der Wert eines Vermögensgegenstandes in seiner Eignung gesehen wird, der Befriedigung der Bedürfnisse seines Inhabers zu dienen, so läßt sich das gefundene Ergebnis noch durch eine zusätzliche Erwägung untermauern. Ausgehend vom Verständnis des Vermögens als Werteinheit und dem Prinzip der Gesamtsaldierung ist für die Annahme eines Vermögensschadens eine Minderung des Werts des Vermögens unerläßlich. Da aus diesem Grunde die Zweckverfehlung niemals für sich allein zur Begründung eines Schadens ausreichen kann, muß sie zusätzlich eine Minderung des Vermögens-

---

1 Solange nicht begründet ist, daß Affektionsinteressen nicht dem Schutzbereich des Betrugstatbestandes unterfallen, ist überdies auch der Vorwurf nicht gerechtfertigt, deren Schutz würde den Betrug zu einem Delikt gegen die Dispositionsfreiheit machen.

2 In LK, § 263 Rn 171.

3 S. oben S.92f.

werts nach sich ziehen(1). Nach wirtschaftlicher Vermögensauffassung muß es sich hierbei aber um einen wirtschaftlichen Wert handeln. Würde man die Nichtbefriedigung eines Affektionsinteresses als relevante Zweckverfehlung ansehen und sie zur Schadensbegründung ausreichen lassen, so könnte sich hieraus stets auch nur eine Minderung des Potentials zur Befriedigung eines Affektionsinteresses ergeben. Ein solches Potential ist aber kein wirtschaftliches und kann bei einer wirtschaftlichen Vermögensauffassung unter keinem Gesichtspunkt den Wert eines Vermögensgegenstandes ausmachen. Daraus folgt aber, daß stets nur die Verfehlung eines wirtschaftlich relevanten Zwecks zur Minderung des wirtschaftlichen Werts des Vermögens und damit zum Schaden führen kann. Nichtwirtschaftliche Interessen müssen also außer Betracht bleiben.

Auch die Auffassung von WEIDEMANN(2), nach der allein entscheidend ist, ob "die Zwecksetzung mit wirtschaftlichen Mitteln erkauft wird"(3), ist übrigens dem Einwand ausgesetzt, daß damit der Betrugstatbestand auch dem Schutze nichtwirtschaftlicher Interessen diene. WEIDEMANN begründet sie vornehmlich damit, daß eine Differenzierung in wirtschaftliche bzw. wirtschaftlich vernünftige und andere Zwecke nicht möglich sei(4). Immerhin räumt er aber ein, daß in den Fällen der Verfolgung nichtwirtschaftlicher Zwecke eine bewußte Selbstschädigung vorliegt und daher Betrug verneint werden muß(5). Gleichwohl kommt er zu weitgehend gleichen Ergebnissen wie die hier vertretene Auffassung, indem er eine Unterscheidung zwischen Zweck und Motiv einführt(6). Nicht ein mit der Verfügung verfolgter Zweck, sondern lediglich ein unbeachtliches Motiv soll vorliegen, wenn das Ziel nach der Vorstellung des Verfügenden weder unmittelbar

----

1 Diese liegt regelmäßig darin, daß der Getäuschte nach der Verfügung nicht mehr über das Potential zur Befriedigung des bestimmten individuellen Bedürfnisses verfügt, das er durch den Gebrauch des Gegenstandes oder durch die Verfügung über ihn zu befriedigen suchte, vgl. oben S.101f.

2 Kompensationsproblem, S.216ff.

3 Kompensationsproblem, S.219f.

4 Auf diese Abgrenzungsproblematik ist sogleich einzugehen.

5 Kompensationsproblem, S.223f.; zur Haltbarkeit dieses Arguments s. bereits S.118f.

6 Kompensationsproblem, S.224ff.

durch den Leistungszufluß beim Täter noch durch eine Handlung erreicht werden soll, die von diesem um der Leistung willen vorgenommen wird, sondern - wie in den typischen Fällen der Verfolgung von Affektionsinteressen - über den Leistungszufluß hinaus noch ein "Mehr" zur Erreichung des Ziels erforderlich ist(1). Als Beispiel für das Vorliegen eines bloßen "Motivs" wird der bekannte "Spendenfall" des Bayerischen Obersten Landesgerichts(2) angeführt, in dem ein Sammler zum Zwecke der Erhöhung der Spendenfreudigkeit nachfolgender Geber in die Spendenliste höhere Beträge einträgt, als tatsächlich gegeben worden sind(3).

Zuweilen wird indessen eine über die "wirtschaftliche Relevanz" offensichtlich hinausgehende "wirtschaftliche Vernunft" des vom Getäuschten verfolgten Zwecks gefordert(4). Die Argumentation geht dahin, selbst wenn man davon ausgehe, daß wirtschaftliche Bedürfnisse und Zwecke des einzelnen nur von ihm selbst gesetzt werden könnten, so müsse sich doch jeder gefallen lassen, daß seine Zwecke nach den Maßstäben wirtschaftlicher Vernunft beurteilt werden(5). Dieser Auffassung ist zuzugeben, daß im allgemeinen Sprachgebrauch ein Handeln in der Regel nur dann als "wirtschaftlich" angesehen wird, wenn es in einem sparsamen und daher vernünftigen Mitteleinsatz besteht(6). Wenn jedoch daraus die Forderung abgeleitet werden soll, daß die vom Getäuschten zu einem bestimmten Zweck vorgenommene Vermögensaufwendung im Hinblick auf seine Gesamtvermögenslage einen sparsamen und damit vernünftigen Mitteleinsatz darstellen muß, soll sie den Schutz des Betrugstatbestandes genießen, so dürfte dies zu weit gehen. Denn das Ziel der Beschränkung der berücksichtigungsfähigen Zwecke ist es zunächst, die Verfolgung nichtwirtschaftlicher Interessen aus dem Schutzbereich auszuscheiden.

---

1 Kompensationsproblem, S.228.

2 NJW 1952, 798.

3 Auf die Unterscheidung zwischen Zweckverfolgung und bloßem Motiv stellt auch HACK, Subventionsbetrug, S.48, ab.

4 Vgl. CRAMER in SCHÖNKE/SCHRÖDER, § 263 Rn 81 und 121; auch LACKNER in LK, § 263 Rn 159 und 170, spricht von "wirtschaftlich unvernünftigen" Zweckvorstellungen.

5 CRAMER in SCHÖNKE/SCHRÖDER, § 263 Rn 81.

6 In diesem Sinne auch DUDEN, Universalwörterbuch, S.1447 Stichwort "wirtschaften", s.a. Stichwort "Wirtschaftlichkeit".

Dazu genügt es aber, wenn der Getäuschte im wirtschaftlichen Bereich tätig wird, was bereits der Fall ist, wenn er mit seiner Vermögensverfügung ein wirtschaftliches Interesse verfolgt. Für diese Wirtschaftlichkeit ist aber nicht konstituierend, daß die Verfolgung des Interesses in Anbetracht der Vermögenslage des Getäuschten auch einen sparsamen und vernünftigen Mitteleinsatz darstellt. Wollte man letzteres fordern, müßte man etwa dem Käufer eines luxuriösen Sportwagens, der über dessen Wert getäuscht wird und daher einen zu hohen Preis bezahlt, den Schutz des Betrugstatbestandes versagen, wenn der Erwerb des Sportwagens im Hinblick auf seine Vermögensverhältnisse eine unvernünftige Disposition darstellt. Denn er verfolgt mit seiner Vermögensaufwendung zwar einen wirtschaftlichen, nicht aber einen wirtschaftlich vernünftigen Zweck. Es liegt auf der Hand, daß sich aus dieser Auffassung kriminalpolitisch äußerst bedenkliche Freiräume für betrügerische Schädigungen ergäben. Sie hätte zudem die mißliche und nicht zu rechtfertigende Folge, daß in solchen Fällen der Wohlhabende geschützt wird, nicht aber der finanziell Schwache.

Schließlich ist auch der Einwand von CRAMER(1) nicht gerechtfertigt, nur durch Beurteilung der Zwecke des einzelnen nach den Maßstäben wirtschaftlicher Vernunft könne verhindert werden, daß "der Betrug in ein bloßes Delikt gegen die personale Dispositionsfreiheit verflüchtigt" werde. Denn nach hier vertretener Auffassung(2) muß zur Verfehlung des mit der Vermögensverfügung verfolgten Zwecks stets eine Schmälerung mindestens des individuellen Werts des Vermögens hinzukommen, also des Potentials des Vermögensträgers, den konkret verfolgten Zweck zu erreichen. Damit ist sichergestellt, daß eine echte Vermögenseinbuße und nicht lediglich eine Beeinträchtigung der Verfügungsfreiheit gegeben ist. Infolge der Beschränkung des Schutzes auf wirtschaftliche Zwecke handelt es sich auch stets um eine wirtschaftliche Einbuße. Zur Erhaltung des Charakters des Betrugs als eines Vermögensdelikts und zur Beschränkung seines Schutzbereichs auf die Verfolgung wirtschaftlicher Interessen ist die Beurteilung des vom Opfer verfolgten Zwecks am Maßstab wirtschaftlicher Vernunft also nicht erforderlich(3).

---

1 In SCHÖNKE/SCHRÖDER, § 263 Rn 81.

2 S. oben S.101f.

3 Krit. von seinem Ausgangspunkt aus auch WEIDEMANN, Kompensationsproblem, S.216ff.

bb) Die wirtschaftliche Relevanz des verfolgten Zwecks

Eine nähere Bestimmung der wirtschaftlichen Relevanz, die dem verfolgten Zweck nach der hier vertretenen Auffassung zukommen muß, wenn dessen Verfehlung zu einem Schaden am Vermögen führen soll, bereitet schon deswegen erhebliche Schwierigkeiten, weil der Begriff des "Wirtschaftlichen" bei den verschiedenartigsten Sachverhalten eine Rolle spielt und je nach Standpunkt unterschiedlich verstanden wird. All dies ist bei der Suche nach einer praktisch handhabbaren Definition zu berücksichtigen.

Als gegensätzliche Begriffe zum wirtschaftlich relevanten Zweck werden zumeist Nichtvermögensinteresse(1), immaterielles Interesse(2) oder Affektionsinteresse(3) genannt. Diese Begriffe dürften sich in ihrer Bedeutung weitgehend decken und können daher synonym verstanden werden.

In der Literatur ist nun versucht worden, aus einer solchen Gegenüberstellung gegensätzlicher Begriffe die Voraussetzungen der wirtschaftlichen Relevanz des verfolgten Zwecks näher zu bestimmen. So soll nach GALLAS(4) der wirtschaftlich relevante Zweck im Unterschied zum Affektionsinteresse dadurch gekennzeichnet sein, daß ihm ein "ernsthaftes persönliches Anliegen" zugrunde liegt. Dieser Abgrenzungsversuch berücksichtigt indessen nicht den wirtschaftlichen Bezug, den der verfolgte Zweck aufweisen muß. Denn ernsthaft und persönlich kann ein Anliegen durchaus auch im nichtwirtschaftlichen Bereich sein. Hinsichtlich der Ausscheidung von "Momenten reiner Liebhaberei" aus dem Kreis geschützter Zwecke ist - abgesehen davon, daß dies lediglich eine negative Abgrenzung darstellt - zweifelhaft, ob damit auch wirklich der gesamte Bereich nichtwirtschaftlicher Interessen erfaßt wird.

Zusätzlich dem Einwand der Unbestimmbarkeit ist die Auffassung von LOCHER(5) ausgesetzt, ein Irrtum müsse außer Betracht bleiben, wenn der verfolgte Zweck wirtschaftlich nicht mehr "allge-

---

1 So etwa LACKNER in LK, § 263 Rn 171.

2 So CRAMER, Vermögensbegriff, S.83f.

3 LACKNER in LK, § 263 Rn 171; CRAMER, Vermögensbegriff, S.83f.

4 Eb.Schmidt-Festschrift (1961), S.401 (429f.).

5 Bildende Kunst, S.191.

mein nachvollziehbar" sei. LOCHER selbst bestätigt die Berechtigung dieses Vorwurfs durch ein Beispiel. Danach soll ein Schaden nicht vorliegen, wenn sich die Täuschung auf Nebenumstände, wie etwa die Datierung eines Kunstwerks beziehe(1). Er räumt aber sogleich ein, daß in besonderen Fällen auch die Täuschung über die Datierung bei marktgerechtem Preis zu einem Schaden führen könne. Diese Unbestimmtheit der Abgrenzungsformel von LOCHER beruht letztlich auf der Bezugnahme auf das Urteil der "Allgemeinheit". Durch diese Verweisung auf eine nicht exakt fixierbare Verkehrsanschauung wird die Frage der wirtschaftlichen Relevanz in Wahrheit der Spekulation des Rechtsanwendenden überlassen.

Den Schwerpunkt mehr auf eine Umschreibung des "Wirtschaftlichen" legt der Vorschlag von OTTO(2). Nach ihm ist ein Schaden nur dann anzunehmen, wenn der Zweck der Vermögensverfügung auf die Erlangung einer "üblicherweise geldwerten Leistung" gerichtet ist. Daran ist richtig, daß es sich zumeist um einen wirtschaftlich relevanten Zweck handeln wird, wenn der Getäuschte eine geldwerte Leistung erstrebt. Denn typischerweise sind solche Gegenstand des Wirtschaftsverkehrs. Gleichwohl darf nicht verkannt werden, daß auch die Erlangung von Ansehen, Ehre usw. - also die Verfolgung von Nichtvermögensinteressen - durchaus durch die Entrichtung eines Entgelts bedingt sein kann. Dies aber lenkt den Blick auf das Merkmal der Formel von OTTO, das deren Fragwürdigkeit begründet. Denn ähnlich der Auffassung von LOCHER(3) wird mit der Wendung "üblicherweise" auf die Verkehrsanschauung Bezug genommen. In den problematischen Fällen, in denen etwa Ansehen oder Ehre "erkauft" werden soll, ist die Feststellung, ob die Verkehrsanschauung die erstrebte Leistung als geldwert ansieht, aber gerade mit Schwierigkeiten und Unsicherheiten verbunden. Auch der Vorschlag von OTTO kann somit nicht befriedigen.

Der eigene Versuch, eine Abgrenzungsformel zu entwerfen, geht von der hier vertretenen Auffassung aus, daß der Zweck einer Vermögensaufwendung regelmäßig in der Befriedigung bestimmter Bedürfnisse des Verfügenden liegt. Da der Zweck einer Vermögensaufwendung deren in der Befriedigung eines individuellen Bedürfnisses liegendes Ziel darstellt, kann ein wirtschaftlich

---

1 Bildende Kunst, S.191.

2 Vermögensschutz, S.78.

3 Bildende Kunst, S.191.

relevanter Zweck nur dann angenommen werden, wenn das Bedürfnis, das mit dem Vermögenseinsatz befriedigt werden soll, ebenfalls ein wirtschaftliches ist.

Die Wirtschaftswissenschaft versteht unter "Wirtschaft" einen Lebensbereich, der unter dem dauernden Druck steht, das menschliche Dasein zu sichern, Vorsorge zu treffen und im Zusammenleben nach Wohlstand zu streben. Ihr Phänomen, so heißt es, sei die fortwährende Spannung zwischen den unbegrenzten Bedürfnissen der Menschen und den knappen Gütern, die ihnen zu ihrer Befriedigung zur Verfügung stünden. Um diese Knappheit sinnvoll zu überwinden, sei der Mensch gezwungen, Opfer, Mühen und Zeit aufzuwenden(1). Für eine Übertragung dieser Erkenntnisse in das Strafrecht spricht, daß gerade durch den Tatbestand des Betruges - jedenfalls unter der Prämisse einer wirtschaftlich orientierten Vermögenslehre - Verhaltensweisen im wirtschaftlichen Bereich einer strafrechtlichen Beurteilung unterzogen und unter bestimmten Voraussetzungen mißbilligt werden. Unter diesem Gesichtspunkt wäre es nur schwer verständlich, wenn bei der Entscheidung im Einzelfall Grundsätze und Einsichten, die in dem Bereich vorherrschen, in den die jeweilige Norm ordnend eingreifen soll, außer acht gelassen würden und das lediglich ordnende Recht insoweit eigene Begriffe schaffen würde.

Versucht man, das Verständnis der Wirtschaftswissenschaften vom "Wirtschaftlichen" für die Problematik der Abgrenzung wirtschaftlich relevanter und wirtschaftlich irrelevanter Zwecke nutzbar zu machen, so müßte ein im Rahmen des Betrugstatbestandes beachtlicher Zweck dann anzunehmen sein, wenn der Getäuschte durch die Vermögensaufwendung das Bedürfnis befriedigen will, das menschliche Dasein zu sichern, Vorsorge zu treffen und im Zusammenleben nach Wohlstand zu streben. Danach ist für die wirtschaftliche Relevanz des Zwecks zunächst kennzeichnend, daß sich der Getäuschte durch seine Verfolgung einen Vorteil verschaffen will. Allein damit ist aber der spezifisch wirtschaftliche Bezug noch nicht hergestellt. Denn es sind auch nichtwirtschaftliche Vorteile denkbar, die sich der Getäuschte mit seiner Vermögensverfügung verschaffen könnte. Das entscheidende Abgrenzungskriterium kann also nur in dem Bereich gesucht werden, für den der Vorteil erstrebt wird. Wenn wirtschaftliches Handeln als Streben nach Daseinsvorsorge und Wohlstand zu ver-

---

1 Vgl. GEIGANT/SOBOTKA/WESTPHAL, Lexikon der Volkswirtschaft, S.718, Stichwort "Wirtschaft, Sinn und Zweck".

stehen ist, kann ein wirtschaftlich relevanter Zweck nur dann gegeben sein, wenn der Verfügende in dieser Hinsicht einen Vorteil erstrebt. Er muß also - kurz gesagt - einen **Vorteil für seine Lebensbedingungen** zu erlangen suchen. Die Wahl des Begriffs der "Lebensbedingungen" bedeutet allerdings nicht, daß der Schutz des Betrugstatbestandes hiermit auf das Erstreben rein existentieller Bedürfnisse beschränkt wird. Vielmehr rechnen zu den Lebensbedingungen alle Faktoren, die gestaltend auf das Leben wirken, insbesondere also auch das Vermögen. Grundsätzlich stellt es daher einen wirtschaftlich relevanten Zweck dar, wenn der Getäuschte mit seiner Verfügung einen vermögensmäßigen Vorteil erstrebt.

Die Bezugnahme auf die "Lebensbedingungen" wirft aber ein anderes Problem auf. Denn dadurch scheint sich der Anwendungsbereich der Abgrenzungsformel auf natürliche Personen als Verfügende und Geschädigte zu verengen. Nur allzuoft kommen aber Unternehmen oder auch die öffentliche Hand als Geschädigte eines Betruges in Betracht. Jedoch auch bei privaten Unternehmen geht es um die Sicherung menschlichen Daseins, um Vorsorge und Streben nach Wohlstand. Denn die Personen, die das Unternehmen betreiben, verfolgen durch die Förderung des Unternehmenszwecks regelmäßig das Ziel, ihr eigenes Dasein zu sichern und Wohlstand zu erlangen. Insofern kann zwar nicht gesagt werden, daß das Unternehmen als solches für sich wirtschaftliche Zwecke verfolgt. Hinter der Forderung des Unternehmenszwecks steht aber das Bestreben, das menschliche Dasein der Betreiber des Unternehmens zu sichern und für deren Prosperität zu sorgen. Der Umstand, daß der Getäuschte mit seiner Verfügung einen Vorteil nicht für sich, sondern für einen Dritten erstrebt, führt aber allein noch nicht dazu, daß dieser Zweck der Verfügung als nichtwirtschaftlich zu qualifizieren ist. Wird also über das Vermögen eines Unternehmens zu einem bestimmten Zweck verfügt und dieser infolge einer Täuschung verfehlt, so reicht es für die Feststellung seiner wirtschaftlichen Relevanz aus, wenn mit der Verfolgung dieses Zwecks der Unternehmenszweck gefördert werden soll. Mit derselben Argumentation läßt sich die Anwendbarkeit der hier entwickelten Formel auch im Falle der öffentlichen Hand als Betrugsopfer erklären. Denn auch hinter ihr stehen in Gestalt der Mitglieder des Gemeinwesens Personen mit auf Daseinsvorsorge und Verbesserung ihrer Lebensbedingungen gerichteten Bedürfnissen, die sie mit Vermögensaufwendungen zur Förderung des Gemeinwesens befriedigen wollen. Wirtschaftlich relevant ist daher ein mit einer solchen Vermögensaufwendung verfolgter Zweck, wenn er auf Förderung des Gemeinwesens gerichtet ist.

Freilich ist der Begriff der "Lebensbedingungen" noch sehr weit. Es sind daher Zweifel angebracht, ob mit der vorgeschlagenen Formel die Verfolgung nichtwirtschaftlicher Interessen zuverlässig aus dem Schutzbereich des Betrugstatbestandes ausgeschieden werden kann. Abschließend kann dies jedoch erst nach einer Überprüfung anhand der oben unter II. herausgearbeiteten Fälle der Zweckverfehlung beurteilt werden. Gegebenenfalls bedarf die entwickelte Formel noch der Präzisierung und Ergänzung.

Einen wirtschaftlich relevanten Zweck stellt es sicherlich dar, wenn das Opfer mit der Vermögensverfügung einen Gewinn erzielen will, wie etwa in den Fällen, in denen ihm vorgespiegelt wird, es nehme mit seinem Kauf eine einmalige, sich wahrscheinlich nicht wiederholende Gelegenheit wahr, während in Wahrheit zum Marktpreis verkauft wird(1). Denn es kann schlechterdings nicht geleugnet werden, daß das Opfer hier eine Verbesserung seiner Lebensbedingungen erstrebt, die jedoch durch die Täuschung vereitelt wird(2). Dagegen ist in den übrigen Fällen des sogenannten individuellen Schadenseinschlags, in denen der Schaden daraus hergeleitet werden soll, daß bei einem zweiseitigen Geschäft die Gegenleistung für das Opfer nicht oder nicht in vollem Umfang zu dem vertraglich vorausgesetzten Zweck brauchbar ist, stets sorgfältig zu untersuchen, ob dieser Zweck, zu dem der Getäuschte die Gegenleistung gebrauchen will und der daher auch seiner Leistung zugrunde liegt, in der Verbesserung seiner Lebensbedingungen besteht und deswegen wirtschaftlich relevant ist. Sicherlich zu bejahen ist dies beispielsweise in der "Melkmaschinen-Entscheidung" des Bundesgerichtshofs(3), da die Benutzung einer Melkmaschine dem landwirtschaftlichen Betrieb des Getäuschten als seiner Einkommensquelle zugutekommt und damit der Verbesserung seiner Lebensbedingungen dient. Ebenso wird man in den Fällen des Zeitungs-, Zeitschriften- und Büchervertriebs(4) einen wirtschaftlich relevanten Zweck annehmen müssen, und zwar nicht nur, wenn die erworbenen Zeitungen, Zeitschriften oder Bücher der Ausbildung oder

---

1 Vgl. zu diesen Fällen S.42ff.

2 Fraglich ist aber, ob die Verfolgung von Gewinnerzielungszwecken nicht aus anderen Gründen aus dem Schutzbereich des Betrugstatbestandes ausgeklammert werden muß. Vgl. dazu unten S.132ff.

3 BGHSt 16, 321ff.

4 Vgl. dazu S.32ff.

dem beruflichen Fortkommen dienen sollen, sondern auch, wenn sie lediglich zur privaten Lektüre des Getäuschten erworben werden. Denn auch die Gestaltung der privaten Sphäre gehört zu den Lebensbedingungen. Dagegen wird man die wirtschaftliche Relevanz des verfolgten Zwecks verneinen müssen, wenn etwa Bücher lediglich wegen ihres prächtigen Goldschnitts oder luxuriösen Einbandes gekauft werden und nicht einmal der Dekoration des Wohnzimmers, sondern ausschließlich dem Renommee des Hausherrn dienen sollen. Denn in diesen Fällen wird eine Verbesserung der Lebensbedingungen nicht erstrebt.

Eindeutig um die Verfolgung eines wirtschaftlich relevanten Zwecks handelt es sich hingegen, wenn eine Warenterminoption zum Zwecke der sicheren Geldanlage erworben wird(1). Denn eine sichere Geldanlage wirkt sich ebenso wie die Erzielung eines vermögensmäßigen Gewinns vorteilhaft auf die Lebensbedingungen des Kunden aus.

Schließlich kann es auch keinen ernsthaften Zweifeln unterliegen, daß im Falle eines betrügerisch erwirkten Verzichts einer Gemeinde auf ihr Vorkaufsrecht an einem Grundstück(2) der von ihr verfolgte öffentliche Zweck wirtschaftlich relevant ist. Denn dessen Verfolgung dient der Verbesserung der Lebensbedingungen der Angehörigen des Gemeinwesens.

Nicht unproblematisch ist dagegen die Feststellung der wirtschaftlichen Relevanz sozialer oder wirtschaftspolitischer Zwecke im Rahmen ein- oder zweiseitiger Geschäfte. Wenn hier das Opfer nicht zusätzlich etwa einen Werbeeffekt erzielen und damit eindeutig nicht nur die Lebensbedingungen anderer Personen, sondern auch die eigenen verbessern will, fragt es sich, ob der Einsatz von Vermögensmitteln zum Vorteil Dritter nicht grundsätzlich als unwirtschaftlich zu qualifizieren ist, etwa weil wirtschaftliches Handeln durch Tätigwerden zum eigenen Vorteil gekennzeichnet ist(3). Nicht gefolgt werden kann der Argumentation von LACKNER(4), unter ökonomischen Gesichtspunkten habe nicht nur die Befriedigung eines subjektiven Interesses Relevanz,

---

1 Vgl. dazu oben S.36.

2 BGH NJW 1977, 155 m.Anm. SCHUDT; LACKNER/WERLE, JR 1978, 299ff.; vgl. oben S.38ff.

3 So offenbar CRAMER, Vermögensbegriff, S.208.

4 In LK, § 263 Rn 170.

sondern auch die Förderung der allgemeinen ökonomischen und gesellschaftlichen Bedingungen, unter denen der Verfügende lebt und die ihm deshalb nicht gleichgültig sein können. Nach der Auffassung von LACKNER wird daher auch in den Fällen, in denen der Verfügende scheinbar nur altruistische Zwecke verfolgt, regelmäßig auch ein Ertrag für die eigene Sphäre erstrebt. Es kann aber gerade nicht in jedem Einzelfall davon ausgegangen werden, daß der Getäuschte, der dem vermeintlich Bedürftigen ein Almosen gibt, damit den Zweck verfolgt, die Bedingungen, unter denen er selbst lebt, zu verbessern. Vielmehr wird es häufiger so liegen, daß er mit seiner Spende nichts weiter bezweckt, als einem anderen zu helfen. Gleichwohl geht aber auch die Auffassung von SAMSON(1) zu weit, das Vermögen werde in diesen Fällen gerade nicht zu wirtschaftlichen Zwecken eingesetzt. Es ist nicht ersichtlich, warum wirtschaftliches Handeln nur dann gegeben sein soll, wenn die eigenen Lebensbedingungen des Verfügenden verbessert werden sollen. Die Förderung fremder Interessen stellt regelmäßig einen auch unter wirtschaftlichen Gesichtspunkten anzuerkennenden Mitteleinsatz dar, dem der strafrechtliche Schutz nicht allein deshalb versagt werden kann, weil dieser Mitteleinsatz für das eigene Vermögen des Getäuschten keinen unmittelbaren Vorteil mit sich bringt. Es ist somit überflüssig, einen solchen eigenen Vorteil des Verfügenden dadurch zu konstruieren, daß man - wie LACKNER(2) - auf die Förderung der allgemeinen ökonomischen und gesellschaftlichen Bedingungen abstellt, unter denen der Verfügende lebt und die ihm deshalb nicht gleichgültig sein können.

Freilich ist bislang noch nicht überprüft worden, ob mit der hier entwickelten Abgrenzungsformel auch die Aufgabe lösbar ist, die Nichtbefriedigung typischer Affektionsinteressen, wie etwa das Ausbleiben von Ansehen oder Ehre, aus dem Schutzbereich des Betrugstatbestands auszuklammern. Zunächst scheint es allerdings, daß insoweit die hier entwickelte Abgrenzungsformel versagt. Auch wenn das Opfer den Zweck verfolgt, durch seine Aufwendungen sein Ansehen bei den Mitmenschen zu steigern oder sich ein bestimmtes Maß an Ehre zu verschaffen, so erstrebt es damit die Verbesserung seiner Lebensbedingungen. Denn es kann kaum in Abrede gestellt werden, daß Ansehen und Ehre maßgeblichen Einfluß auf die Lebensumstände des Betroffenen haben können.

---

1 In SK, § 263 Rn 157.

2 In LK, § 263 Rn 170.

Hier wird indessen deutlich, daß bei der Entwicklung der Abgrenzungsformel ein Gesichtspunkt bislang noch nicht berücksichtigt worden ist. Wenn das Wesentliche wirtschaftlichen Handeln darin liegt, daß der Mensch zur Befriedigung seiner Bedürfnisse die Knappheit an Gütern zu überwinden hat, so zeigt es sich, daß der Begriff des Wirtschaftlichen eine gegenständliche Komponente aufweist. Wirtschaftliches Handeln ist nämlich dadurch gekennzeichnet, daß es auf Erlangung eines Vorteils für die Lebensbedingungen des Handelnden gerichtet ist, der nicht lediglich immaterieller Natur ist, sondern sich als materielle Besserstellung vermögensmäßig niederschlägt. An letzterem fehlt es aber, wenn sich der Getäuschte mit seiner Vermögensaufwendung lediglich Ansehen und Ehre verschaffen will. Wirtschaftlich relevant kann daher nur ein Zweck sein, der in der Erlangung eines materiellen Vorteils für die Lebensbedingungen des Opfers oder eines Dritten besteht, dessen Verfolgung also der Verbesserung der materiellen Lebensbedingungen dient. Affektionsinteressen genügen diesen Anforderungen nicht.

Allerdings ist das Ziel, sich durch eine Vermögensaufwendung Ansehen und Ehre zu verschaffen, nicht stets wirtschaftlich irrelevant. Wie bereits angedeutet(1), kann der Getäuschte mit seiner Spende etwa den Zweck verfolgen, sein Ansehen oder das seines Unternehmens bei seinen Kunden oder auch allgemein in der Bevölkerung zu erhöhen. Regelmäßig soll damit ein werbender Effekt, etwa durch Verbesserung des "Images" des vertriebenen Produkts mit dem Ziel der Steigerung des Absatzes erreicht werden(2). Hier geht es dem Betroffenen nicht lediglich um den immateriellen Vorteil einer Steigerung des Ansehens seiner Person oder seines Unternehmens, sondern in erster Linie um die Verbesserung seines wirtschaftlichen Ertrages infolge erhöhten Absatzes der von ihm angebotenen Güter. Damit aber erstrebt er letztlich einen materiellen Vorteil für seine Lebensbedingungen. Der Zweck, mit einer Aufwendung lediglich das Ansehen bei den Mitmenschen zu erhöhen, der normalerweise ein typisches Affektionsinteresse darstellt, kann also durchaus wirtschaftliche Rele-

---

1 S. oben S.124.

2 Ein weiteres Beispiel bildet etwa die finanzielle Unterstützung von Berliner Fluchthelfern durch einen Zeitungsverlag, die auf der Überlegung beruht, durch sensationelle Berichte die Auflagenziffer zu erhöhen und damit den finanziellen Aufwand wettzumachen; vgl. hierzu und zu weiteren Beispielen CRAMER, Vermögensbegriff, S.208.

vanz haben, wenn der Betroffene aus dem gesteigerten Ansehen wirtschaftlichen Nutzen ziehen will.

Übrigens ergibt sich aus diesen Fällen noch ein gewichtiges Argument gegen die Auffassung von WEIDEMANN(1). Er unterstellt auch die Verfolgung nichtwirtschaftlicher Interessen dem Schutz des Betrugstatbestandes. Jedoch nimmt er ein lediglich unbeachtliches Motiv an, wenn das Ziel nach der Vorstellung des Verfügenden weder unmittelbar durch den Leistungszufluß beim Täter noch durch eine Handlung erreicht werden soll, die von diesem um der Leistung willen vorgenommen wird, sondern über den Leistungszufluß hinaus noch ein "Mehr" zur Erreichung des Ziels erforderlich ist(2). WEIDEMANN müßte die Absicht des Getäuschten, einen werbenden Effekt und damit letztlich einen materiellen Vorteil für seine Lebensbedingungen zu erzielen, genauso wie das lediglich affektive Erstreben von Ansehen als unbeachtlich qualifizieren, da beide Male über den Leistungszufluß hinaus noch die entsprechende positive Reaktion der Mitmenschen hinzukommen muß. Daß im ersteren Falle einem handfesten wirtschaftlichen Interesse der Schutz des Betrugstatbestandes versagt wird, ist mit einer wirtschaftlichen Vermögensauffassung schwerlich vereinbar.

cc) Der Maßstab bei der Feststellung der wirtschaftlichen Relevanz

Bei der Beurteilung, ob die Vermögensverfügung, die das Opfer aufgrund der Täuschung vornimmt, der Verbesserung seiner materiellen Lebensbedingungen dient, ihr also ein wirtschaftlicher Zweck zugrunde liegt, stellt sich die Frage, ob ein subjektiver oder ein objektiver Maßstab anzulegen ist.

Eine rein subjektive Beurteilung müßte sich an der Auffassung des Getäuschten orientieren, die er bei der Vornahme der Vermögensverfügung hat. Einen wirtschaftlich relevanten Zweck würde man bereits bejahen müssen, wenn das Opfer subjektiv der Meinung ist, durch die Zweckverfolgung eine Verbesserung seiner materiellen Lebensbedingungen herbeizuführen. Dies hätte aber zur Folge, daß im Falle der Verfehlung des Zwecks auch dann ein Schaden anzunehmen wäre, wenn die Auffassung des Ge-

---

1 Kompensationsproblem, S.224ff.

2 Vgl. dazu oben S.120.

täuschten unzutreffend wäre, er also gerade keinen wirtschaftlich relevanten Zweck verfolgt. Daß dies mit einer wirtschaftlichen Vermögensauffassung nicht vereinbar ist, liegt auf der Hand. Dies liefe nämlich dem Ergebnis auf den Schutz eines Nichtvermögensinteresses hinaus.

Die Frage der wirtschaftlichen Relevanz des verfolgten Zwecks kann daher - wie schon die Frage, ob dieser verfehlt ist oder nicht(1) - nur rein objektiv beurteilt werden. Insoweit sind der "sachliche Beurteiler"(2) und das "vernünftige Urteil eines unbeteiligten Dritten"(3) also durchaus noch von Bedeutung.

d) Die Verfolgung des Zwecks, einen Gewinn zu erzielen

Häufig wird der Verfügende mit dem Einsatz seines Vermögens für sich allein oder unter anderem den Zweck verfolgen, dieses zu erweitern, also einen Gewinn zu erzielen. Dies kann er zum einen dadurch zu erreichen suchen, daß er ein zweiseitiges Geschäft in der Absicht abschließt, beim Austausch der Leistungen "mehr zu erhalten als zu geben". Ein bekanntes Beispiel für einen solchen Fall stellt die "Melkmaschinen-Entscheidung" des Bundesgerichtshofs(4) dar, und zwar in der Variante, in der dem Betroffenen vorgespiegelt wird, er nehme mit seinem Kauf eine einmalige, sich wahrscheinlich nicht wiederholende Gelegenheit wahr, während in Wahrheit zum Marktpreis verkauft wird(5). Die nach der hier vertretenen Auffassung für den Schaden ausschlaggebende Verfehlung des Zwecks, eine anders nicht wahrzunehmende Chance mit einem die wirtschaftliche Bewegungsfreiheit nachhaltig einschränkenden Opfer zu erkaufen(6), ist nämlich im Kern nichts anderes als die Vereitelung der Absicht des Betroffenen, durch den Kauf einen Vermögenszuwachs zu erzielen.

----

1 LANG-HINRICHSEN, LM StGB § 263 Nr.56.

2 BGHSt 16, 321 (326).

3 BGHSt 16, 220 (222).

4 BGHSt 16, 321ff.

5 Vgl. hierzu oben S.42ff.

6 S. oben S.47f.

Ebenso liegt es in den Fällen, in denen der Täter dem Betroffenen werterhöhende Eigenschaften der Kaufsache zusichert, die in Wahrheit fehlen, während die Sache gleichwohl ihren Preis wert ist(1). Im Ergebnis wird hier für den Betroffenen die Realisierung der Absicht vereitelt, einen Gewinn zu erzielen.

Der Verfügende kann sein Vermögen aber auch dadurch zu erweitern suchen, daß er einen Gegenstand erwirbt, mit dem seinerseits ein Gewinn erzielt werden soll. Ein Beispiel hierfür bildet etwa der Fall, daß einem Gebrauchtwagenhändler ein Fahrzeug unter der Vorspiegelung eines besonders niedrigen Kilometerstandes für DM 2.000.-- verkauft wird und dieses seinen Preis auch objektiv wert ist. Wäre jedoch das Vorgespiegelte wahr gewesen, hätte der Gebrauchtwagenhändler den Wagen für DM 2.500.-- statt für nur DM 2.100.-- weiterverkaufen können(2). Hier könnte der für den Schaden am Vermögen des Gebrauchtwagenhändlers ausschlaggebende Gesichtspunkt darin gesehen werden, daß der Wagen für einen Händler, der darauf angewiesen ist, bei der Veräußerung einen Gewinn zu erzielen, individuell unbrauchbar sei, der zu seinem Erwerb erbrachte Geldbetrag also den Zweck verfehle, das Vermögen zu erweitern(3). In diesem Zusammenhang ist aber auch die Fallgestaltung des betrügerischen Handels mit Warenterminoptionen zu nennen, in der wegen der Höhe der vom Makler erhobenen Aufschläge auf den Optionspreis die Gewinnchance minimiert wird(4). Denn wenn man mit dem 3. Strafsenat des Bundesgerichtshofs(5) den Schaden in Höhe des vollen Optionspreises daraus herleitet, daß die Option in diesem Falle zur Spekulation untauglich ist, so wird damit ebenfalls die Verfehlung des Zwecks, mit einer Vermögensaufwendung einen Gewinn zu erzielen, zum ausschlaggebenden Gesichtspunkt erhoben.

---

1 Vgl. dazu BGHSt 16, 220ff.; LACKNER in LK, § 263 Rn 227ff.; SCHÖNFELD, JZ 1964, 206ff.; KREFT, DRiZ 1970, 58ff.; CRAMER, Vermögensbegriff, S.190ff.

2 KREFT, DRiZ 1970, 58ff. und die Besprechung bei WEIDEMANN, Kompensationsproblem, S.242ff.

3 So im Ergebnis KREFT, DRiZ 1970, S.58 (60) und WEIDEMANN, Kompensastionsproblem, S.243.

4 S. hierzu oben S.35ff.

5 BGHSt 31, 115 = NJW 1983, 126.

Tatsächlich erscheint es nicht von vornherein ausgeschlossen, aus der Verfehlung des mit einer Vermögensaufwendung verfolgten Zwecks, den Gesamtwert des Vermögens zu erhöhen, einen Schaden am Vermögen abzuleiten. Denn es ist nicht zu verkennen, daß nahezu jeder Vermögensgegenstand grundsätzlich geeignet ist, durch seinen Einsatz im Rahmen zweiseitiger Geschäfte einen Gewinn zu erzielen und damit eine Erweiterung des eigenen Vermögens herbeizuführen. Insofern könnte man diese Eigenschaft durchaus als wertbildenden Faktor ansehen. Bereits an anderer Stelle(1) wurde ausgeführt, daß die Realisierung dieses wertbildenden Faktors durch Verfolgung des Gewinnerzielungszwecks auch wirtschaftliche Relevanz hat.

Allerdings darf nicht übersehen werden, daß der Betrugstatbestand in erster Linie den vorhandenen Vermögensbestand gegen Schmälerung schützen soll(2), nicht jedoch gegen die Vereitelung seiner künftigen Erweiterung(3). Dementsprechend wird die Bewertung der "Vereitelung des Reicherwerdens" als Schaden auch häufig abgelehnt(4).

In der Tat würde die Beschränkung des Schutzes durch den Betrugstatbestand auf den Vermögensbestand aufgegeben, wollte man bereits die grundsätzliche Eignung nahezu eines jeden Gegenstandes, mit ihm einen Gewinn zu erzielen, als wertbildenden Faktor ansehen.

Allerdings kann - ohne daß im Rahmen dieser Abhandlung auf die in Einzelheiten noch umstrittenen Grenzen des Schutzes des entgangenen Gewinns eingegangen werden kann(5) - heute als

---

1 Oben S.127.

2 Dieser Grundsatz hat auch stets das Schadensverständnis und daraus folgend die Methode der Schadensberechnung beherrscht, vgl. etwa RGSt 9, 168 (169); 71, 303 (304); "nachteilige Veränderung des aktuellen (gegenwärtigen) Vermögensbestandes"; RGSt 16, 1 (3): "Verminderung des Gesamtwertes des Vermögens"; BGHSt 16, 220 (221): "Unterschied zwischen dem Wert des Vermögens vor und nach der Vermögensverfügung".

3 BGHSt 16, 220 (233); a.A. CRAMER, Vermögensbegriff, S.192.

4 SCHRÖDER, NJW 1962, 721 (722); GALLAS, Eb.Schmidt-Festschrift (1961), S.401 (411); GUTMANN, MDR 1963, 3 (5); SCHÖNFELD, JZ 1964, 206 (209f.); OTTO, Vermögensschutz, S. 46ff. und 58; BGHSt 16, 220 (223).

5 Vgl. dazu LACKNER in LK, § 263 Rn 135f. und 227ff.

im wesentlichen gesichert angesehen werden, daß solche Aussichten auf Vermögenszuwachs den Schutz des Betrugstatbestandes genießen, die insofern einen gewissen Grad an Konkretisierung erreicht haben, als auf den Vermögenszuwachs ein Rechtsanspruch besteht, wie bei Vorkaufsrechten, Forderungen, Anwartschaftsrechten oder Bezugsberechtigungen(1). Dies gilt aber auch für Vermögensrechte, deren Substrat in einer Gewinnchance besteht(2) sowie für die sogenannte Exspektanz, soweit eine Lage besteht, die sich nach dem gewöhnlichen Verlauf der Dinge regelmäßig zu dem erwarteten rechtlichen Vermögenszuwachs weiterentwickelt(3). Die Schadensrelevanz der Verfehlung des Gewinnerzielungszwecks in diesen Fällen ergibt sich daraus, daß der Gewinnaussicht jeweils ein eigenständiger wirtschaftlicher Wert zukommt. Wird die Gewinnaussicht nun in irgendeiner Weise vereitelt oder auch nur beeinträchtigt, so erleidet das Vermögen regelmäßig bereits eine Minderung seines objektiven Werts. Ist diese dem Betroffenen erfolgreich verschleiert worden, ist ein Vermögensschaden zu bejahen. Wird er also beispielsweise durch Täuschung über den wahren Kaufpreis eines Grundstücks dazu bewogen, auf die Ausübung eines ihm an diesem Grundstück zustehenden Vorkaufsrechts zu verzichten, so tritt zunächst eine Minderung des objektiven Vermögenswerts in Höhe des Wertes ein, der dem Vorkaufsrecht im konkreten Vorkaufsfall zukommt(4). Ebenso erleidet derjenige einen Schaden in Gestalt einer Minderung des objektiven Vermögenswerts, der ein Los erwirbt, dessen Gewinnchance durch vertragswidriges Zurückbehalten des Gewinnloses für den Hauptgewinn während des Losverkaufs beeinträchtigt und das daher seinen Preis nicht wert ist(5). In den Fällen der Vorspiegelung werterhöhender Eigenschaften der Kaufsache kann der Schaden ohne weiteres nur bejaht werden, wenn der Betroffene etwa aufgrund des Verpflichtungsgeschäfts einen Rechtsanspruch auf diese Sache mit den werterhöhenden Eigenschaften erlangt hatte(6).

---

1 LACKNER in LK, § 263 Rn 129.

2 LACKNER in LK, § 263 Rn 130.

3 LACKNER in LK, § 263 Rn 135ff.

4 Vgl. zum Problem der Bestimmung dieses Werts oben S.38ff.

5 BGHSt 8, 289; OLG Hamm NJW 1957, 1162; in diesem Sinne auch OLG Karlsruhe Justiz 1970, 265 für die Ausschaltung der Gewinnchance beim "Fingerhütchenspiel".

6 Zur Frage, wann letzteres angenommen werden kann, vgl. LACKNER in LK, § 263 Rn 227ff.

Problematisch im Hinblick auf die Beschränkung des Vermögensschutzes auf den Vermögensbestand sind hingegen die Fälle, in denen der Betroffene einen Gewinnerzielungszweck verfolgt, von einer in irgendeiner Weise konkretisierbaren Aussicht auf den Eintritt des Vermögenszuwachses aber noch nicht die Rede sein kann. Da einer solchen Aussicht ein wirtschaftlicher Wert nicht zukommt, muß eine Schadensbegründung mit der objektiven Komponente des objektiv-individuellen Schadensbegriffs von vornherein außer Betracht bleiben. Aber auch die Herleitung des Schadens aus einer Zweckverfehlung, etwa durch Anerkennung der grundsätzlichen Eignung nahezu eines jeden Gegenstandes, mit ihm eine Erweiterung des Vermögens herbeizuführen, als wertbildenden Faktor, ist aus einem Grund abzulehnen, der in ähnlicher Form bereits zur Ausscheidung von Affektionsinteressen aus dem Schutzbereich des Betrugstatbestandes geführt hat(1). Die Folge wäre nämlich der Schutz einer **unbestimmten Hoffnung** auf Gewinn, die als nichtwirtschaftliches Interesse gerade nicht geschützt werden soll.

Diese Betrachtungsweise führt indessen zu weitreichenden Konsequenzen in den Fällen, in denen dem Getäuschten die Schädlichkeit seiner Vermögensverfügung gerade deshalb verborgen geblieben ist, weil ihm die Verfehlung des Zwecks, durch sie einen Gewinn zu erzielen, verschleiert wurde. Ein Beispiel bildet wiederum die "Melkmaschinen-Entscheidung" des Bundesgerichtshofs(2) in der Variante, in der dem Betroffenen vorgespiegelt wird, er nehme mit seinem Kauf eine einmalige, sich wahrscheinlich nicht wiederholende Gelegenheit wahr, während in Wahrheit zum Marktpreis verkauft wird. Hier kann ein Schaden auch nicht unter dem Gesichtspunkt der Verfehlung des Zwecks, durch den Kauf einen Gewinn zu machen, bejaht werden(3). Denn es handelt sich lediglich um eine noch in keiner Weise konkretisierte Hoffnung auf Gewinn, die nach dem Gesagten den Schutz des Betrugstatbestandes nicht genießt. Dies führt aber dazu, daß der "Melkmaschinen-Fall" in der hier in Rede stehenden Alternative vom Bundesgerichtshof unzutreffend entschieden wurde: mangels eines Schadens am Vermögen hätte insoweit eine Strafbarkeit

---

1 S. oben S.118ff.

2 BGHSt 16, 321ff.

3 Zur Frage, warum eine Begründung des Schadens mit einer Minderung des objektiven Vermögenswerts, die dem Getäuschten infolge der Täuschung verborgen geblieben ist, ebenfalls ausgeschlossen ist, vgl. oben S.46f.

nicht angenommen werden dürfen(1). Lediglich eine noch nicht konkretisierte Hoffnung auf Gewinn wird auch in den Fällen vereitelt, in denen der Schaden aus der Nichtverwendbarkeit der Kaufsache zur gewinnbringenden Weiterveräußerung abgeleitet werden soll(2). Denn es erschiene geradezu abwegig, bereits aus der Händlereigenschaft als solcher generell eine sogenannte Exspektanz mit der Begründung abzuleiten, nach dem gewöhnlichen Verlauf der Dinge entwickle sich aus jedem Autoankauf ein Gewinn. Demzufolge ist die Zweckverfehlung auch hier kein Umstand, der die Schädlichkeit der Vermögensverfügung begründen und durch dessen Verschleierung dem Verfügenden das Bewußtsein von der schädigenden Wirkung genommen werden könnte.

Hingegen führt die Verfehlung des Gewinnerzielungszweckes im Falle der Erhebung überhöhter Aufschläge beim Handel mit Warenterminoptionen zu einem Vermögensschaden. Denn hier weist die Gewinnchance wegen ihrer Verkörperung in der Option ein gewisses Maß an Konkretisierung auf und hat daher auch einen wirtschaftlichen Wert. Wird sie durch die Erhebung versteckter Aufschläge beeinträchtigt, so ist der objektive Wert der Option entsprechend gemindert. Da sie somit ihren Preis nicht wert ist, erleidet der Käufer einen Schaden in Höhe der Differenz zwischen dem vereinbarten Optionspreis und dem wirklichen Wert der Option, der sich aus den Beschaffungskosten und der Provision eines seriösen inländischen Maklers zusammensetzt(3) und der ihm zufolge der Täuschung bei Vornahme der Vermögensverfügung auch verborgen bleibt. Dagegen kann eine solche Option trotz der Beachtlichkeit der Gewinnerzielungsabsicht in diesem Falle nicht als völlig wertlos angesehen werden(4). Dies folgt allerdings nicht aus den Regeln des persönlichen Schadenseinschlages, wonach unter Umständen der Chance, nur einen Teilverlust der Optionsprämie zu erleiden, die "Tauglichkeit zur Verlustbegrenzung" zukommt(5). Denn es liegt auf der Hand, daß bereits

---

1 Aus demselben Grund ist der Schaden auch in dem insoweit gleichgelagerten Fall des Bayerischen Obersten Landesgerichts (NJW 1973, 633) zu verneinen (s. oben S.48).

2 S. oben S.134.

3 Insoweit einhellige Rechtsprechung, vgl. die Nachweise oben S.35ff.

4 So aber der 3. Strafsenat des Bundesgerichtshofs in BGHSt 31, 115 (117) = NJW 1983, 126.

5 So aber LACKNER/IMO, MDR 1983, 969 (979).

der objektive Wert einer Option sich nicht nur nach der Qualität der Gewinnchance als solcher richtet, sondern auch nach dem Risiko, einen Totalverlust der Prämie zu erleiden. Je höher dieses ist, desto niedriger ist der Wert der Option und umgekehrt. Das Verlustrisiko ist also - neben der Gewinnchance - ein den objektiven Wert mitbestimmender Faktor. Daraus folgt aber, daß die Option nicht schon bei Vereitelung der Gewinnchance als völlig wertlos anzusehen ist. Ihr kommt vielmehr ein "Restwert" zu, der umso höher ist, je geringer das Risiko ist, einen Totalverlust der Optionsprämie zu erleiden, der aber auch völlig fehlen kann, wenn dieses Risiko so hoch ist, daß der Totalverlust nur unter ganz außergewöhnlichen Umständen vermieden werden kann. Aus diesem Grunde ist die Auffassung des 3. Strafsenats des Bundesgerichtshofs(1) abzulehnen.

e) Das Problem der "Verfehlung" des Zwecks

In den weitaus meisten Fällen ist die Feststellung, ob der mit der Vermögensverfügung verfolgte Zweck erreicht oder verfehlt ist, nicht mit Schwierigkeiten verbunden. Ist erst einmal fixiert, welches Bedürfnis das Opfer mit seiner Vermögensaufwendung befriedigen wollte, so läßt sich zumeist ohne weiteres sagen, ob diese Bedürfnisbefriedigung eingetreten ist oder nicht.

Nicht unproblematisch erscheint die Feststellung der Zweckverfehlung hingegen in dem vielzitierten "Lebensversicherungs-Fall" des Reichsgerichts(2), in dem das Opfer bei gleichen Leistungen bei einer anderen als der gewünschten Gesellschaft versichert wird. Aber auch hier hilft eine genaue Untersuchung, welchen Zweck das Opfer verfolgt. Zutreffend weist WEIDEMANN(3) darauf hin, daß Zweckverfehlung zu verneinen ist, wenn es dem Opfer nur um die Erlangung des Versicherungsschutzes geht(4). Anders liegt es aber, wenn es ihm darum geht, ein bestimmtes Versi-

---

1 BGHSt 31, 115 (117) = NJW 1983, 126.

2 RGSt 28, 310; vgl. dazu BOCKELMANN, DR 1942, 1112 (1113); WEIDEMANN, Kompensationsproblem, S.218; OTTO, Vermögensschutz, S.75.

3 Kompensationsproblem, S.218.

4 Wohl aus derselben Erwägung verneint auch OTTO, Vermögensschutz, S.75 den Schaden, ohne dies jedoch näher zu begründen.

cherungsunternehmen zu unterstützen und das Opfer daher nur mit diesem abschließen will. In diesem Fall ist die Zweckverfehlung zu bejahen(1).

In den Fällen sozialer Zweckverfolgung, in denen die Spende nicht auf direktem Wege vom Spender an den Bedürftigen fließt, sondern eine Institution dazwischen geschaltet ist, die die Spenden im Rahmen einer Aktion sammelt und an diesen weiterleitet, liegen die Schwierigkeiten hingegen in der Feststellung, ob der vom Getäuschten verfolgte Zweck erreicht oder verfehlt worden ist. Bei solchen Spendenaktionen entstehen in der Regel nicht unerhebliche Unkosten, so etwa in der Phase des Sammelns der Spenden für Werbemaßnahmen, bei Verwaltung und Verteilung für Personal und den Transport etwa angeschaffter Hilfsgüter. Ist das Ziel der Spendensammelorganisation nicht nur die Durchführung einer einmaligen Spendensammlung, sondern sollen ein oder mehrere soziale Zwecke durch fortlaufende Aktionen gefördert werden, so können gerade in der Aufbauphase der Organisation durch die erforderlichen Investitionen besonders hohe Unkosten entstehen. All diese Unkosten werden in der Regel aus dem Spendenaufkommen gedeckt und können dieses zu einem erheblichen Teil aufzehren. Wenn nun die Verantwortlichen der Organisationen im Bemühen um den Erfolg einer Spendensammelaktion in ihren Spendenaufrufen - wie in aller Regel - die Höhe der das Spendenaufkommen mindernden Unkosten verschweigen oder gar versprechen, jede gespendete Mark fließe dem angegebenen sozialen Zweck zu, so stellt sich die Frage, ob der vom Spender verfolgte soziale Zweck insoweit verfehlt ist, als die Spende zur Deckung von Unkosten verwendet wird(2).

Obwohl solche Fälle nicht selten vorkommen dürften(3), sind höchstrichterliche Entscheidungen zu der vorliegenden Problema-

---

1 WEIDEMANN, Kompensationsproblem, S.218, entsprechend ist auch der von SAMSON JA 1978, 625 (626, Beispiel 62) gebildete Fall zu behandeln, in dem der Betroffene ein englisches Messer gekauft hat und statt dessen ein ebenso wertvolles Messer aus Solinger Stahl erhält; s. aber LACKNER in LK, § 263 Rn 177, der die Relevanz der Zweckverfehlung bei objektiv-wirtschaftlich ausgeglichenen Geschäften allgemein ablehnt.

2 Vgl. zu dieser Fallkonstellation grundlegend RUDOLPHI, Klug-Festschrift (1983), S.315ff.

3 Vgl. etwa die Affäre "Bonner Kinderhilfswerk", dazu "Der Spiegel" Nr. 47/1982, S.106f.

tik bislang nicht bekannt geworden. Auch in der Literatur ist die Stellungnahme von RUDOLPHI(1) vereinzelt geblieben. Zutreffend sieht er den Spendensammler als Treuhänder an, der die von § 263 StGB und § 266 StGB geschützten wirtschaftlichen Interessen der Spender zu wahren habe, indem er unter Vermeidung eines unnötigen Kostenaufwandes ein möglichst großes Spendenaufkommen erzielen, dieses unter Bewahrung vor unnötigen Einbußen ordnungsgemäß verwalten und es möglichst optimal der vorgegebenen Zweckbestimmung zuführen müsse(2). Einen Vermögensschaden wegen Verfehlung des mit seiner Spende verfolgten sozialen Zwecks erleide der Spender hingegen, wenn der Spendensammler die Spende in einer Weise verwende, durch die er seine Treuhänderpflichten verletze(3).

Damit werden offenbar die Spenden auch insoweit als dem sozialen Zweck dienend angesehen, als sie zur Deckung der notwendigen Kosten einer Spendenaktion, d.h. derjenigen Kosten, die ein pflichtgemäß handelnder Treuhänder aufwenden muß, um die Spenden dem sozialen Zweck zuzuführen, verwendet werden. Dies hat zur Konsequenz, daß bei Verwendung der Spende zur Deckung notwendiger Unkosten deren sozialer Zweck nicht verfehlt wird. Für diese Auffassung spricht, daß ohne Aufwendung dieser Kosten die Zuführung der Spenden zum Bedürftigen überhaupt nicht möglich wäre, diese Kosten also aufgrund ihrer Funktion, die Erreichung des eigentlichen sozialen Ziels sicherzustellen, nicht als zweckfremde Aufwendungen angesehen werden können.

Dennoch erweckt die Auffassung von RUDOLPHI in einem Punkt Bedenken. Sie läßt unberücksichtigt, daß eine Spende an eine bereits eingeführte Organisation, die diese auch nicht teilweise zur Deckung von Unkosten verwenden muß, im Hinblick auf die Linderung der Not der Bedürftigen einen "sinnvolleren" Mitteleinsatz darstellt als eine Spende an eine Organisation, die sich noch im Aufbau befindet und daher womöglich den gesamten Spendenbetrag für Investitionen aufwenden muß, gleichwohl aber damit wirbt, "jede Mark" gelange an den Bedürftigen. Dies kann nicht ohne Einfluß auf die Frage sein, ob die Spende ihren sozialen Zweck verfehlt und daher einen Vermögensschaden begründet.

---

1 Klug-Festschrift (1983), S.315ff.

2 Klug-Festschrift (1983), S.315 (323); zu diesen Pflichten im einzelnen und zu dem ihm bei der Erfüllung zustehenden weiten Ermessensspielraum vgl. S.324ff.

3 Klug-Festschrift (1983), S.315 (323).

Die somit erforderliche Differenzierung könnte erreicht werden, indem man entgegen RUDOLPHI(1) die Verwendung der Spende zur Deckung notwendiger Unkosten nicht in gleicher Weise als soziale Zweckerfüllung ansieht wie deren Verwendung unmittelbar zur Linderung der Not des Bedürftigen. Denn es läßt sich nicht bestreiten, daß es dem Verfügenden allein darauf ankommt, daß die von ihm aufgewendeten Mittel ausschließlich dem Bedürftigen zugute kommen. Dies hat zwar zur Folge, daß stets insoweit eine Verfehlung des vom Opfer verfolgten sozialen Zwecks anzunehmen ist, als die von ihm geleistete Spende zur Deckung von - wenn auch notwendigen - Unkosten verwendet wird. Dennoch bewirkt eine solche Auffassung keine unverantwortliche Ausdehnung der Strafbarkeit. In der Mehrzahl der hier einschlägigen Fälle fehlt es nämlich bereits an einer Täuschung. Eine solche ist nur zu bejahen, wenn vorgespiegelt wird, daß ein größerer Teil der Spende direkt beim Bedürftigen ankommen wird als dies tatsächlich der Fall ist. So liegt es beispielsweise, wenn im Spendenaufruf zum Ausdruck gebracht wird, "jede Mark" erreiche den Hilfsbedürftigen, während in Wahrheit Unkosten aus dem Spendenaufkommen zu decken sind. In Höhe dieser Unkosten verfehlt die Spende auch ihren sozialen Zweck. Wenn dagegen im Spendenaufruf - wie zumeist - über Unkosten keine Aussage getroffen wird, kann eine - konkludente - Vorspiegelung, es seien aus dem Spendenaufkommen keine Unkosten zu decken, nicht angenommen werden(2). Denn der Spender muß mangels entgegenstehender Anhaltspunkte vernünftigerweise davon ausgehen, daß bei einer Spendenaktion auch bei sparsamem Wirtschaften Unkosten entstehen, die aus dem Spendenaufkommen gedeckt werden. Tatsächlich wird er dies auch regelmäßig in Rechnung stellen. Allerdings muß der Spender lediglich damit rechnen, daß aus der Sicht des "sorgfältigen Treuhänders"(3) notwendige Unkosten das Spendenaufkommen mindern. Daher liegt eine Täuschung vor, wenn ein darüber hinausgehender Unkostenanteil in Abzug gebracht werden soll. In diesem Umfang ist dann auch - in Übereinstimmung mit RUDOLPHI - von einer Verfehlung des sozialen Zwecks der Spende auszugehen.

---

1 Klug-Festschrift (1983), S.315ff.

2 Der Annahme einer Täuschung durch Unterlassen der Aufklärung über die aus dem Spendenaufkommen zu deckenden Unkosten dürfte das Fehlen einer entsprechenden Pflicht des Spendensammlers entgegenstehen.

3 RUDOLPHI, Klug-Festschrift (1983), S.315 (324).

f) Das Problem der "materiellen" Zweckerreichung

Nicht selten beruft sich der Täter darauf, daß infolge der täuschungsbedingten Vermögensverfügung zwar eine Minderung des objektiven Werts des Vermögens eingetreten sei, die dem Opfer auch verborgen geblieben sei. Gleichwohl sei der Zweck, den das Opfer mit seiner Verfügung verfolge, "materiell" erreicht. Daher sei die Vermögenssphäre des Opfers nicht beeinträchtigt. Hier stellt sich die Frage, ob ein Schaden am Vermögen im Sinne des § 263 StGB trotz der dem Opfer verborgen gebliebenen Minderung des objektiven Vermögenswerts aufgrund der Zweckerreichung zu verneinen ist. Praktisch wird dieses Problem bei den bereits erwähnten(1) Austauschgeschäften, die dadurch gekennzeichnet sind, daß die Gegenleistung nur einen von mehreren, ihren objektiven Wert bestimmenden Faktoren aufweist, diese daher gegenüber der Leistung des Getäuschten objektiv minderwertig ist. Für dessen Belange ist jedoch allein der vorhandene Faktor maßgebend(2). So liegt es beispielsweise, wenn der zu erwerbende Gegenstand zwar qualitativ minderwertig ist, jedoch eine bestimmte Herkunft aufweist, auf die es dem Getäuschten allein ankommt. Aber auch in den Fällen der Erschleichung von Subventionen ist eine vergleichbare und in gleicher Weise problematische Konstellation häufig anzutreffen. Ist die Vergabestelle durch Rechtsvorschriften gebunden und täuscht der Täter darin enthaltene Vergabevoraussetzungen vor, so ergibt sich in den nach § 263 StGB zu beurteilenden Fällen der Vermögensschaden des Fiskus bereits aus einer Minderung des objektiven Vermögenswerts(3). Gleichwohl kann aber entweder der Primärzweck der Subvention (falls dieser ausnahmsweise nicht als Anspruchsvoraussetzung in die Vergabevorschriften aufgenommen wird) und infolgedessen auch der Endzweck oder jedenfalls dieser Endzweck allein erreicht sein(4).

WEIDEMANN(5) verneint im Falle der Zweckerreichung generell einen Schaden. Er begründet dies damit, daß die Funktion des

---

1 S. oben S.41.

2 Vgl. auch das Beispiel bei CRAMER, Vermögensbegriff, S.105 Fn 210.

3 Vgl. dazu näher oben S.24f.

4 Zu den Begriffen Primär- und Endzweck und dem Zusammenhang zwischen beiden s. oben S.110ff.

5 Kompensationsproblem, S.213f.

Vermögens darin bestehe, genutzt zu werden. Wo diese Nutzung gegeben sei, lasse sich nicht von einem Schaden sprechen, ohne Rücksicht darauf, ob durch die betreffende Verwendung der Geldwert des Vermögens gemindert werde. Bei den erwähnten Austauschgeschäften nimmt auch LACKNER(1) einen Ausschluß des Schadens aufgrund der individuellen Komponente des objektiv-individuellen Wertmaßstabs an. Dem kann jedoch auf der Grundlage der hier vertretenen Auffassung vom Wert des Vermögens, nach der bereits der Verlust eines objektiven Vermögenswerts eine Schmälerung des Potentials des Vermögensträgers bedeutet, seine individuellen Bedürfnisse zu befriedigen(2), nicht beigepflichtet werden. Daß ein solcher Verlust nicht völlig außer Betracht bleiben kann, zeigt sich an den erwähnten Austauschgeschäften. Bei diesen bezahlt - wie dargelegt(3) - der Getäuschte die Gegenleistung zu teuer. Dieser Mehraufwand bewirkt eine kompensationslose Minderung des objektiven Vermögenswerts, die ihm infolge der Täuschung regelmäßig verborgen bleibt. Es ist kein Grund ersichtlich, der es rechtfertigen könnte, ihm den Schutz gegen solche Eingriffe in sein Vermögen zu verwehren. Hinzu kommt, daß der Ausschluß des Schadens infolge "materieller Zweckerreichung" in diesen Fällen für gewitzte Geschäftemacher eine Möglichkeit schaffen würde, sich mittels Täuschung ungestraft auf Kosten anderer zu bereichern. Im Falle der Lieferung minderwertiger Ware zum Preise höherwertiger könnte der Täter nämlich einwenden, daß diese ja den Bedürfnissen des Opfers genüge und er dies im Zeitpunkt der Tat auch gewußt habe. Das Gericht hätte diesem Einwand nachzugehen und wäre schon bei dessen Nichtwiderlegbarkeit nach dem Grundsatz "in dubio pro reo" gezwungen, freizusprechen.

Hingegen wird in den erwähnten Fällen die Erschleichung von Subventionen ein Ausschluß des Schadens infolge "materieller Zweckerreichung" nahezu ausnahmslos abgelehnt. Der Bundesgerichtshof begründet dies in einer neueren Entscheidung, die einen nach § 263 StGB zu beurteilenden Fall der Erschleichung von Investitionszulage nach dem Investitionszulagegesetz(4) betrifft(5), damit, daß staatliche Stellen nur Geld ausgeben dürf-

----

1 In LK, § 263 Rn 190.

2 S. oben S.96f.

3 S. oben S.98.

4 In der Fassung des Gesetzes vom 23.12.1974, BGBl.I S.3676.

5 BGH NJW 1982, 2453f. = JR 1983, 211f.

ten, soweit dies durch Gesetz vorgeschrieben oder zugelassen sei. Die Berufung auf den gesetzgeberischen Zweck könne insbesondere nicht dazu führen, Ansprüche anzuerkennen, die nach dem klaren Wortlaut des Gesetzes ausgeschlossen sein sollen. Wer etwa - wie im konkret entschiedenen Fall - die zeitlichen Voraussetzungen für die Leistung einer Subvention nicht erfülle, habe auf sie keinen Anspruch. Wie nahe sein Handeln dem gesetzgeberischen Motiv sonst komme, sei ohne Bedeutung. Entsprechend wird in der Literatur darauf hingewiesen, daß die materiellen Vergabevoraussetzungen Bedingungen seien, die den Einsatz der Mittel nach den Zwecksetzungen des Urhebers der Subvention zu steuern bestimmt seien(1) oder daß in diesen normativen Voraussetzungen der Vergabe sich der Zweck der Subventionierung in bindender und ausschließlicher Weise konkretisiere(2). Von einer Konkretisierung des Subventionszwecks in den Vergabevorschriften kann allerdings nur die Rede sein, wenn in ihnen wenigstens der Primärzweck zum Ausdruck kommt. Ist dies nicht der Fall, sind aber im übrigen die Vergabevorschriften zu materiellen Anspruchsvoraussetzungen ausgestaltet, so bedeutet dies gleichwohl eine rechtliche Bindung des Subventionsgebers bei der Vergabe der Subvention, die nicht unter Hinweis auf die Erreichung des gesetzgeberischen Zwecks umgangen werden darf.

Wenn zuweilen eine Ausnahme in den Fällen gemacht wird, in denen nicht die Voraussetzungen eines materiellen Anspruchs des Subventionsnehmers vorgespiegelt werden, sondern sich die Täuschung auf in den Verwaltungsvorschriften enthaltene Regelungen

----

1 LACKNER in LK, § 263 Rn 176.

2 TIEDEMANN, JR 1983, 212 (213); in diesem Sinne auch ders., ZStW 86 (1974), 897 (913), Wirtschaftsrecht II S.100 und Subventionskriminalität, S.317; TIEDEMANN geht bei seiner Auffassung allerdings von einem gespaltenen Vermögens- und Schadensbegriff aus, wonach Leistungszwecke nur bei öffentlichen Haushalten, nicht jedoch bei privaten strafrechtlich geschützt werden, vgl. ZStW 86 (1974), 897 (911f.), Subventionskriminalität S.315 und Wirtschaftsrecht II S.99; diese Ansicht beruht auf der durch nichts gerechtfertigten Prämisse, nur die öffentliche Haushaltswirtschaft sei durch planvolles Vorgehen gekennzeichnet, während private Zweckverfolgung in der Regel willkürlich sei; krit. auch LACKNER in LK, § 263 RN 176 Fn 308; vgl. dazu bereits oben S. 100f.

bezieht, die lediglich die Verwaltungstätigkeit erleichtern oder der Beweissicherung dienen sollen(1), so beruht dies nicht auf einer beschränkten Anerkennung der schadensausschließenden Wirkung "materieller Zweckerreichung". Denn bei dem Problem der materiellen Zweckerreichung handelt es sich um die Frage, ob trotz einer Minderung des objektiven Vermögenswerts, die dem Getäuschten auch verborgen geblieben ist, die Annahme eines Vermögensschadens deshalb ausgeschlossen ist, weil die Vermögensverfügung ihren Zweck gleichwohl erreicht hat. Wenn nun Vergabevorschriften, die einen Anspruch des Subventionsnehmers begründen, fehlen, kann dem Fiskus die Schädlichkeit seiner Vermögensverfügung nur verborgen bleiben, wenn diese ihren Zweck verfehlt und die Täuschung ihm gerade dies verschleiert. Denn die gleichzeitige Minderung des objektiven Vermögenswerts ist ihm bekannt und eignet sich daher nicht zur Schadensbegründung. Bestehen solche Anspruchsvoraussetzungen, erfüllt der Täter diese jedoch, täuscht aber die Erfüllung von verwaltungsvereinfachenden oder der Beweissicherung dienenden Normen vor, so fehlt es bereits an einer Minderung des objektiven Vermögenswerts, die durch materielle Zweckerreichung "kompensiert" werden könnte(2).

Schließlich bedarf der Erwähnung, daß sich auch im Bereich der nach § 264 StGB zu beurteilenden Fälle der Subventionserschleichung die Subventionsnehmer häufig darauf berufen, daß ihre Täuschungshandlung "materiell" den Subventionszweck nicht vereitele oder gefährde. Da der Subventionsbetrug des § 264 StGB nach herrschender Auffassung ein abstraktes Gefährdungsdelikt ist(3), wird das Problem der Beachtlichkeit der "materiellen

---

1 So TIEDEMANN in LK, § 264 Rn 13, JR 1983, 212 (213) für den Beweismittelbetrug, sowie Subventionskriminalität, S.317; offengelassen von BGH NJW 1982, 2453 (2454).

2 Anders könnte es nur liegen, wenn man mit TIEDEMANN, Subventionskriminalität, S.318, eine Kategorie von Verwaltungskontroll- und Beweissicherungsnormen anerkennt, die als materielle Anspruchsvoraussetzungen ausgestaltet sind. Aber auch insoweit würden durch die Anerkennung der schadensausschließenden Wirkung der materiellen Zweckerreichung Ansprüche anerkannt, die nach dem klaren Wortlaut des Gesetzes gerade ausgeschlossen sind, vgl. BGH NJW 1982, 2453 (2454).

3 Vgl. etwa TIEDEMANN in LK, § 264 Rn 11; DREHER/TRÖNDLE, § 264 Rn 4; LENCKNER in SCHÖNKE/SCHRÖDER, § 264 Rn 5; LACKNER, StGB, § 264 Anm.1 und in LK, § 263 Rn 164, jeweils m.w.N.

Zweckerreichung" zumeist auf die allgemeine Frage zurückgeführt, ob bei dieser Deliktsform der Beweis der Ungefährlichkeit der Handlung im Einzelfall zuzulassen ist(1). Hierzu hat sich eine Vielzahl unterschiedlicher Meinungen gebildet, deren Darstellung und Diskussion im einzelnen den Rahmen der vorliegenden Abhandlung sprengen würde(2). Es muß daher mit dem Hinweis auf die herrschende Auffassung sein Bewenden haben, die formell tatbestandsmäßige Handlungen nur dann aus dem Bereich der Strafbarkeit ausscheidet, wenn der konkret einschlägige Tatbestand individuelle Rechtsgüter schützt und die Handlung des Täters absolut ungeeignet ist, das konkrete Angriffsobjekt in Gefahr zu bringen(3). Allerdings folgt aus dem Umstand, daß die Tatbestandsmäßigkeit unberührt bleibt, wenn die einzelne Handlung für ein überindividuelles Rechtsgut ungefährlich ist, für den Subventionsbetrug nach § 264 StGB noch nicht, daß der Beweis der Ungefährlichkeit der Handlung im Einzelfall zulässig und die "materielle Zweckerreichung" beachtlich wäre. Denn § 264 StGB schützt entgegen der Auffassung von CRAMER(4) nicht etwa das Subventionswesen schlechthin und damit ein überindividuelles Rechtsgut, sondern nach überwiegender Auffassung die Planungs- und Dispositionsfreiheit des Subventionsgebers(5) und damit durchaus ein individuelles Rechtsgut. Es ist aber zweifelhaft, ob die Täuschungshandlung schon dann für die Planungs- und Dispositionsfreiheit des Subventionsgebers "absolut ungefährlich" ist, wenn der Subventionszweck erreicht wird. Diese Planungs- und Dispositionsfreiheit beinhaltet nämlich die Freiheit des Subventionsgebers, die Vergabe nicht nur von der Erreichung eines bestimmten Zwecks, sondern darüber hinaus auch von anderen Voraussetzungen abhängig zu machen und die Subvention demjenigen zu versagen, der zwar den Subventionszweck erfüllt,

---

1 TIEDEMANN in LK, § 264 Rn 14, CRAMER in SCHÖNKE/SCHRÖDER, Vorbem. §§ 306ff. Rn 3a.

2 Vgl. die zusammenfassende Darstellung des Meinungsstandes bei CRAMER in SCHÖNKE/SCHRÖDER, Vorbem. §§ 306ff. Rn 3af.

3 CRAMER in SCHÖNKE/SCHRÖDER, §§ 306ff. Rn 3a; BGHSt 26, 121 (124f.); BGH NJW 1982, 2329 m.Anm. HILGER, NStZ 1982, 421f. und BOHNERT, JuS 1984, 182ff.; TIEDEMANN, Tatbestandsfunktionen, S.165ff. und in LK, § 264 Rn 14.

4 In SCHÖNKE/SCHRÖDER, Vorbem. §§ 306ff. Rn 3a.

5 Vgl. OLG Karlsruhe NJW 1981, 1383; OLG Hamburg NStZ 1984, 218; TIEDEMANN in LK, § 264 Rn 8; DREHER/TRÖNDLE, § 264 Rn 3.

nicht aber diese weiteren Anforderungen. Auch wenn die materielle Zweckerreichung sichergestellt ist, ist die Täuschungshandlung nicht in jedem Falle für das Rechtsgut ungefährlich. Auch bei § 264 StGB ist der Gesichtspunkt der materiellen Zweckerreichung somit ohne Bedeutung.

2. Die Minderung des individuellen Werts des Vermögens

Bereits an anderer Stelle(1) wurde im einzelnen begründet, daß die schlichte Zweckverfehlung eines Vermögenseinsatzes zur Annahme eines Schadens am Vermögen nicht ausreicht, sondern stets eine Minderung des Werts des Vermögens hinzukommen muß, die dem Opfer infolge der Täuschung verborgen geblieben ist. Wenn der Getäuschte ein individuelles Bedürfnis befriedigen will und diese Absicht als Zweck seiner Vermögensverfügung zugrunde legt, ist im Falle der Verfehlung dieses Zwecks eine Minderung des objektiven Werts des Vermögens, die dem Getäuschten verborgen geblieben ist, nur in Ausnahmefällen festzustellen(2). Vielmehr kommt insoweit lediglich ein Verlust an individuellem Wert in Betracht, der nach der hier entwickelten Definition gegeben ist, wenn der die potentielle Bedürfnisbefriedigung in sich tragende Vermögensgegenstand aus dem Vermögen ausgeschieden ist und dieser Verlust nicht durch eine ihm unmittelbar zufließende, gleichermaßen zur Befriedigung desselben Bedürfnisses geeignete Gegenleistung ersetzt wird(3).

Bei einseitigen Leistungen zur Erreichung eines bestimmten individuellen Zwecks hat dies zur Folge, daß mit dessen Verfehlung und dem Ausscheiden des Gegenstandes aus dem Vermögen auch die Minderung des individuellen Vermögenswerts feststeht. Denn damit erleidet der Getäuschte einen Verlust an Potential zur Erreichung dieses Zwecks, den er nur dadurch "ausgleichen" kann, daß er aus seinem verbleibenden Vermögen neue Mittel bereitstellt.

Wird bei zweiseitigen Geschäften ein mit dem Einsatz eines Vermögensgegenstandes verfolgter Zweck verfehlt, so ist zunächst infolge des Ausscheiden dieses Gegenstandes aus dem Vermögen das Potential des Getäuschten zur Erreichung dieses Zwecks ge-

---

1 S. oben S.101.

2 Vgl. dazu oben S.98f.

3 S. oben S.101f.

schmälert. Dies folgt, wie bei den einseitigen Leistungen, daraus, daß er infolge des Verlusts eines dieses Potential in sich tragenden Vermögensguts auf andere, ihm verbliebene Vermögensgegenstände zurückgreifen muß, wenn er nunmehr den ins Auge gefaßten Zweck erreichen will. Es stellt sich aber die Frage, unter welchen Umständen dieser Potentialverlust durch eine unmittelbar zufließende, gleichermaßen zur Befriedigung desselben Bedürfnisses geeignete Gegenleistung ausgeglichen wird. Dies ist der Fall, wenn infolge des Zuflusses der Gegenleistung der Rückgriff auf andere Vermögensmittel zur Erreichung des ins Auge gefaßten Zwecks entbehrlich wird, weil dieser durch den Einsatz der Gegenleistung erreicht werden kann.

Soll beispielsweise durch die Aufwendung eines Geldbetrags mittelbar ein bestimmter Zweck erreicht werden, indem ein Gegenstand erworben wird, der dazu tauglich ist(1), so fehlt es bereits an der Zweckverfehlung, wenn die Gegenleistung zur Erreichung des Zwecks tatsächlich tauglich ist. Schon aus diesem Grunde liegt ein Vermögensschaden nicht vor. Ist die Gegenleistung hingegen untauglich, verfehlt die Vermögensverfügung also ihren Zweck, so ist die zusätzlich erforderliche Minderung des individuellen Werts des Vermögens nur dann nicht gegeben, wenn durch den Einsatz der Gegenleistung - etwa im Wege einer erneuten Verfügung - der individuelle Zweck in gleicher Weise erreicht werden kann wie mit der ursprünglichen Leistung. Beim Erwerb einer Ware gegen Geld beispielsweise ist dies nicht der Fall: wird nämlich durch die Gegenleistung für einen Geldbetrag dem Vermögen eine zweckuntaugliche körperliche Sache zugeführt, so kann mit dieser der ins Auge gefaßte Zweck ohne Rückgriff auf andere Vermögensgegenstände nur erreicht werden, wenn sie entweder in eine unmittelbar zwecktaugliche Sache umgetauscht wird - was nur selten möglich sein wird - oder in Geld umgesetzt wird, mit dem dann eine solche Sache erworben werden kann. Jedoch kommt bei der Gesamtsaldierung eine Kompensation der infolge der Vermögensverfügung zunächst eingetretenen Werteinbuße nur in Betracht, wenn der Ausgleich durch einen unmittelbaren Vermögenszuwachs erfolgt(2).

---

1 Sog. mittelbare Zweckerreichung, vgl. hierzu etwa die unter der Überschrift "individueller Schadenseinschlag" auf S.32 behandelten Fälle des Zeitungs-, Zeitschriften- und Büchervertriebs, des Gebrauchtwagenhandels und des Anstellungsbetruges.

2 Vgl. etwa LACKNER in LK, § 263 Rn 143.

Ist es zur Zweckerreichung erforderlich, die dem Vermögen zugeflossene untaugliche Gegenleistung durch Weiterveräußerung in eine unmittelbar oder mittelbar zwecktaugliche umzusetzen, so kann von einem Ausgleich durch einen unmittelbaren Vermögenszuwachs keine Rede sein, wenn sich die Weiterveräußerungsmöglichkeit erst nachträglich, d.h. bei zweiseitigen Rechtsgeschäften erst nach dem Ausscheiden der Leistung des Getäuschten aus seinem Vermögen(1) ergibt(2). So ist die Unmittelbarkeit des Ausgleiches zu verneinen, wenn der Getäuschte das infolge der Vermögensverfügung zunächst verlorengegangene Potential zur Erreichung des bestimmten Zwecks erst dadurch wiedergewinnt, daß er eigene Tätigkeit entfaltet, um die unbrauchbare Sache günstig abzustoßen(3). Es muß sich vielmehr um eine sofortige Weiterveräußerungsmöglichkeit handeln(4). Eine solche ist gegeben, wenn der Vermögensträger bereits ein bindendes Kaufangebot erhalten hat. Die äußerste Grenze, bis zu der der aus der Weiterveräußerung der zweckuntauglichen Gegenleistung erzielte Vermögenszufluß noch als unmittelbar angesehen werden kann, dürfte allerdings erreicht sein, wenn man auch als ausreichend erachtet, daß zwar keine bindende Kaufofferte vorliegt, der Umsatz aber dennoch jederzeit und ohne Schwierigkeiten erreicht werden kann, weil die Sache einen Börsen- oder Marktpreis hat und zu diesem Preis jederzeit abgenommen wird(5). Gleichermaßen auf der Grenze liegen Fälle, in denen eine offensichtliche Nachfrage nach dem Gegenstand besteht, so daß dieser ohne Mühe umgesetzt werden kann(6). Fehlt es nämlich an einer bindenden Kaufofferte, so muß der Getäuschte nachträglich Mühe aufwenden, um ein Kaufgeschäft zustande zu bringen, mag diese Mühe im Einzelfall wegen der leichten Absetzbarkeit des Gegenstandes auch nicht besonders groß sein. Den aus solchen Geschäften erzielten Vermögenszufluß noch als unmittelbaren Ausgleich anzusehen, rechtfertigt sich letztlich nur aus der Erwägung, daß die Annahme einer Schädigung wegen der Leichtigkeit und

---

1 LACKNER in LK, § 263 Rn 144.

2 RGSt 16, 1 (9); BGHSt 8, 46 (49).

3 Vgl. das Votum zu RGSt 16, 1 in: GS Bd.43, S.382f., WEIDEMANN, Kompensationsproblem, S.240f.

4 So bereits RGSt 4, 117 (119); 9, 362; 16, 1 (9).

5 So WEIDEMANN, Kompensationsproblem, S.241.

6 Votum zu RGSt 16, 1 in: GS Bd.43, S.381; WEIDEMANN, Kompensationsproblem, S.241.

Schnelligkeit des Umsatzes als eine Überspannung des vom Interesse des Betroffenen geprägten Vermögensschutzes erscheinen müßte. Allerdings muß bei der Beurteilung dieser Leichtigkeit und Schnelligkeit der Weiterveräußerung im Einzelfall ein strenger Maßstab angelegt werden.

Eine interessante Möglichkeit des Ausgleichs der infolge der Vermögensverfügung eingetretenen Minderung des individuellen Vermögenswerts ist im Votum zu RGSt 16, 1(1) angesprochen. Wenn die dem Getäuschten gelieferte Sache nicht zu dem Zweck tauglich ist, zu dem dieser sie erwerben wollte (dieser Zweck soll im folgenden als "Primärzweck" bezeichnet werden), er sie aber zu einem anderen ebenfalls verfolgten Zweck (dem "Sekundärzweck") gebrauchen kann, so soll als kompensationstauglicher Vermögenszufluß die Ersparnis des Betrages in Betracht kommen, den er zur Erreichung des Sekundärzwecks hätte aufwenden müssen. Zwar muß der Getäuschte zur Verfolgung des Primärzwecks auch hier auf andere, ihm verbliebene Vermögensgegenstände zurückgreifen. Doch wird ihm durch diesen Rückgriff letztlich kein Potential entzogen, das er zur Verfolgung anderer Zwecke benötigt. Dieses wird nur insofern "umgeschichtet", als die Zuordnung zu bestimmten Zwecken geändert wird. Man könnte daher bildhaft von einer "internen Weiterveräußerung" sprechen: die zur Erreichung des Primärzwecks untaugliche Gegenleistung wird vermögensintern dem Sekundärzweck, zu dessen Erreichung sie tauglich ist, zugeordnet, wodurch im Gegenzug die Mittel frei werden, mit denen an sich dieser Sekundärzweck verfolgt werden sollte. Mit diesen kann jetzt der Primärzweck erreicht werden. Im Ergebnis bleibt das Potential des Getäuschten zur Verfolgung individueller Zwecke also ungeschmälert. Da aber auch hier der "Vermögenszufluß" durch die infolge der "internen Umschichtung" freigewordenen Mittel nur dann als kompensationsfähig anerkannt werden kann, wenn er unmittelbar erfolgt, muß es sich bei dem Sekundärzweck um einen solchen handeln, den der Getäuschte bereits vor dem Ausscheiden seiner mit der Vermögensverfügung erbrachten Leistung aus dem Vermögen(2) verfolgt hat. Eine nachträglich ins Auge gefaßte Zweckverfolgung ist ebenso wie eine erst nachträglich vom Getäuschten aufgrund eigener Tätigkeit herbeigeführte Weiterveräußerungsmöglichkeit als eine bloße Beseitigung eines einmal eingetretenen Schadens anzusehen.

---

1 In: GS Bd.43, S.383f.

2 Vgl. zum maßgebenden Zeitpunkt oben S.149.

Nicht verwechselt werden dürfen diese aus der sofortigen Weiterverkäuflichkeit oder aus der gleichzeitigen Verfolgung eines anderen Zwecks abgeleiteten Möglichkeiten der Schadenskompensation mit dem von Rechtsprechung und herrschender Lehre vertretenen Ausschluß des Schadens bei anderweitiger zumutbarer Verwendbarkeit der untauglichen Gegenleistung(1). Zwar führt auch dieser Lösungsweg letztlich zum gleichen Ergebnis wie die hier vertretene Auffassung. Jedoch werden grundsätzlich verschiedene Wege beschritten. Während nach der herrschenden Meinung infolge der Verweisung auf anderweitige zumutbare Zwecke der Verfehlung des Primärzwecks keine Bedeutung zukommt und daher sowohl bei der Möglichkeit sofortiger Weiterveräußerung wie auch bei gleichzeitiger Verfolgung eines Sekundärzwecks Zweckerreichung anzunehmen ist, liegt nach der hier vertretenen Auffassung immer bereits dann Zweckverfehlung vor, wenn der Primärzweck nicht erreicht wird. Ist dies der Fall, ist allerdings die Möglichkeit der sofortigen Weiterveräußerung sowie ein etwa gleichzeitig verfolgter Sekundärzweck für die Frage von Bedeutung, ob angesichts dieser Umstände von einer Minderung des Potentials zur Verfolgung des Primärzwecks gesprochen werden kann.

Hervorzuheben ist, daß nur ein solcher Vermögenszufluß zur Kompensation geeignet ist, der den zunächst eingetretenen Verlust an Potential zur Verfolgung des ursprünglich ins Auge gefaßten Primärzwecks ausgleicht. Würde man beispielsweise im "Melkmaschinen-Fall" des Bundesgerichtshofs(2) den Zweck, einen Gewinn zu erzielen, entgegen der hier vertretenen Auffassung(3) als beachtlich ansehen, könnte ein Ausgleich des infolge der Vermögensverfügung zunächst eingetretenen Potentialverlusts niemals mit der Erwägung des Bundesgerichtshofs angenommen werden, die Gegenleistung böte einen beträchtlichen Gebrauchswert(4). Kompensation könnte vielmehr nur eintreten, wenn die Gegenleistung in gleicher Weise wie die Leistung zur Gewinnerzielung geeignet wäre.

Eine ausschlaggebende Rolle spielt das Erfordernis einer Minderung des individuellen Vermögenswerts bei der Lösung der Fälle

---

1 Vgl. hierzu oben S.106ff.

2 BGHSt 16, 321ff.

3 S. oben S.134ff.

4 BGHSt 16, 321 (328 und 329f.).

der Verfehlung eines sozialen oder wirtschaftlichen Zwecks bei objektiver Ausgeglichenheit des Geschäfts(1). Wenn die herrschende Meinung hier im Unterschied zu den objektiv unausgeglichenen Geschäften den Schaden mit der Begründung verneinen will, nur bei den letzteren werde der Betroffene wirklich ärmer(2), so verkennt sie, daß er dieses aus einer Minderung des objektiven Vermögenswerts abgeleitete "Ärmerwerden" bewußt in Kauf nimmt. Damit aber zeigt es sich, daß der Vermögensschaden weder bei den objektiv ausgeglichenen noch bei den objektiv unausgeglichenen Geschäften mit einer Minderung des objektiven Vermögenswerts begründet werden kann. Über das Vorliegen eines Schadens entscheidet daher der Gesichtspunkt, ob infolge der Zweckverfehlung das Vermögen in seinem individuellen Wert gemindert ist. Bei den objektiv unausgeglichenen Geschäften, bei denen lediglich einseitig ein Vermögenswert abfließt, ist dies - wie erwähnt(3) - zu bejahen, weil der Getäuschte regelmäßig bereits damit einen Verlust an Potential zur Erreichung des ins Auge gefaßten Zwecks erleidet, der ihn zum Rückgriff auf eigene Mittel zwingt, wenn er den Zweck noch erreichen will. Bei den objektiv ausgeglichenen Geschäften hingegen kann eine dem Vermögen unmittelbar zufließende Gegenleistung den durch das Abfließen der Leistung zunächst eingetretenen Potentialverlust kompensieren. Insofern liegen diese Fälle parallel zu denen mangelnder Verwendbarkeit der Gegenleistung: bei beiden Fallgruppen ist ausschlaggebend, ob trotz der Ausgeglichenheit des Geschäfts in objektiv-wirtschaftlicher Hinsicht infolge der Verfehlung des mit der Vermögensverfügung verfolgten Zwecks eine Minderung des Potentials zur Verfolgung dieses Zwecks verbleibt. Ein Unterschied läßt sich auch nicht aus der Art der verfolgten Zwecke herleiten. Denn auch soziale und wirtschaftspolitische Zwecke sind wirtschaftlich relevant und daher beachtlich(4). Ein Grund, beide Fallgruppen im Hinblick auf die Frage des Vermögensschadens unterschiedlich zu behandeln, ist daher nicht ersichtlich. Diese Erkenntnis hat zur Folge, daß als Ausgleich des durch das Abfließen der Leistung des Getäuschten zunächst eingetretenen Potentialverlusts der Erlös aus einer Weiterveräußerung der erlangten Gegenleistung unter den gleichen Voraussetzungen in Betracht kommt wie in den Fällen der untauglichen

---

1 S. dazu oben S.23ff.

2 So vor allem LACKNER in LK, § 263 Rn 177.

3 S. oben S.147.

4 S. dazu eingehend oben S.128f.

Gegenleistung(1). Denkbar wäre es auch, den Ausgleich daraus abzuleiten, daß ein anderer, gleichzeitig verfolgter Zweck erreicht wird und die dafür vorgesehenen Mittel freiwerden(2). In Ermangelung eines solchen Ausgleichs war daher in dem vom Reichsgericht(3) entschiedenen Fall, in dem dem Fiskus, dem es auf die Förderung der Wirtschaft in Notstandsgebieten ankam, Waren anderer Herkunft untergeschoben wurden, der Vermögensschaden genauso zu bejahen wie in dem ebenfalls einer Entscheidung des Reichsgerichts zugrunde liegenden Fall, in dem ein im übrigen vertragstreuer Heereslieferant die Lohnsätze nicht einhielt, die der Fiskus zugunsten der Arbeiter ausbedungen hatte(4). Das gleiche gilt in dem vom OLG Köln(5) entschiedenen Fall der Bestellung einer preiswerten Zeitung, bei der die Verwendung des Reinerlöses für soziale Zwecke vorgespiegelt wurde. Zu eng ist daher die Auffassung von GALLAS(6), der in diesen Fällen eine Schädigung grundsätzlich nur dann annimmt, wenn aus einem an den betreffenden sozialen Zweck gebundenen Vermögen geleistet wird. Schließlich folgt aus der hier vertretenen Auffassung auch, daß in den Fällen der Subventionserschleichung, in denen aufgrund der Erfüllung der Vergabevoraussetzungen eine Minderung des objektiven Vermögenswerts nicht festzustellen ist, gleichwohl aber der Subventionszweck verfehlt wird, ein Vermögensschaden zu bejahen ist.

Diese Ergebnisse werden auch nicht durch das Argument von SAMSON(7) in Frage gestellt, aus dem Umstand, daß bei § 264 StGB der Motivirrtum nur dann beachtlich sei, wenn es sich um Leistungen handele, die wenigstens teilweise ohne marktmäßige Gegenleistung vergeben würden, folge, daß das Gesetz die Zweckverfehlung beim wirtschaftlich ausgeglichenen Geschäft nicht ausreichen lasse. Damit wird nämlich verkannt, daß es bei § 264 StGB als abstraktem Gefährdungsdelikt(8) gerade nicht

----

1 S. oben S.149f.

2 Vgl. dazu oben S.150.

3 RGSt 73, 382ff.

4 RGSt 50, 316ff.

5 NJW 1979, 1419.

6 Eb.Schmidt-Festschrift (1961), S.401 (435).

7 In SK, § 263 Rn 162.

8 H.M., vgl. nur DREHER/TRÖNDLE, § 264 Rn 4; TIEDEMANN in LK, § 264 Rn 11; LENCKNER in SCHÖNKE/SCHRÖDER, § 264 Rn 5, jeweils mit umfangreichen weiteren Nachweisen.

gerade nicht auf das Vorliegen eines Vermögensschadens ankommt. Die Entbehrlichkeit einer Vermögenseinbuße ergibt sich auch daraus, daß jedenfalls die überwiegende Auffassung in Rechtsprechung und Literatur nicht das Vermögen des Subventionsgebers als Schutzgut des § 264 StGB ansieht, sondern dessen Planungs- und Dispositionsfreiheit(1). Daher ist es nicht möglich, dem Tatbestand des § 264 StGB eine verallgemeinerungsfähige Aussage zur Frage des Vermögensschadens zu entnehmen. Im übrigen hat die Vergabe einer Subvention ganz oder teilweise ohne marktmäßige Gegenleistung nicht notwendigerweise wirtschaftliche Unausgeglichenheit zur Folge. Dies zeigen gerade die Fälle, in denen der Täter einen Rechtsanspruch auf Gewährung der Subvention ohne marktmäßige Gegenleistung hat: hier ist der Tatbestand des § 264 StGB nämlich trotz objektiver Ausgeglichenheit allein aufgrund der Zweckverfehlung zu bejahen.

Wenn MOHRBOTTER(2) und GALLAS(3) die Beachtlichkeit der Zweckverfehlung in den Fällen objektiv-wirtschaftlicher Ausgeglichenheit davon abhängig machen, daß es sich bei diesem Zweck um einen objektiven, dem Wesen des konkreten Geschäfts anhaftenden handelt, wie dies bei der Leistung aus zweckgebundenem Vermögen der Fall ist, so ist ein Grund für eine solche Einschränkung nicht ersichtlich. Denn die Möglichkeit, einen Vermögensgegenstand zur Befriedigung eines bestimmten Bedürfnisses einzusetzen, stellt einen wirtschaftlichen Wert dar, der den Schutz der Rechtsordnung verdient, auch wenn nicht das gesamte Vermögen diesem Zweck gewidmet ist. Damit werden auch die Belange des Täters nicht vernachlässigt. Denn aus dem Erfordernis des Tatvorsatzes folgt, daß der Täter nicht nur die Verfehlung des Zwecks, den der Getäuschte mit seiner Vermögensaufwendung verfolgt, kennen und mindestens billigend in Kauf nehmen muß, sondern auch den sich daraus ergebenden Potentialverlust.

---

1 OLG Karlsruhe NJW 1981, 1383; OLG Hamburg NStZ 1984, 218; DREHER/TRÖNDLE, § 264 Rn 3; SCHMIDT/HIEBER, NJW 1980, 322 (323); a.A. LENCKNER in SCHÖNKE/SCHRÖDER, § 264 Rn 4 und LACKNER, StGB § 264 Anm.1, die das Vermögen als mitgeschützt ansehen.

2 GA 1969, 225 (231).

3 Eb.Schmidt-Festschrift, S.401 (435).

3. Zweckverfehlung und Stoffgleichheit zwischen Schaden und Vorteil

Nach heute gesicherter Auffassung(1) muß zwischen dem vom Täter erstrebten Vermögensvorteil und dem Schaden des Opfers "Stoffgleichheit" bestehen. Je nach dem, welchen Inhalt man diesem Erfordernis gibt(2), kann in den Fällen, in denen der Vermögensschaden aus einer Zweckverfehlung und einer damit verbundenen Minderung des individuellen Vermögenswerts hergeleitet wird, eine Strafbarkeit wegen Betruges zu verneinen sein.

Folgt man der von MERKEL(3) begründeten und von BINDING(4) übernommenen Identitätstheorie, die den Betrug als Vermögensverschiebungsdelikt im strengen Sinne versteht und nur die Überführung eines Gegenstandes unter Wahrung seiner inhaltlichen Identität aus dem Vermögen des Opfers in das des Bereicherten für ausreichend hält(5), so muß in sämtlichen Fällen der Zweckverfehlung Betrug mangels Stoffgleichheit von Schaden und Vorteil verneint werden. Denn der Schaden des Opfers besteht hier gerade nicht im Verlust des Gegenstandes, über den verfügt wurde, als solchem. Auch liegt der Vorteil des Täters oftmals auf einer anderen Ebene. Selbst wenn man die Identitätstheorie unter der Prämisse der wirtschaftlichen Vermögenslehre und des Verständnisses des Vermögens als Werteinheit dahingehend fortentwickelt, daß an die Stelle des Transports eines realen Vermögensgegenstandes vom Vermögen des Opfers in das des Täters eine Wertverschiebung tritt(6), und man daher "Wertidentität" verlangt, kann nicht gesagt werden, daß der Wert, der dem Vermögen des Opfers abwächst, als identische Größe in das Vermögen des Täters übergeht. Denn in diesem Falle der

---

1 Vgl. nur DREHER/TRÖNDLE, § 263 Rn 39; LACKNER in LK, § 263 Rn 265, jeweils m.w.N.

2 Vgl. zu der hierzu bestehenden, kaum übersehbaren Meinungsvielfalt zusammenfassend LACKNER in LK, § 263 Rn 265f.

3 KrimAbh.II, S.118.

4 Lehrbuch BT I, S.364.

5 So auch ECKSTEIN, GS Bd.78, 137 (151); GALLAS, Eb.Schmidt-Festschrift (1961), S.401 (431); HARDWIG, GA 1956, 6 (12); NIETHAMMER, Lehrbuch, S.271.

6 WEIDEMANN, Kompensationsproblem, S.152f.; HOPPENZ, S.138f.; LACKNER in LK, § 263 Rn 274.

Zweckverfehlung leitet sich die nach der hier vertretenen Auffassung für die Annahme eines Schadens erforderliche Wertminderung daraus her, daß das Opfer nach der zweckverfehlenden Verfügung nicht mehr über das gleiche Potential zur Befriedigung des bestimmten individuellen Bedürfnisses verfügt, das es durch die Zweckverfolgung zu befriedigen suchte(1). Dieses Potential erstrebt der Täter aber regelmäßig nicht als Vorteil für sich(2). Ihm geht es entweder um die durch den Zufluß der vom Opfer erbrachten Leistung bewirkte Erhöhung des objektiven Werts seines Vermögens - wie dies etwa bei einseitigen Verfügungen der Fall ist -, um die Erlangung einer regulären Gewinnspanne - wie etwa beim Verkauf einer für die Zwecke des Opfers untauglichen Sache - oder um einen aus seiner Sicht individuellen Wert, wenn er selbst einen von dem des Opfers verschiedenen individuellen Zweck mit dem Gegenstand verfolgt. In allen diesen Fällen liegt der Vorteil auf einer gänzlich anderen Ebene als der Schaden. Von einer Identität kann hier nicht die Rede sein.

Auch nach der Auffassung, die verlangt, daß dieselbe Vermögensverfügung des Getäuschten, die der Täter in der Absicht, sich zu Unrecht zu bereichern, veranlaßt, die Vermögensschädigung "unmittelbar" herbeiführt, Vorteil und Schaden "einander entsprechen müssen", "das eine gleichsam die Kehrseite des anderen sein" muß(3), dürfte die Stoffgleichheit in den Fällen der Zweckverfehlung zu verneinen sein. Denn wenn davon ausgegan-

---

1 S. oben S.101.

2 Einen - allerdings reichlich konstruierten - Ausnahmefall führt CRAMER (Vermögensbegriff, S.105 Fn 210) an: ein Tauber verkauft sein Rundfunkgerät an einen anderen, der ebenfalls nichts hört; hier seien Schaden und Vorteil identisch, denn der Schaden, der in der individuellen Unbrauchbarkeit liege, werde auf einen anderen abgewälzt.

3 BGHSt 6, 115 (116); OLG Karlsruhe NJW 1959, 398; OLG Köln NJW 1960, 209; BayObLG MDR 1964, 776 (777); OTTO, Vermögensschutz, S.208; CRAMER in SCHÖNKE/SCHRÖDER, § 263 Rn 168; DREHER/TRÖNDLE, § 263 Rn 39; s. auch bereits RGSt 64, 433 (435); 75, 378 (379) und die Erpressung betreffend: RGSt 67, 200 (201); 71, 291 (292); in dieselbe Richtung dürften die Formulierungen gehen, der Vorteil müsse die "Umkehrung" des Schadens bilden, aus dem Vermögen des Geschädigten "stammen", aus ihm "herrühren" oder sich aus ihm "herleiten" (HEGLER, Betrug, S.433; SAUER, System BT, S.92).

gen werden muß, daß trotz des Transports eines bestimmten Vermögensbestandteils von dem einen Vermögen in das andere der Wertverlust im Vermögen des Opfers ein ganz anderer ist als der Wertzuwachs im Vermögen des Täters oder eines begünstigten Dritten, so ist nicht zu erkennen, worin die "Entsprechung" oder die "Kehrseite" liegen könnte(1).

Zu einer Bejahung der Stoffgleichheit kommt man in den Fällen der Zweckverfehlung nur, wenn man den in neuerer Zeit vertretenen Auffassungen folgt, nach denen es ausreicht, daß der Vorteil "auf Kosten" des Geschädigten erlangt wird(2). MOHRBOTTER(3) führt dies dahin aus, daß sich die Verschiebung unmittelbar zwischen den Parteien vollziehen, mithin ein und derselbe Umstand auf der einen Seite einen Gewinn (Vermögensvorteil) und auf der anderen Seite einen Verlust (Vermögensnachteil) bewirken müsse(4). Auch wenn die Frage des Schadens ausschließlich nach den individuellen Verhältnissen des Geschädigten und die Frage der Bereicherung nach denen des Begünstigten beurteilt wird, können danach Schaden und Bereicherung auf denselben tatsächlichen Umständen beruhen. Dies ist etwa der Fall, wenn Schaden und Bereicherung durch ein und denselben Austauschvorgang vermittelt werden(5). Daß die Stoffgleichheit von Schaden und Vorteil auch in den Fällen bejaht werden muß, in denen sich der Schaden aus der Zweckverfehlung eines Vermögenseinsatzes und einer damit verbundenen Minderung des indi-

---

1 Vgl. hierzu WEIDEMANN, Kompensationsproblem, S.155ff.; HOPPENZ, S.142. Eindeutig bejaht werden könnte die Stoffgleichheit hier nur nach der inzwischen wohl überwundenen Auffassung des Reichsgerichts, wonach Kausalität zwischen Verfügung, Schaden und Vorteil genügt und ein darüber hinausgehender Zusammenhang nicht verlangt wird, RGSt 17, 264 (266); 27, 217 (222); RG DR 1941, 1885 (1886); sie läuft auf einen vollständigen Verzicht auf das Erfordernis der Stoffgleichheit hinaus und ist daher abzulehnen.

2 ESER, GA 1962, 289 (290) und Strafrecht IV Nr.14 A 15; MOHRBOTTER, Stoffgleichheit, S.192 und 203 sowie GA 1967, 199 (204); WOLF, Betrug, S.151.

3 Stoffgleichheit, S.204.

4 Im Ergebnis folgt dem auch WEIDEMANN, Kompensationsproblem, S.173, wenn er verlangt, daß die den Schaden und den Vorteil begründenden Umstände identisch sind.

5 WEIDEMANN, Kompensationsproblem, S.176.

viduellen Vermögenswerts ergibt, folgt letztlich aus dem Sinn und Zweck dieses Merkmals. Dieser liegt darin, "externe" Vorteile aus dem Anwendungsbereich des Betrugstatbestandes auszuscheiden(1). Um solche handelt es sich jedoch nicht, wenn sie auf derselben Vermögensverfügung wie der Schaden beruhen und zu Lasten des geschädigten Vermögens gehen(2). Bei individueller Schadensberechnung werden sowohl Schaden und Vorteil durch dieselbe Vermögensverfügung vermittelt als auch der Täter aus dem Vermögen des Geschädigten bereichert.

Indessen brauchen die Anforderungen an das Merkmal der Stoffgleichheit nicht so weit gelockert zu werden, um nachzuweisen, daß es in den Fällen der Zweckverfehlung nicht um die Erlangung externer Vorteile geht. Daß Schaden und Vorteil sich nicht aus ein und demselben Wert ergeben müssen, der dem Vermögen des Opfers abwächst und dem des Täters oder eines begünstigten Dritten zuwächst, folgt zwingend daraus, daß die Frage des Vorteils gerade nicht nach dem für den Schaden geltenden individuellen Maßstab beurteilt werden kann. Denn das Wesen eines individuellen Vermögenswerts liegt gerade darin, daß er nur in einem bestimmten Vermögenszusammenhang gegeben ist und daher nicht auf ein anderes Vermögen übertragen werden kann, dessen Träger ein anderes Individuum ist. Gleichwohl sind aber auch bei einer individuellen Schadensberechnung Schaden und Vorteil zumindest auf ein und dieselbe Wertverschiebung vom Vermögen des Opfers in das des Begünstigten zurückzuführen. Im Rahmen sowohl einseitiger als auch zweiseitiger Geschäfte werden Vermögensgegenstände und damit objektive Vermögenswerte vom Vermögen des Opfers in das des Begünstigten und umgekehrt transportiert. Die Fälle der Zweckverfehlung sind dadurch gekennzeichnet, daß der Vermögensschaden regelmäßig nicht mit einer Minderung des objektiven Werts des Opfervermögens begründet werden kann, weil es entweder daran infolge Kompensation durch eine objektiv gleichwertige Gegenleistung fehlt oder weil die Vermögensminderung vom Opfer bewußt in Kauf genommen wird. Der Schaden ergibt sich hier vielmehr daraus, daß das Opfer das in einem Vermögensgegenstand steckende Potential zur Befriedigung eines individuellen Bedürfnisses nutzt, indem es

---

1 LACKNER in LK, § 263 Rn 266 und 274; WEIDEMANN, Kompensationsproblem, S.170; MOHRBOTTER, Stoffgleichheit, S.201; SAMSON in SK, § 263 Rn 188.

2 LACKNER, StGB, § 263 Anm.IX 1 und in LK, § 263 Rn 268; im Ergebnis ebenso SAMSON in SK, § 263 Rn 190.

über den Gegenstand zu diesem Zweck verfügt, diesen aber verfehlt und sein entsprechendes Potential infolge kompensationslosen Ausscheidens des Vermögensgegenstandes aus seinem Vermögen geschmälert ist. Der Schaden ist also das Ergebnis einer individuellen, d.h. auf die Verhältnisse des Opfers bezogenen Bewertung der ein- oder zweiseitigen Verschiebung objektiver Vermögenswerte. Auch ein mit einer Zweckverfehlung und einer damit verbundenen Minderung des individuellen Vermögenswerts begründeter Schaden hat seinen Grund somit in der Bewegung der objektiven Vermögenswerte zwischen den Vermögen der Beteiligten. Für den Vermögensvorteil auf seiten des Täters oder eines Drittbegünstigten gilt dieses spiegelbildlich. Bei einseitigen Verfügungen, wie sie etwa im Rahmen der Bettel-, Spenden- und Subventionsbetrügereien erfolgen, liegt der Vorteil des Täters regelmäßig bereits in einer Erhöhung des objektiven Werts seines Vermögens. Bei zweiseitigen Geschäften ist dies der Fall, wenn der objektive Wert der vom Opfer erbrachten Leistung den der Gegenleistung des Täters übersteigt. In jedem Falle beruhen Schaden und Vorteil auf der Verschiebung eines objektiven Werts. Aber auch wenn der Täter mit dem erschwindelten Gegenstand seinerseits einen individuellen Zweck verfolgt, und der Vorteil für sein Vermögen nur aus einer Erhöhung des individuellen Werts hergeleitet werden kann(1), hat dieser seinen Grund letztlich in der Bewegung der objektiven Vermögenswerte zwischen den Vermögen der Beteiligten. Denn er ist das Ergebnis einer auf die individuellen Verhältnisse des Täters bezogenen Bewertung dieser objektiven Vermögenswerte.

Wenngleich also die Begründung des Schadens oder des Vorteils mit individuellen Gesichtspunkten zur Folge hat, daß niemals genau der Wert, der aus dem Vermögen des Opfers ausscheidet, das Vermögen des Täters oder eines Drittbegünstigten bereichert, so ist doch nicht zu verkennen, daß sich Schaden und Vorteil auch in diesen Fällen aus der ein- oder zweiseitigen Verschiebung objektiver Werte zwischen den Vermögen der Beteiligten ableiten. Da der Vorteil aus diesem Grunde kein "externer" ist, sondern aus dem Vermögen des Geschädigten gespeist wird, steht das Erfordernis der Stoffgleichheit von Schaden und Vorteil weder einer Berechnung des Schadens noch einer Bestimmung des Vorteils nach individuellen Maßstäben entgegen.

---

1 Insoweit könnte man von einem "individuellen Vorteilseinschlag" sprechen.

VI.

ZUSAMMENFASSUNG

1. Die juristische Vermögenslehre hat im Ergebnis ein Schadensverständnis zur Folge, bei dem in bestimmten Grenzen das freie Belieben des Getäuschten entscheidet, ob er geschädigt ist.

Für das Problem der Zweckverfehlung bedeutet dies, daß der Vermögensschaden beim Betrug in weitem Umfang mit der schlichten Verfehlung des mit dem jeweiligen Vermögenseinsatz verfolgten Zwecks begründet werden kann. Insbesondere hat diese subjektive Schadensauffassung zur Folge, daß auch die Verfolgung reiner Affektionsinteressen den Schutz des Betrugstatbestandes genießt. Dadurch wird der Betrug weitgehend seines Charakters als Vermögensdelikt entkleidet und zu einem Angriff auf die Dispositionsfreiheit umgestaltet. Letzteres ist aber mit der heute herrschenden und im Rahmen dieser Untersuchung nicht mehr in Frage gestellten Auffassung unvereinbar, daß die Dispositionsfreiheit des Irrenden weder allein noch neben dem Vermögen ein Schutzgut des § 263 StGB bildet.

2. Die rein wirtschaftliche Vermögenslehre, die das Vermögen als Werteinheit versteht und jede wirtschaftliche Position als Vermögensbestandteil anerkennt, der im Geschäftsverkehr wirtschaftlicher Wert beigemessen wird, hat eine objektive Schadensberechnung zur Folge.

Diese ist dadurch gekennzeichnet, daß sich der wirtschaftliche Wert der Vermögensgüter und damit auch des Gesamtvermögens nicht nach einem subjektiven Maßstab bestimmt, sondern nach dem Geldwert.

Für das Problem der Zweckverfehlung bedeutet dies, daß die Verfehlung des mit einem Vermögenseinsatz verfolgten individuellen Zwecks mangels eines eigenständigen objektiven Werts für sich allein zur Begründung eines Vermögensschadens nicht ausreicht.

3. Heute herrschend ist eine Schadensauffassung, die objektive und subjektive Elemente kombiniert. Dies wird zumeist dadurch erreicht, daß ein durch die objektive Schadensberechnung erzieltes Ergebnis durch die Heranziehung subjektiver Elemente korrigiert wird. Dieses subjektive Element ist zumeist die Verfehlung des mit der Vermögensaufwendung bezweckten Erfolges.

Relevant wird dies zum einen in den Fällen, in denen das Opfer bewußt zur Erreichung eines bestimmten Zwecks Vermögenswerte weggibt, sei es ganz oder teilweise ohne Gegenleistung, sei es im Rahmen eines ausgeglichenen Austauschgeschäfts (Fälle des Bettel-, Spenden- und Schenkungsbetruges, des Subventionsbetruges oder Fälle, in denen das Opfer dazu bewogen wird, auf einen Vertrag trotz Kenntnis von dessen Nichtigkeit zu leisten, weil es darüber getäuscht wird, daß auch der andere leisten wird). Zu nennen sind hier weiterhin die Fälle des sogenannten "individuellen Schadenseinschlages" (Fälle des Zeitungs-, Zeitschriften- und Büchervertriebs, des Gebrauchtwagenhandels und des Anstellungsbetruges sowie des betrügerischen Handels mit Warenterminoptionen). In diesen Fällen hält die Rechtsprechung die Brauchbarkeit zu dem "vertraglich vorausgesetzten Zweck" für maßgebend und erachtet somit die Zweckverfehlung als maßgebenden Gesichtspunkt. Durch die Maßgeblichkeit der Verwendbarkeit "in anderer zumutbarer Weise" werden dem Getäuschten jedoch Zwecke aufgedrängt, die er gerade nicht verfolgt. Neuerdings fallen unter diese Fallgruppe auch die Fälle täuschungsbedingten Rechtsverzichts (beispielsweise der täuschungsbedingte Verzicht einer Gemeinde auf die Ausübung eines ihr an einem Grundstück zustehenden gesetzlichen Vorkaufsrechts). Bei den letztgenannten Fällen handelt es sich aber deswegen um keinen Fall eines individuellen Schadenseinschlages, weil nicht angenommen werden kann, daß einer Anwartschaft nur dann ein Vermögenswert zukomme, wenn die Erstarkung des Anwartschaftsrechts zum Vollrecht zu einem Vermögenszuwachs des Berechtigten führe. Vielmehr kann ein Schaden nur dann angenommen werden, wenn der Marktwert des Grundstücks über dem wahren Kaufpreis liegt, da dann die Gemeinde ihre gesicherte Aussicht auf diesen Marktwert verloren hat und dieser Wertverlust nicht durch die Befreiung von der Kaufpreisverbindlichkeit vollständig kompensiert wird. Über den sogenannten "individuellen Schadenseinschlag" kann der Schaden aber nicht nur begründet, sondern auch ausgeschlossen werden. In diesen Fällen führt nicht die Zweckverfehlung trotz Fehlens einer Minderung des objektiven Vermögenswerts zu einem Schaden, sondern die Zweckerreichung schließt einen solchen trotz Minderung des objektiven Vermögenswerts gerade aus.

In den Fällen der Beeinträchtigung der wirtschaftlichen Bewegungsfreiheit wird dem Betroffenen vorgespiegelt, er nehme mit dem Kauf eine einmalige, sich wahrscheinlich nicht wiederholende Gelegenheit wahr, während in Wahrheit zum Marktpreis verkauft wird. Nach der heute herrschenden Rechtsprechung liegt in diesen Fällen einmal dann ein Schaden vor, wenn bei abstrakter Gleichwertigkeit der sich gegenübertretenden Leistungen der

Empfänger der Gegenleistung durch die eingegangene Verpflichtung zu vermögensschädigenden Maßnahmen genötigt wird.

Zum andern liegt ein Vermögensschaden dann vor, wenn die durch den Vertrag verursachte Bindung von Vermögenswerten einen so starken Mangel an Mitteln herbeiführt, daß eine bestimmte nahe Gefahr für die wirtschaftliche Lage eintritt, oder wenn der Getäuschte in seiner Verfügungsfreiheit so eingeschränkt wird, daß ihm die Mittel entzogen werden, die für die Aufrechterhaltung einer seinen Verhältnissen angemessenen Wirtschafts- oder Lebensführung unerläßlich sind. Unter der Voraussetzung, daß die Fälle bewußter Selbstschädigung aus dem Schutzbereich des Betruges auszuscheiden sind, kann als Umstand, über den der Betroffene getäuscht wurde, die Verfehlung des mit der Vermögensverfügung verfolgten Zwecks angesehen werden. Denn in den vorliegenden Fällen verfolgt der Getäuschte mit seiner Vermögensverfügung und der damit verbundenen Einschränkung seiner wirtschaftlichen Bewegungsfreiheit den Zweck, einen Gewinn zu erzielen. Daß dieser Gewinn nicht eintritt, wird ihm durch die Täuschung regelmäßig verschleiert. Nicht entscheidend kann es hingegen darauf ankommen, welchen Zweck der Getäuschte mit den ihm verbleibenden Restmitteln verfolgt. Denn zum einen sind diese gerade nicht Gegenstand der Vermögensverfügung, zum andern ist diese Zweckverfehlung dem Getäuschten bei Vornahme seiner Vermögensverfügung durchaus bewußt.

4. Zu einer weitgehenden Berücksichtigung individueller Zwecksetzungen bei der Schadensermittlung führt die sogenannte personale Vermögenslehre. Der Schaden ist nicht in einem negativen Wertsaldo, sondern in der Minderung der wirtschaftlichen Potenz des Vermögensträgers zu sehen, die im Falle der Hingabe eines Wirtschaftsobjektes in der wirtschaftlichen Zweckverfehlung, d.h. im Nichteintritt des mit der Leistung erstrebten wirtschaftlichen Erfolges liegt. Diese Auffassung hat vor allem zur Konsequenz, daß die anderweitige Verwendung einer im Rahmen eines Austauschgeschäfts erhaltene Gegenleistung für den Getäuschten stets unzumutbar ist und demzufolge bei der Feststellung des Schadens keine Bedeutung hat. Aber auch Aufwendungen, die zwecks Erweiterung des wertmäßigen Vermögensbestandes getroffen werden, können bei Nichterreichung dieses Zwecks einen Schaden begründen. Nach dem funktionalen Vermögensbegriff ist das Vermögen als Bestand an Gegenständen von wirtschaftlichem Wert zu verstehen, der dazu bestimmt ist, den vom Vermögensträger verfolgten Zwecken zu dienen. Bei der Schadensfeststellung ist zunächst zu fragen, ob die das Vermögen mindernde Leistung ihren Zweck erreicht hat oder nicht, wobei alle Zwecke, nicht etwa nur wirtschaftlich relevante, Berücksichtigung finden. Hinzukommen muß

allerdings, daß infolge der Zweckverfehlung das Vermögen in seinem "Nutzwert" gemindert ist. Dieser Nutzwert drückt die durch die einzelnen Vermögensgegenstände verkörperte potentielle Zweckerreichung im Maßstab eines Wertes aus. Der Schaden liegt somit im Betrag, den der Vermögensträger aufwenden muß, um den von ihm gesetzten Zweck zu verwirklichen. Eine unbeschränkte Anerkennung subjektiver Zwecksetzungen, deren Verfehlung zum Schaden führt, vertritt JAKOBS für den Bereich privater Lebensgestaltung. Sie wird damit begründet, daß dort der Wert oder der Nutzen einer bestimmten Leistung nicht unabhängig von den persönlichen Interessen bestimmt werden kann.

5. Die Bedeutung des Erfordernisses der unbewußten Selbstschädigung für das Problem der Zweckverfehlung liegt darin, daß die Begründung des Schadens mit einer Zweckverfehlung dann überflüssig ist, wenn der Schaden bereits mit einer Verminderung des objektiven Vermögenswerts begründet werden kann. Dies ist aber oftmals nur dann möglich, wenn zur Schadensbegründung auch die Vermögensminderung herangezogen werden kann, die dem Getäuschten bei Vornahme seiner Vermögensverfügung bewußt ist. Beharrt man hingegen auf dem Erfordernis, daß die Vermögensminderung dem Getäuschten verborgen geblieben ist, so muß ein anderer Umstand gefunden werden, aus dem sich die Schädlichkeit der Vermögensverfügung ergibt und der dem Getäuschten verborgen geblieben ist. Dieser Umstand kann in der Verfehlung des von dem Getäuschten mit der Vermögensverfügung verfolgten Zwecks gesehen werden, sofern dieser dem Getäuschten verborgen geblieben ist. Somit ist der Streit, ob dem Getäuschten die schädigende Wirkung seiner Verfügung auf sein Vermögen verborgen geblieben sein muß, auch von Bedeutung für die Frage, ob die Verfehlung des mit der Vermögensverfügung verfolgten Zwecks zur Schadensbegründung herangezogen werden kann.

6. Die Ausscheidung der Fälle bewußter Selbstschädigung aus dem Schutzbereich des Betruges kann nicht aus dem Erfordernis eines funktionellen Zusammenhanges zwischen den Merkmalen des Betrugstatbestandes hergeleitet werden, da dieses Erfordernis lediglich eine konstruktive Hilfe zur Feststellung dieses Zusammenhangs darstellt. Vielmehr ist im Einzelfall sorgfältig zu untersuchen, ob es gerade die Täuschung ist, die dem Opfer das Bewußtsein der schädigenden Wirkung seiner Verfügung genommen hat. Verbreitet ist die Vorstellung, daß es sich beim Betrug um einen gesetzlichen Fall mittelbarer Täterschaft handele, wobei der Täuschende mittelbarer Täter und der Getäuschte sein Werkzeug sei. Der wesentliche Unterschied zwischen der Rechtsfigur der mittelbaren Täterschaft und dem Betrugstatbestand liegt jedoch darin, daß der Tatmittler bei der mittelbaren Täterschaft

typischerweise auf die Verletzung von Rechtsgütern Dritter hinarbeitet, aber letztlich nicht strafbar ist, weil dies ein bei ihm vorliegender Defekt ausschließt. Der Verfügende beim Betrug ist zwar ebenfalls defektbehaftet, wäre aber auch dann nicht strafbar, wenn dieser Defekt nicht vorläge. Hinzukommt, daß das Verhalten des Werkzeugs bereits grundsätzlich von der Rechtsordnung für strafbar erklärt worden ist. Dies trifft jedoch für die Vermögensverfügung des Getäuschten nicht zu. Schließlich kann bei der mittelbaren Täterschaft das Delikt auch vom mittelbaren Täter allein vorgenommen werden, sofern dieser nur alle Tatbestandsmerkmale eigenhändig verwirklicht. Dies ist beim Betrug jedoch nicht der Fall, da die Tat ohne die Person des Verfügenden nicht begangen werden kann. Eine Möglichkeit dogmatischer Rechtfertigung des Erfordernisses der unbewußten Selbstschädigung stellt das Rechtsinstitut der Einwilligung dar. Dem Irrtum, der die Einwilligung unwirksam macht, entspricht bei § 263 StGB das Tatbestandsmerkmal des Irrtums. Nach heute anerkannter Auffassung ist eine irrtumsbedingte Einwilligung nur dann als unwirksam anzusehen, wenn es sich bei dem Irrtum um eine rechtsgutbezogene Fehlvorstellung handelt, wenn also der Einwilligende Art, Umfang und Folge der fraglichen Rechtsgutsverletzung verkennt und sich deshalb über die Bedeutung und Tragweite der Einwilligung nicht im Klaren ist. Übertragen auf den Betrugstatbestand liegt nur dann eine irrtumsbedingte Einwilligung in die Vermögensverletzung vor, wenn der Irrtum im Sinne des § 263 StGB nicht nur die Verfügung des Getäuschten motiviert, sondern auch deren vermögensschädigenden Charakter verschleiert hat. Allerdings erfaßt § 263 StGB nicht alle Fälle unwirksamer Einwilligungen, sondern lediglich die Fälle irrtumsbedingt unwirksamer Einwilligung. Zu beachten ist weiter, daß die auf dem Rechtsinstitut der Einwilligung fußende Konstruktion auf dem Verständnis der Vermögensverfügung als einer im Gesetz vertatbestandlichten Einwilligung beruht. Diese wirkt daher nicht lediglich rechtfertigend, sondern schließt - sofern es an einem rechtsgutsbezogenen Irrtum fehlt und sie daher mangelfrei ist - bereits die Tatbestandsmäßigkeit des Verhaltens des Täters aus. Insofern ist die Vermögensverfügung als tatbestandsausschließendes Einverständnis und der Betrug als ein gesetzlicher Fall eines irrtumsbedingt unwirksamen Einverständnisses in die Vermögensverfügung anzusehen. Unschädlich ist, daß der Eingriff in das Rechtsgut Vermögen vom Opfer selbst vorgenommen wird, da es entscheidend lediglich darauf ankommt, daß dieser Eingriff durch das in der Vermögensverfügung liegende Einverständnis des Opfers ermöglicht wird. Allerdings muß im Gegensatz zum Rechtsinstitut des Einverständnisses beim Betrug der Irrtum durch die Täuschung erregt oder unterhalten werden. Das bloße Ausnutzen eines bestehenden Irrtums reicht nicht.

Dogmatisch handelt es sich beim Betrug somit um die Vertatbestandlichung eines täuschungsbedingt unwirksamen Einverständnisses in eine Vermögensschädigung.

7. Der Gesichtspunkt der Zweckverfehlung als solcher dient unter Zugrundelegung der herrschenden objektiv-individuellen Schadensauffassung lediglich dazu, ein im Wege der Saldierung zu- und abfließender objektiver Werte ermitteltes Ergebnis sowohl in Richtung auf einen Schaden als auch in Richtung eines Schadensausschlusses zu korrigieren. Demgegenüber ist die Konstruktion der Zweckerreichung als kompensierendes Element im Sinne des Prinzips der Gesamtsaldierung abzulehnen. Denn der Erreichung eines Zwecks als solchem kommt kein Vermögenswert zu. Außerdem würde dadurch rein ideellen Werten Vermögenswert zukommen und die rein subjektive Schadensauffassung wieder an Bedeutung gewinnen. Die Konstruktion einer Sitten- und Anstandspflicht in den Fällen des Bettel- und Spendenbetruges, die als Verbindlichkeit das Vermögen des Getäuschten belastet, überzeugt nicht. Dem steht nämlich entgegen, daß die Erfüllung einer solchen Pflicht nicht rechtlich begründet ist, sondern lediglich im Belieben des einzelnen steht. Ebenso wie bei den sogenannten unvollkommenen Verbindlichkeiten kann die Erfüllung einer solchen "Verpflichtung" die zunächst eingetretene Vermögensminderung nicht ausgleichen. Zur dogmatischen Begründung des Gesichtspunkts der Zweckverfehlung ungeeignet ist auch die Auffassung, daß die Verfehlung oder die Erreichung des vom Opfer mit der Vermögensverfügung verfolgten Zwecks den Wert eines Vermögensgegenstandes nach unten oder nach oben zu korrigieren vermag. Denn diese Auffassung ermöglicht keine einheitliche dogmatische Grundlage für alle vorkommenden Fallgestaltungen. Diese Konstruktion der Wertkorrektur infolge Zweckverfehlung bzw. Zweckerreichung ist vielmehr nur dort möglich, wo der verfolgte Zweck über der Leistung des Opfers oder der Gegenleistung des Täters unmittelbar anhaftende Eigenschaften verwirklicht werden soll. Eine dogmatische Begründung des Gesichtspunkts der Zweckverfehlung ist aber unter Zugrundelegung des wirtschaftswissenschaftlichen Wertbegriffs möglich. Für diesen ist der Zweck, zu dem das jeweilige Gut tauglich ist, das für seinen wirtschaftlichen Wert ausschlaggebende Kriterium, wenn der wirtschaftliche Wert der Güter aus ihrem Gebrauchswert abgeleitet und dieser als der Grad der Brauchbarkeit eines Mittels zur Erfüllung eines Zwecks verstanden wird. Der Wert eines Guts wird danach als Inbegriff von Handlungsmöglichkeiten und -befugnissen verstanden, die dieses seinem Inhaber eröffnet. Das Vermögen als Gesamtheit von Gütern ist danach als Zusammenfassung einer Vielzahl von Handlungsmöglichkeiten, als Potential zur Erreichung der verschiedensten Zwecke zu sehen. Dieses Ver-

ständnis des Vermögens liegt in der Rechtswissenschaft vor allem den personal bestimmten Vermögenslehren zugrunde. Der sogenannte objektive Wert eines Guts stellt danach lediglich eine Rechengröße dar, die einen Wertvergleich mit anderen Gütern und eine Schadensberechnung durch einfache Saldierung ermöglichen soll. Diese Rechengröße bestimmt sich nach der durchschnittlichen subjektiven Wertschätzung aller an dem Gut Interessierten. Der Wert eines Gutes selbst jedoch besteht in dem Potential, das es seinem Inhaber zur Befriedigung seiner Bedürfnisse bietet, und ist daher stets subjektiv. Der objektive Wert bezeichnet demgegenüber lediglich die generelle Tauglichkeit eines Vermögensgegenstandes zur Befriedigung einer bestimmten Art und einer bestimmten Anzahl von Bedürfnissen. Aus der Erkenntnis, daß es das Potential zur Befriedigung von Bedürfnissen ist, das den objektiven wirtschaftlichen Wert eines Gegenstandes ausmacht, ist auch die dogmatische Begründung dafür abzuleiten, daß ihm auch ein individueller Wert zukommt, der bei der Feststellung des Vermögensschadens beim Betrug nicht außer acht gelassen werden darf. Ausgangspunkt ist die Erkenntnis, daß jeder Gegenstand dem Individuum das gleiche Potential zur Befriedigung seiner Bedürfnisse wie jedem Inhaber bietet. Von einem individuellen Wert kann jedoch erst dann gesprochen werden, wenn der Vermögensinhaber das in dem Vermögensgegenstand steckende Potential dadurch realisiert, daß er ihn entweder seiner spezifischen Nutzung zuführt oder sich eine von mehreren Nutzungsmöglichkeiten, die der Gegenstand bietet, herausgreift, ihn also einem bestimmten Zweck widmet.

Vor einem solchen Widmungsakt kommt dem Vermögensgegenstand nur ein objektiver Wert zu, während es nach der Widmung zu einem bestimmten Zweck ausschließlich darauf ankommt, ob der Gegenstand zur Erreichung des vom Vermögensinhaber konkret ausgewählten Zwecks geeignet ist.

Diese Eignung stellt den individuellen Wert des Gegenstandes dar. Mit dem Widmungsakt bringt der Vermögensinhaber regelmäßig zum Ausdruck, daß er die anderen Möglichkeiten der Nutzung, die der Gegenstand außerdem noch bietet und die seinen objektiven Wert mitbestimmen, nicht in Anspruch nehmen will. Dies hat zur Folge, daß dieser Gegenstand bei der Berechnung des Vermögensschadens nicht mehr mit seinem objektiven, sondern nur mehr mit seinem individuellen Wert zu Buche schlägt. Nach diesem Verständnis vom Wert der Vermögensgegenstände bildet das Vermögen eine Werteinheit, die ausschließlich aus objektiven Werten besteht, solange sich der Vermögensinhaber noch nicht zu einem bestimmten zweckgerichteten Einsatz eines Vermögensbestandteils entschlossen hat. Sobald er sich hingegen einen

Vermögensgegenstand herausgreift und ihn mit dem Ziel einsetzt, ein bestimmtes individuelles Bedürfnis zu befriedigen, tritt an die Stelle des von diesem Gegenstand verkörperten objektiven Wertes der entsprechende individuelle Wert. In diesem Fall stellt das Vermögen eine Einheit von objektiven und individuellen Werten dar.

Für die dogmatische Begründung der Bedeutung der Zweckverfehlung ergibt sich somit das Zwischenergebnis, daß der Begriff der Zweckverfehlung die Funktion hat, die Verfolgung eines in der Befriedigung eines individuellen Bedürfnisses liegenden Ziels zu beschreiben, das durch den Einsatz eines in einem Vermögensgegenstand verkörperten individuellen Vermögenswerts erreicht werden soll.

Die Schadensfeststellung erfolgt nach der vorstehend dargelegten Auffassung vom Vermögenswert grundsätzlich nach dem Prinzip der Gesamtsaldierung. Somit ist im konkreten Fall zunächst zu untersuchen, ob eine Minderung des objektiven Vermögenswerts eingetreten ist, die als solche bereits eine Schmälerung des Potentials des Vermögensträgers bedeutet, seine individuellen Bedürfnisse zu befriedigen. In den Fällen, in denen eine objektive Wertminderung nicht festgestellt werden kann, weil diese entweder dem Opfer bewußt ist oder es infolge Kompensation an einer solchen fehlt, ist zunächst zu prüfen, ob der Vermögenseinsatz des Opfers seinen Zweck verfehlt. Ist dies nicht der Fall, ist der individuelle Wert des Gegenstandes gerade realisiert worden und eine Vermögensbeeinträchtigung nicht gegeben.

Dem Einwand, die Herleitung eines Vermögensschadens aus der Zweckverfehlung der Vermögensverfügung mache den Betrug zu einem Delikt gegen die Dispositionsfreiheit, kann indessen nur begegnet werden, wenn gleichzeitig eine Minderung des Gesamtwertes des Vermögens vorliegt. Im Falle des Fehlens einer objektiven Wertminderung kann eine solche Gesamtwertminderung nur in einer Verringerung des individuellen Werts liegen. Diese wiederum ist anzunehmen, wenn der Getäuschte nach der zweckverfehlenden Verfügung nicht mehr über das gleiche Potential zur Befriedigung des bestimmten individuellen Bedürfnisses verfügt, das er durch die Zweckverfolgung zu befriedigen suchte. Dies ist der Fall, wenn der die potentielle Bedürfnisbefriedigung in sich tragende Vermögensgegenstand aus dem Vermögen ausgeschieden ist und dieser Verlust nicht durch eine dem Opfer unmittelbar zufließende, gleichermaßen zur Befriedigung des selben Bedürfnisses geeignete Gegenleistung ersetzt wird. Dem Erfordernis der unbewußten Selbstschädigung ist in diesen Fällen nur dann Rechnung getragen, wenn der Getäuschte infolge Täuschung und Irrtum weder erkennt, daß der mit dem Vermögenseinsatz verfolgte Zweck nicht erreicht wird, noch weiß, daß er nach der Verfügung nicht mehr über das gleiche Potential zur Befriedigung des bestimmten individuellen Bedürfnisses verfügt, das er durch die Zweckverfolgung zu befriedigen suchte. Da das Opfer regelmäßig auf den Nichteintritt einer Minderung des individuellen Vermögenswerts vertraut, wenn es infolge der Täuschung von der Erreichung des Zwecks ausgeht, genügt es, wenn ihm der Täter die Zweckverfehlung verschleiert. So gesehen stellt die Zweckverfehlung einen Umstand dar, durch dessen Verschleierung dem Getäuschten das Bewußtsein von der schädigenden Wirkung seiner Verfügung genommen werden kann.

8. Nach dem hier vertretenen Verständnis vom Wert eines Vermögensgegenstandes als Potential, das dieser seinem Inhaber zur Befriedigung bestimmter Bedürfnisse vermittelt, kommt es nicht darauf an, ob die Gegenleistung, die der Getäuschte als Äquivalent erhält, nach dem vernünftigen Urteil eines unbeteiligten Dritten in anderer zumutbarer Weise verwendbar ist. Denn dadurch würde dem Getäuschten die Möglichkeit genommen, wirtschaftliche Werte zu bestimmten Zwecken einzusetzen und ihm deshalb diese wirtschaftlichen Werte letztlich sanktionslos genommen. In den Fällen der Unterschriftserschleichung führt dies allerdings dazu, daß ein Schaden nur mit einer objektiven Wertminderung begründet werden kann, was zumeist zur Straflosigkeit führt.

In den nach § 263 StGB zu beurteilenden Fällen des Subventionsbetruges ist für die Frage der Zweckverfehlung grundsätzlich auf den vom Subventionsgeber verfolgten Endzweck abzustellen. Voraussetzung für die Strafbarkeit des Täters ist allerdings, daß ihm dieser Endzweck im Zeitpunkt der Täuschungshandlung bekannt ist. Das gleiche gilt für die in § 264 StGB erfaßten Fälle des Subventionsbetruges. In den Fällen sittenwidriger oder rechtswidriger Zweckverfolgung stellt sich die Frage, ob das der Vermögensverfügung zugrundegelegte Bedürfnis auch dann noch den Schutz des Betrugstatbestandes verdient, wenn es von der Rechtsordnung mißbilligt wird. Ein Schaden könnte in diesen Fällen nur dann angenommen werden, wenn das zur Erreichung rechts- oder sittenwidriger Zwecke von dem Gegenstand gebotene Potential als für diesen wertbildend angesehen werden kann. Dies folgt daraus, daß andernfalls die Verfehlung solcher Zwekke niemals eine für die Annahme eines Vermögensschadens unabdingbare Minderung des Vermögenswerts nach sich ziehen kann. Dies entscheidet sich danach, ob wie bei dem Streit zwischen der rein wirtschaftlichen und der juristisch-ökonomischen Vermittlungslehre ein solcher "Wert" Bestandteil des Vermögens einer

Person sein kann, bzw. ob eine faktische oder eine vom Recht anerkannte Beziehung vorliegen muß.

Wirtschaftlich irrelevante Interessen werden vom Betrugstatbestand nicht geschützt. Dies folgt daraus, daß deren Einbeziehung auf einen Schutz von Nichtvermögensinteressen durch den Betrugstatbestand hinauslaufen würde. Da nach der hier vertretenen Auffassung für die Annahme eines Vermögensschadens eine Minderung des Werts des Vermögens unerläßlich ist, kann sich aus der Nichtbefriedigung eines Affektionsinteresses keine Minderung des wirtschaftlichen Werts des Vermögens ergeben. Dies widerspräche einer wirtschaftlichen Vermögensauffassung. Indessen ist es nicht erforderlich, daß der Getäuschte einen "wirtschaftlich vernünftigen" Zweck verfolgt.

Ein wirtschaftlich relevanter Zweck liegt in Anlehnung an die wirtschaftswissenschaftliche Auffassung vom "Wirtschaftlichen" nur dann vor, wenn der Verfügende mit seiner Verfügung einen Vorteil für seine Lebensbedingungen zu erlangen sucht. Zu den Lebensbedingungen zählen alle Faktoren, die gestaltend auf das Leben einwirken, insbesondere also auch das Vermögen. Es reicht also das Erstreben eines vermögensmäßigen Vorteils. Auch die Förderung fremder wirtschaftlicher Interessen stellt eine in dieser Hinsicht wirtschaftlich relevante Zweckverfolgung dar. Wirtschaftliches Handeln ist aber dadurch gekennzeichnet, daß es auf die Erlangung eines Vorteils für die Lebensbedingungen des Handelnden gerichtet ist, der nicht lediglich immaterieller Natur ist, sondern sich als materielle Besserstellung vermögensmäßig niederschlägt. Wirtschaftlich relevant kann daher nur ein Zweck sein, der in der Erlangung eines materiellen Vorteils für die Lebensbedingungen des Opfers oder eines Dritten besteht.

Affektionsinteressen genügen diesen Anforderungen nicht. Bei der Beurteilung, ob dem verfolgten Zweck wirtschaftliche Relevanz zukommt, ist ein objektiver Maßstab anzulegen.

Da der Schutzbereich des Betrugstatbestandes auf den Vermögensbestand beschränkt ist, ist die grundsätzliche Eignung eines Gegenstandes, mit ihm einen Gewinn zu erzielen, nicht als wertbildender Faktor anzusehen. Es genießen aber solche Aussichten auf Vermögenszuwachs den Schutz des Betrugstatbestandes, die insofern einen gewissen Grad an Konkretisierung erreicht haben, als auf den Vermögenszuwachs ein Rechtsanspruch besteht. Andere Aussichten auf Vermögenszuwachs sind als unbestimmte Hoffnungen auf Gewinn anzusehen, die als nichtwirtschaftliche Interessen nicht den Schutz des Betrugstatbestandes genießen. Daher hätte in der "Melkmaschinenentscheidung" des BGH in der Variante, in der dem Betreffenden vorgespiegelt wird, er nehme mit seinem Kauf eine einmalige, sich wahrscheinlich nicht wiederholende Gelegenheit wahr, während in Wahrheit zum Marktpreis verkauft wird, der Schaden verneint werden müssen. Denn hier handelt es sich um eine noch in keiner Weise konkretisierte Hoffnung auf Gewinn. Hingegen weist die Gewinnchance in den Fällen der Erhebung überhöhter Aufschläge beim Handeln mit Warenterminoptionen ein gewisses Maß an Konkretisierung auf und hat daher auch einen wirtschaftlichen Wert. Wird dieser durch die Erhebung versteckter Aufschläge beeinträchtigt, ist ein Schaden zu bejahen.

9. In den sogenannten "Spendenfällen" ist eine Zweckverfehlung insoweit anzunehmen, als die Spende zur Deckung auch notwendiger Unkosten verwendet wird. Eine Täuschung im Sinne des § 263 StGB kann aber hier nur bejaht werden, wenn vorgespiegelt wird, daß ein größerer Teil der Spende direkt beim Bedürftigen ankommen wird als dies tatsächlich der Fall ist.

10. Liegt eine objektive Minderung des Vermögenswerts vor, so ist es unerheblich, ob der vom Opfer verfolgte Zweck gleichwohl erreicht ist. Eine solche "materielle Zweckerreichung" ist nicht anzuerkennen, da auf diesem Wege täuschungsbedingte Beeinträchtigungen des Vermögenswerts ohne strafrechtlichen Schutz bleiben.

11. Wenn der Getäuschte ein individuelles Bedürfnis befriedigen will und diese Absicht als Zweck seiner Vermögensverfügung zugrundelegt, ist im Falle der Verfehlung dieses Zwecks eine Minderung des objektiven Werts des Vermögens, die dem Getäuschten verborgen geblieben ist, nur in Ausnahmefällen festzustellen. In diesen Fällen liegt aber eine Minderung des individuellen Vermögenswerts vor, die darin besteht, daß der Getäuschte einen Verlust an Potential zur Erreichung dieses Zwecks erleidet. Dieser Potentialverlust ergibt sich daraus, daß der Getäuschte nunmehr zur Erreichung des verfolgten Zwecks auf andere ihm verbliebene Vermögensgegenstände zurückgreifen muß. Dieser Potentialverlust wird durch eine zufließende Gegenleistung nur dann ausgeglichen, wenn infolgedessen ein Rückgriff auf andere Vermögensmittel zur Erreichung des ins Auge gefaßten Zwecks entbehrlich wird, weil dieser durch den Einsatz der Gegenleistung erreicht werden kann. Beim Erwerb einer Ware gegen Geld ist dies nicht der Fall. Wird nämlich durch die Gegenleistung für einen Geldbetrag dem Vermögen eine zweckuntaugliche körperliche Sache zugeführt, so kann mit dieser der ins Auge gefaßte Zweck ohne Rückgriff auf andere Vermögensgegenstände nur erreicht werden, wenn sie entweder in eine unmittelbar zwecktaugliche

Sache umgetauscht wird - was nur selten möglich sein wird -, oder in Geld umgesetzt wird, mit dem dann eine solche Sache erworben werden kann. Ist zur Zweckerreichung erforderlich, diese Gegenleistung durch Weiterveräußerung in eine unmittelbar oder mittelbar zwecktaugliche umzusetzen, so fehlt es an einer Kompensation durch einen unmittelbaren Vermögenszuwachs, wenn sich die Weiterveräußerungsmöglichkeit erst nach dem Ausscheiden der Leistung des Getäuschten aus seinem Vermögen ergibt. Ein Ausgleich in diesem Sinne ist aber dann gegeben, wenn der Getäuschte neben dem verfehlten Zweck zugleich einen anderen Zweck verfolgt, den er mit der Gegenleistung erreicht.

12. In den Fällen der Zweckverfehlung kann die "Stoffgleichheit" nur nach der Auffassung bejaht werden, nach der es ausreicht, daß der Vorteil "auf Kosten des Geschädigten" erlangt wird. Nach dem Sinn und Zweck des Merkmals der Stoffgleichheit, "externe" Vorteile aus dem Anwendungsbereich des Betrugstatbestandes auszuscheiden, reicht es aus, wenn Schaden und Vorteil auf derselben Vermögensverfügung beruhen. Dies ist auch bei einer individuellen Schadensberechnung der Fall. Sowohl im Rahmen einseitiger als auch zweiseitiger Geschäfte werden Vermögensgegenstände und damit objektive Vermögenswerte vom Vermögen des Opfers in das des Begünstigten und umgekehrt transportiert. Schaden und Vorteil sind damit auf ein und dieselbe Wertverschiebung vom Vermögen des Opfers in das des Begünstigten zurückzuführen.

LITERATURVERZEICHNIS

AMELUNG, Knut: Irrtum und Zweifel des Getäuschten beim Betrug, GA 1977, 1ff.

- Rechtsgüterschutz und Schutz der Gesellschaft, Frankfurt/Main 1972, zit. AMELUNG, Rechtsgüterschutz

ARZT, Gunther: Strafrecht, Besonderer Teil, LH3 Vermögensdelikte (Kernbereich), Bielefeld 1978, zit. ARZT, Strafrecht BT 3

- Willensmängel bei der Einwilligung, Frankfurt/Main 1970, zit. ARZT, Willensmängel

BAUMANN, Jürgen / WEBER, Ulrich: Strafrecht, Allgemeiner Teil, 9. Auflage, Bielefeld 1985, zit. BAUMANN/WEBER, Strafrecht AT

BERZ, Ulrich: Urteilsanmerkung, in: NJW 1973, 1337f.

BICHLMEIER, Gerd: Die Wirksamkeit der Einwilligung in einen medizinisch nicht indizierten ärztlichen Eingriff, JZ 1980, 53ff.

BINDING, Karl: Eine Revolution in der Rechtsprechung des Reichsgerichts über den Betrug, DJZ 1911, Sp.553ff.

- Lehrbuch des Gemeinen Deutschen Strafrechts, Besonderer Teil I, 2. Auflage, Leipzig 1902, zit. BINDING, Lehrbuch BT I

BLECKMANN, Albert: Subventionsrecht, Stuttgart, Berlin, Köln, Mainz 1978, zit. BLECKMANN, Subventionsrecht

BLEI, Hermann: Besprechung von Peter CRAMER, Kausalität und Funktionalität der Täuschungshandlung im Rahmen des Betrugstatbestandes, JZ 1971, 415, in: JA 1971, 509f.

- Besprechung von G. ELLSCHEID, Das Problem der bewußten Selbstschädigung beim Betrug, GA 1971, 171, in: JA 1971, 510

- Besprechung von Rolf Dietrich HERZBERG, Bewußte Selbstschädigung beim Betrug, MDR 1972, 73ff., in: JA 1972, 235f.

- Strafrecht II Besonderer Teil, 12. Auflage 1983, zit. BLEI, Strafrecht II

BLEI, Hermann: Urteilsanmerkung, in: JA 1973, 398

BOCKELMANN, Paul: Besprechung von Reinhart Maurach, Deutsches Strafrecht, Besonderer Teil, 2. Auflage, Karlsruhe 1956, in: ZStW 69 (1957), 270ff.

- Der Unrechtsgehalt des Betruges, Festschrift für Eduard Kohlrausch, Berlin 1944, S.226ff.

- Die Behandlung unvollkommener Verbindlichkeiten im Vermögensstrafrecht, Festschrift für Edmund Mezger, München und Berlin 1954, S.363ff.

- Strafrecht, Besonderer Teil/1 (Vermögensdelikte), 2. Auflage München 1982, zit. BOCKELMANN, BT 1

- Wandlungen in der Betrugsrechtsprechung des Reichsgerichts, DR 1942, 1112ff.

BODE, Hans Jürgen: Zum Vermögensschaden beim Erschleichen von Volkswagen-Aktien, NJW 1963, 238f.

BOHNERT, Joachim: Die Abstraktheit der abstrakten Gefährdungsdelikte, BGH NJW 1982, 2329, in: JuS 1984, 182ff.

CARELL, Erich: Allgemeine Volkswirtschaftslehre, 13. Auflage, Heidelberg 1968, zit. CARELL, Volkswirtschaftslehre

CRAMER, Peter: Grenzen des Vermögensschutzes im Strafrecht - OLG Hamburg, NJW 1966, 1525, in: JuS 1966, 472ff.

- Kausalität und Funktionalität der Täuschungshandlung im Rahmen des Betrugstatbestandes, JZ 1971, 415f.

- Vermögensbegriff und Vermögensschaden im Strafrecht, Bad Homburg v.d.H., Berlin, Zürich 1968, zit. CRAMER, Vermögensbegriff

DÖLLING, Dieter: Betrug und Bestechlichkeit durch Entgeltannahme für eine vorgetäuschte Dienstpflichtverletzung? - BGH NJW 1980, 2203, in: JuS 1981, 570ff.

DREHER, Eduard / TRÖNDLE, Herbert: Strafgesetzbuch und Nebengesetze, 42. Auflage, München 1985, zit. DREHER/TRÖNDLE

DUDEN: Deutsches Universalwörterbuch, Mannheim, Wien, Zürich 1983, zit. DUDEN, Universalwörterbuch

ECKSTEIN, Ernst: Strafrechtliche Studien, in: GS Bd.78 (1911), S.137ff.

ELLSCHEID, Günter: Das Problem der bewußten Selbstschädigung beim Betrug, GA 1971, 161ff.

ENGISCH, Karl: Der Unrechtstatbestand im Strafrecht; eine kritische Betrachtung zum heutigen Stand der Lehre von der Rechtswidrigkeit im Strafrecht, in: Festschrift Deutscher Juristentag, Karlsruhe 1960, S.401ff., zit. ENGISCH, Deutscher Juristentag-Festschrift (1960)

ESER, Albin: Juristischer Studienkurs, Strafrecht IV, Schwerpunkt Vermögensdelikte, 4. Auflage, München 1983, zit. ESER, Strafrecht IV

FRANK, Reinhard: Das Strafgesetzbuch für das Deutsche Reich, 18. Auflage, Tübingen 1931, zit. FRANK, StGB

FRANZHEIM, Horst / KRUG, Helga: Betrug durch Erschleichen von Unterschriften, GA 1975, 97ff.

FRISCH, Wolfgang: Funktion und Inhalt des "Irrtums" im Betrugstatbestand, in: Festschrift für Paul Bockelmann, München 1979, S.647ff., zit. FRISCH, Bockelmann-Festschrift (1979)

GABLER: Wirtschaftslexikon, L-Z, 11. Auflage, Wiesbaden 1983, zit. GABLER, Wirtschaftslexikon

GALLAS, Wilhelm: Der Betrug als Vermögensdelikt, in: Festschrift Eberhard Schmidt, Göttingen 1961, S.401ff., zit. GALLAS, Eb.Schmidt-Festschrift (1961)

- Zur Kritik der Lehre vom Verbrechen der Rechtsgutsverletzung, in: Festschrift für Graf W. Gleispach, Berlin und Leipzig 1936, S.50ff., zit. GALLAS, Gleispach-Festschrift (1936)

GARZ-HOLZMANN, Karin: Die strafrechtliche Erfassung des Mißbrauchs der Berlinförderung durch Abschreibungsgesellschaften, Köln 1984, zit. GARZ-HOLZMANN

GEERDS, Friedrich: Einwilligung und Einverständnis des Verletzten im Strafgesetzentwurf, ZStW 72 (1960), 42ff.

- Einwilligung und Einverständnis des Verletzten im Strafrecht, GA 1954, 262ff.

GEIGANT, Friedrich / SOBOTKA, Dieter / WESTPHAL, Horst M.: Lexikon der Volkswirtschaft, 4. Auflage, Landsberg/Lech 1983, zit. GEIGANT/SOBOTKA/WESTPHAL, Lexikon der Volkswirtschaft

GERLAND, Heinrich B.: Deutsches Reichsstrafrecht, 2. Auflage, Berlin und Leipzig 1932, zit. GERLAND, Reichsstrafrecht

GIEHRING, Heinz: Prozeßbetrug im Versäumnis- und Mahnverfahren - zugleich ein Beitrag zur Auslegung des Irrtumsbegriffs in § 263 StGB, GA 1972, 1ff.

GÖTZ, Volkmar: Bekämpfung der Subventionserschleichung, Köln, Berlin, Bonn, München 1974, zit. GÖTZ, Subventionserschleichung

GRÜNHUT, Max: Der strafrechtliche Schutz wirtschaftlicher Interessen, in: Die Reichsgerichtspraxis im deutschen Rechtsleben - Festgabe der juristischen Fakultäten zum 50jährigen Bestehen des Reichsgerichts - Berlin und Leipzig 1929, S.116ff., zit. GRÜNHUT

GUTMANN, Alexander: Der Vermögensschaden beim Betrug im Licht der neueren höchstrichterlichen Rechtsprechung, MDR 1963, 3ff.

HACK, Christoph: Problem des Tatbestands Subventionsbetrug, § 264 StGB, unter dem Blickwinkel allgemeiner strafrechtlicher Lehren, Berlin 1982, zit. HACK, Subventionsbetrug

HÄLSCHNER, Hugo: Das gemeine deutsche Straftrecht systematisch dargestellt, 2. Band, Der besondere Teil des Systems, 1. Abteilung, Bonn 1984, zit. HÄLSCHNER, Strafrecht II/1

HANDWÖRTERBUCH der Betriebswirtschaft, Reihe: Enzyklopädie der Betriebswirtschaftslehre Bd.I/3, 4. Auflage, Stuttgart 1976

HARDWIG, Werner: Beiträge zur Lehre vom Betruge, GA 1956, 6ff.

HASSEMER, Raimund: Schutzbedürftigkeit des Opfers und Strafrechtsdogmatik, zugleich ein Beitrag zur Auslegung des Irrtumsmerkmals in § 263 StGB, Berlin 1981, zit. HASSEMER, Schutzbedürftigkeit

HEGLER, August: Betrug, in: Vergleichende Darstellung des Deutschen und Ausländischen Strafrechts, Besonderer Teil, Band VII, Berlin 1907, S.405ff., zit. HEGLER, Betrug

HEINITZ, E.: Urteilsanmerkung, in: JR 1968, 387f.

HENKE, Wilhelm: Das Recht der Wirtschaftssubventionen als öffentliches Vertragsrecht, Tübingen 1979, zit. HENKE, Wirtschaftssubventionen

HERZBERG, Rolf Dietrich: Bewußte Selbstschädigung beim Betrug, MDR 1972, 93ff.

- Konkurrenzverhältnisse zwischen Betrug und Erpressung - BGHSt 23, 294, in: JuS 1972, 570ff.

- Funktionale Beziehung zwischen Täuschung und Vermögensschaden beim Betrug - OLG Stuttgart, NJW 1971, 632, in: JuS 1971, 516ff.

HILGER, Hans: Urteilsanmerkung, in: NStZ 1982, 421f.

HOPPENZ, Rainer: Die dogmatische Struktur des Betrugstatbestands, dargestellt an Hand der Fälle der Erschleichung von Aktien im Rahmen der Privatisierung von Bundesvermögen, Freiburg 1968, zit. HOPPENZ

JAKOBS, Günther: Die objektiv-individuelle Schadensermittlung beim Betrug - OLG Köln, NJW 1976, 1222, in: JuS 1977, 228ff.

- Strafrecht, Allgemeiner Teil, Die Grundlagen und die Zurechnungslehre, Lehrbuch, Berlin, New York 1982, zit. JAKOBS, Strafrecht AT

JECHT, Hans: "Überhöhte" Preisforderungen und Betrugstatbestand, GA 1963, 41ff.

JOECKS, Wolfgang: Zur Vermögensverfügung beim Betrug, Köln 1982, zit. JOECKS, Vermögensverfügung

JUST-DAHLMANN, Barbara: Stellt Zeitschriftenwerbung unter der unwahren Behauptung, der Werber sei Student oder Waisenkind, einen Betrug dar? MDR 1960, 270f.

KITZINGER, Friedrich: Juristische Aphorismen, Berlin 1923, zit. KITZINGER

KNAPPMANN, Ulrich: Urteilsanmerkung, in: NJW 1965, 1931.

KOHLRAUSCH, Eduard / LANGE, Richard: Strafgesetzbuch, 43. Auflage, Berlin 1961, zit. KOHLRAUSCH/LANGE, StGB

KREFT, Gerhart: Zur Problematik des "Äquivalenzbetruges", DRiZ 1970, 58ff.

KÜPER, Wilfried: Urteilsanmerkung, in: NJW 1970, 2253f.

LACKNER, Karl: Strafgesetzbuch mit Erläuterungen, 16. Auflage, München 1985, zit. LACKNER StGB

- / WERLE, Gerhard: Urteilsanmerkung, in: JR 1978, 299ff.

- / IMO, Christian: Zum Vermögensschaden bei betrügerischen Manipulationen mit Warenterminoptionen, MDR 1983, 969ff.

LAMPE, Ernst-Joachim: Strafrechtliche Aspekte der "Unterschriftenerschleichung" durch Provisionsvertreter, NJW 1978, 679ff.

LANG-HINRICHSEN, Dietrich: Urteilsanmerkung, in: LM StGB § 263 Nr.56

LEIPZIGER Kommentar zum Strafgesetzbuch, Berlin, New York, 9. Auflage 1974-1977, 10. Auflage 1978ff., zit. Bearbeiter in LK

LENCKNER, Theodor: Kausalzusammenhänge zwischen Täuschung und Vermögensschaden bei Aufnahme eines Darlehens für einen bestimmten Verwendungszweck, NJW 1971, 599ff.

LISZT, Franz von / SCHMIDT, Eberhard: Lehrbuch des Deutschen Strafrechts, 25. Auflage, Berlin und Leipzig 1927, zit. v.LISZT/SCHMIDT, Lehrbuch

LOCHER, Horst: Das Recht der bildenden Kunst, München 1970, zit. LOCHER, Bildende Kunst

LUDWIG: Gibt es einen Bettelbetrug?, Köln 1930, zit. LUDWIG

MAIWALD, Manfred: Belohnung für eine vorgetäuschte pflichtwidrige Diensthandlung, NJW 1981, 2777ff.

- Besprechung von Christoph HACK, Probleme des Tatbestands Subventionsbetrug, § 264 StGB, unter dem Blickwinkel allgemeiner strafrechtlicher Lehren, Berlin 1982, in: ZStW 96 (1984), 80ff.

- Besprechung von Harro OTTO, Die Struktur des strafrechtlichen Vermögensschutzes, Berlin 1970, in: MschrKrim. 1972, 19ff.

- Besprechung von Detlef SANNWALD, Rechtsgut und Subventionsbegriff, § 264 StGB, Berlin 1982, in: ZStW 96 (1984), 76ff.

MAURACH, Reinhart: Die strafrechtliche Beurteilung des unberechtigten Erwerbs von Volkswagenaktien, in: NJW 1961, 625ff.

- / SCHROEDER, Friedrich-Christian: Strafrecht, Besonderer Teil, Teilband I, 6. Auflage, Heidelberg, Karlsruhe 1981, zit. MAURACH/SCHROEDER I

MERKEL, Adolf: Kriminalistische Abhandlungen, Teil I und II, Leipzig 1867, zit. MERKEL, KrimAbh.I oder II

MERTENS, Hans-Joachim: Der Begriff des Vermögensschadens im Bürgerlichen Recht, Stuttgart 1967, zit. MERTENS, Vermögensschaden

MÖHRENSCHLAGER, Manfred: Der Regierungsentwurf eines Zweiten Gesetzes zur Bekämpfung der Wirtschaftskriminalität, wistra 1982, 201ff.; 1983, 17ff., 49ff.

MOHRBOTTER, Kurt: Der Bettel-, Spenden- und Subventionserschleichungsbetrug, Ein Beitrag zum modernen Vermögensbegriff, GA 1969, 225ff.

- Die Stoffgleichheit beim Betrug, Göttingen 1966, zit. MOHRBOTTER, Stoffgleichheit

MOHRBOTTER, Kurt: Grenzen des Vermögensschutzes beim Betrug, GA 1975, 41ff.

MÜLLER, Rudolf: Der widerrechtliche Bezug von Volkswagen-Aktien, DRiZ 1963, 55ff.

NAGLER, Johannes: Bezugscheine als Objekte von Vermögensverbrechen, in: ZAkDR 1941, 294ff.

NAUCKE, Wolfgang: Zur Lehre vom strafbaren Betrug, Berlin 1964, zit. NAUCKE, Betrug

NIETHAMMER, Emil: Lehrbuch des Besonderen Teils des Strafrechts, Tübingen 1950, zit. NIETHAMMER, Lehrbuch

OTTO, Harro: Bargeldloser Zahlungsverkehr und Strafrecht, Köln, Berlin, Bonn, München 1978, zit. OTTO, Zahlungsverkehr

- Die Reform des strafrechtlichen Schutzes vor unwahrer Werbung - Dargestellt am Problem der Bekämpfung unwahrer Werbung für Adreßbücher u.ä. Verzeichnisse, GRUR 1979, 681ff.

- Die strafrechtliche Bekämpfung unlauterer Einflußnahmen auf öffentliche Versteigerungen, NJW 1979, 681ff.

- Die Struktur des strafrechtlichen Vermögensschutzes, Berlin 1970, zit. OTTO, Vermögensschutz

- Grundkurs Strafrecht, 2. Auflage, Berlin, New York 1984, zit. OTTO, Grundkurs

RECKTENWALD, Horst Claus: Lexikon der Staats- und Geldwirtschaft, München 1983, zit. RECKTENWALD

RUDOLPHI, Hans-Joachim: Besprechung von Gunther ARZT, Willensmängel bei der Einwilligung, Frankfurt/Main 1970, in: ZStW 86 (1974), 82ff.

- Das Problem der sozialen Zweckverfehlung beim Spendenbetrug, in: Festschrift für Ulrich KLUG, Köln 1983, zit. RUDOLPHI, Klug-Festschrift (1983)

SAMSON, Erich: Grundprobleme des Betrugstatbestandes (3. Teil), JA 1978, 625ff.

- Strafrecht Bd.2, Wiederholungs- und Vertiefungskurs, Bd.8, 4. Auflage 1983, zit. SAMSON, Strafrecht II

SANNWALD, Detlef: Rechtsgut und Subventionsbegriff, § 264 StGB, Berlin 1982, zit. SANNWALD, Rechtsgut

SAUER, Wilhelm: System des Strafrechts, Besonderer Teil, Köln, Berlin 1954, zit. SAUER, System BT

SAVIGNY, Friedrich Karl von: System des heutigen römischen Rechts, Band 1, Berlin 1840, Nachdruck Aalen 1973, zit. SAVIGNY, System I

SCHÄFER, Herbert: Das betrügerische Erlangen von VW-Aktien, Kriminalistik 1962, 385ff.

SCHETTING, Gerd: Rechtspraxis der Subventionierung, Berlin 1973, zit. SCHETTING, Subventionierung

SCHLÜCHTER, Ellen: Der Vermögensschaden im Sinne des § 263 StGB aus wirtschaftlicher Sicht, dargestellt am Fall von Vertragsschlüssen, erschlichen durch Täuschung über die Bedeutung des Bestellscheins, MDR 1974, 617ff.

SCHMIDT, Eberhard: Besprechung von Emil NIETHAMMER, Lehrbuch des Besonderen Teils des Strafrechts, Tübingen 1950, Eduard KERN, Grundkurs des Strafrechts, Besonderer Teil, Berlin, Frankfurt 1950, Edmund MEZGER, Strafrecht II, 2. Auflage, München, Berlin 1951 und Reinhart MAURACH, Deutsches Strafrecht, Besonderer Teil, Hannover, Darmstadt 1952, in: JZ 1952, 542f.

SCHMIDHÄUSER, Eberhard: Strafrecht, Besonderer Teil, 2. Auflage, Tübingen 1983, zit. SCHMIDHAUSER, Strafrecht BT

SCHMIDT-HIEBER, Werner: Verfolgung von Subventionserschleichungen nach Einführung des § 264 StGB, NJW 1980, 322ff.

SCHÖNFELD, Friedrich: Interesseverletzung und Betrugsschaden, JZ 1964, 206ff.

SCHÖNKE, Adolf / SCHRÖDER, Horst: Strafgesetzbuch, Kommentar, 22. Auflage, München 1985, zit. Bearbeitung in SCHÖNKE/ SCHRÖDER

SCHRÖDER, Horst: Grenzen des Vermögensschadens beim Betrug, NJW 1962, 721f.

- Urteilsanmerkung, in: JR 1962, 431

- Urteilsanmerkung, in: JR 1963, 348

- Urteilsanmerkung, in: JZ 1964, 467

- Urteilsanmerkung, in: JR 1966, 393

SCHUDT, Ernst-Rainer: Urteilsanmerkung, in: NJW 1977, 156

SONNEN, Bernd-Rüdeger: Die soziale Zweckverfehlung als Vermögensschaden beim Betrug, JA 1982, 593f.

STEINKE, Wolfgang: Brauchen wir einen Tatbestand der Unterschriftserschleichung?, Kriminalistik 1978, 458ff.

SYSTEMATISCHER Kommentar zum Strafgesetzbuch, bearbeitet von Hans-Joachim RUDOLPHI, Eckhard HORN und Erich SAMSON, Bd.1, Allgemeiner Teil, 4. Auflage, 5. Lieferung, Frankfurt 1985; Bd.2, Besonderer Teil, 3. Auflage, 7. Lieferung, Frankfurt 1985, zit. Bearbeiter in SK

TIEDEMANN, Klaus: Der Subventionsbetrug, ZStW 86 (1974), 897ff.

- Subventionskriminalität in der Bundesrepublik, Reinbek 1974, zit. TIEDEMANN, Subventionskriminalität

- Tatbestandsfunktionen im Nebenstrafrecht, Tübingen 1969, zit. TIEDEMANN, Tatbestandsfunktionen

- Urteilsanmerkung, in: JR 1983, 212ff.

- Wirtschaftsstrafrecht und Wirtschaftskriminalität Band 2 (Besonderer Teil), Reinbek 1976, zit. TIEDEMANN, Wirtschaftsstrafrecht II

WACHENFELD, Friedrich: Lehrbuch des Deutschen Strafrechts, München 1914, zit. WACHENFELD, Strafrecht

WEIDEMANN, Jürgen: Das Kompensationsproblem beim Betrug, Bonn 1972, zit. WEIDEMANN, Kompensationsproblem

- Die funktionale Beziehung zwischen Irrtum und Schaden beim Betrug, GA 1967, 238ff.

- Zur Frage des Betrugsschadens bei Gleichwertigkeit von Leistung und Gegenleistung, MDR 1973, 992f.

WELZEL, Hans: Das Deutsche Strafrecht, 11. Auflage 1969, zit. WELZEL, Strafrecht

- Studien zum System des Strafrechts, ZStW 58 (1939), 491ff.

WESSELS, Johannes: Strafrecht, Besonderer Teil 2 (Schwerpunkte), 8. Auflage, Heidelberg, Karlsruhe 1985, zit. WESSELS, Strafrecht BT 2

WIDMAIER, Gunter: Strafrecht: Der mißverständliche Bestechungsversuch, JuS 1970, 241ff.

WOLF, Helmut: Der Betrug, ein Vermögensverschiebungsdelikt, München 1950, zit. WOLF, Betrug

WORMS, Alexander: Warenterminoptionen: Strafbarer Betrug oder nur enttäuschte Erwartungen? wistra 1984, 123ff.

Printed by
CPI books GmbH, Leck

Kolibri 360 GmbH
Ferdinand-Jühlke-Straße 7
99095 Erfurt, Deutschland
produktsicherheit@kolibri360.de